명지대-LG연암문고
제2외국어(불어제외)본 한글 목차

책임편역자 김윤구
공동편역자 김차규
공동편역자 최경국

명지대학교 출판부

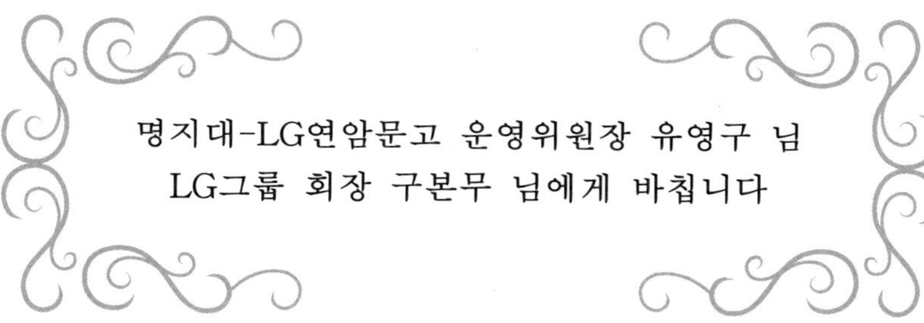

명지대-LG연암문고 운영위원장 유영구 님
LG그룹 회장 구본무 님에게 바칩니다

2013 서울

머리말

전통과 민족 문화에 대한 올바른 인식과 평가, 계승과 창조는 우리시대의 과제다. 그러나 이에 대한 갈망과 염원은 많은 경우 자료 부족과 시공간적 한계 때문에 곧잘 장애와 마주하게 된다. 따라서 한국학의 저변 확대와 연구의 체계화, 그리고 한국학의 위상 정립을 위해서는 먼저 한국학 관련 자료의 발굴과 확보가 가장 시급하다.

이러한 일은 범국가적 차원에서 시작해야 할 것이지만, 명지대는 1995년 광복 50주년을 기념하여 민족문화의 이해와 창달을 위해 외국인이 저술하고 해외에서 간행된 한국관계 귀중본을 수집하기로 결정했다. 이렇게 설립된 <한국관계고서찾기운동본부>는 조선일보사, 주식회사 문화방송의 후원과 LG 그룹의 협찬으로 1950년 이전에 발간된 한국관계 귀중본 고서찾기 운동을 국내외로 전개했다. 수집된 귀중본은 서양인이 쓴 한국 관련 서적 약 1만권, 일본 책과 중국 책 약 4천권, 합계 1만 4천권 정도이다. 명지대학교는 총 18개 언어로 기술된 이 수집 책들을 <명지대-LG연암문고>로 설정해 특별히 관리하고 있다.

<명지대-LG연암문고>의 이러한 자료는 종이로 된 것뿐만 아니라 견백류(絹帛類), 피혁류 등으로 나눌 수 있을 정도로 다양하다. 수집된 한국관계 고서들은 내용 면에서 다양할 뿐만 아니라 전 세계에서 단 한 권밖에 없거나 서너 권밖에 없는 희귀본들도 많다. 아울러 화첩, 지도, 삽화 등의 자료도 과거의 한국모습을 그대로 읽을 수 있는 귀한 자료들이다. 이렇게 귀중하고 풍부한 자료들을 심층적으로 연구하고, 한국학의 세계화를 실제적으로 수행하고자 명지대학교는 2001년 5월 <국제한국학 연구소>를 정식으로 발족시켰다.

따라서 <국제한국학 연구소>는 <한국관계고서찾기운동본부>의 현실적인 성과물인 <명지대-LG연암문고>의 수집 고서 목록과 해제작업을 통해 그 내용을 분석하고 체계화시켜 국내의 한국학과 국외의 해외한국학을 어우르는 국제한국학 분야의 연구를 지원하

고 수행하여야 하겠다. 나아가 전 세계적으로 진행되고 있는 한국학 연구 상황을 유기적으로 연계시켜 우리민족의 전통적 문화유산을 발굴해내고, 한편으로는 그것을 현대적 관점에서 실현하여 민족 문화를 국제적으로 앙양하여야 할 것이다. 그러한 목표를 실현시키기 위하여 <국제한국학 연구소>는 <명지대-LG연암문고>를 연구자들이 쉽게 접근하도록 준비하여야 했다. 그러나 고서는 열람시 파손의 위험이 있기 때문에 파손을 막으면서도 많은 사람들에게 책 전문를 제공하기 위해 <국제한국학 연구소>는 귀중한 자료들을 스캔해 디지털화 하여 현재 원문서비스를 제공하고 있다. 나아가 이 작업은 <국제한국학 연구소>가 2005년 "한국관련 서양고서 원문DB구축사업"의 주관기관으로 선정되어 현재에 이르기 까지 3차 사업을 진행 했다.

이러한 디지털화 작업은 전문연구자들에게 원문 접근을 용이하게 한다는 점에서 굉장히 중요하지만, 다른 한편으로는 연구자들의 저변확대를 위해 언어문제를 극복할 필요성이 제기되었다. 이러한 목적을 위하여 <국제한국학 연구소>는 명지대학교가 특별히 마련한 연구비로 <명지대-LG연암문고> 가운데 중요하다고 판단되는 18개 언어로 저술된 문헌들의 목차를 한글 및 영어로 번역하였다.

앞에서 언급한바와 같이 <명지대-LG연암문고>는 18개 언어로(그것도 각 시대의 고어로) 쓰여진 1만 4천여 점에 이르는 방대한 분량이다. 이것을 중요도로 분류하고, 중요하다고 판단된 자료들의 목록을 한글로 번역한 다음, 다시금 영어로 번역하는 일은 그렇게 간단하지 않다. 뿐만 아니라 2001년부터 2005년에 이르기까지 진행 된 이 작업의 초벌번역과 재벌 번역에 참여한 국내외 학자들만 해도 40여 분이나 된다. 그렇게 하여 정리된 마지막 원고가 (18개 언어로 된) 원어 목록이 7권, 한글로 번역된 한글 목록이 7권, 그리고 이것을 다시 영어로 정리한 영어 목록이 7권이다. 언젠가는 이 21권 모두가 인쇄되어 국제한국학을 하는 연구자들에게 제공되어야 하겠지만 현실적인 사정이 여의치 못해, 가능한데로 연차적으로 간행을 하고자 한다.

마침 지난해부터 명지대학교 출판부가 힘을 보태어 이 사업의 결과물이 처음으로 빛을 보게 되었다. 우선 연구자들이 접근하는데 있어 영어보다는 제2외국어로 쓰여진 책이 힘들 것 같아 불어로 쓰여진 책의 목차를 작년에 먼저 출간하였고, 이번에 나머지 제2외국어 목차를 출간한다. 그렇지만 재벌까지의 번역이 끝나 있는 상태이기는 하지만, 마지막으로 다시 한 번 검토를 거친 다음에 인쇄를 하게 되었다. 이 작업도 1년여가 필요했던 만만치 않았던 작업이지만, 공편역자 교수님들이 기분 좋게 맡아서 해결해 주셨다.

여기에서 감사를 드려야 될 분들은 누구보다도 초벌번역과 재벌번역에 참여해 준 40여분들이다. 여기에서 한 분 한 분 거론할 수 없음을 양해 바란다. 그리고 이 책이 출간되도록 마지막까지 수고하신 공편역자인 김차규 교수님과 공편역자 최경국 교수님 그리고 초벌과 재벌 번역 때 번역 내용을 컴퓨터로 정리해주신 정연대 선생님과 마지막 편집에 힘을 보탠 철학과 양세희씨에게도 감사를 드린다. 또 <한국관계고서찾기운동본부>에서부터 <국제한국학 연구소>의 태동뿐만 아니라 <명지대-LG연암문고>를 실질적으로 정리해 오신 박인숙 사서선생님과 박태근 교수님 그리고 본 문고와 기영회 일을 도와주시고 계시는 백연진 사서선생님에게도 감사를 드린다. 아울러 이러한 연구가 이루어지도록 격려해주시고 현재도 <명지대-LG연암문고>의 고지도 수집에 물질적인 후원을 해주시고 계시는 LG연암문화재단의 이사장님이신 구자경 LG명예회장님과 LG그룹의 구본무 회장님께도 감사를 드린다. 그리고 이 연구를 처음부터 지금까지 후원해 주시면서도 말씀 한마디 없이 묵묵히 지켜봐주시고 기다려 주신 유영구 운영위원장님, 나아가 이 목록의 출간을 가능하게 해 주신 명지대학교 유병진 총장님과 출판부 선생님들에게도 심심한 감사의 말씀을 드린다.

책임편역자 김윤구

언어별 차례

독일어

일본어

러시아어

스웨덴어

네델란드어

스페인어

덴마크어

포르트투갈어

이탈리아어

라틴어

독 일 어

『기념제본, 1권』 Deutsche Gesellschaft fuer Natur- und Voelkerkunde, 1933, GER 116 v.1

편집위원의 머리말
명예회장의 머리말
명예회원의 머리말
짜흐(E. von Zach): 원 후산(Wen Hsuan)에서. 50편 속에 확대된 루치(Lu Chi)의 진주목거리Okamoto Kido
헤르만 보너(Hermann Bohner): 오카모토 키도(Okamoto Kido)의 "오사카(Osaka) 성" 번역, 서론과 에필로그
알프레드 보너(Alfred Bohner): 료(Iyo)에서 키리시탄(Kirishitan)의 흔적
크라우트케(P. Klautke): 한국 금강산의 식물세계에 대한 총론
슈쪼 쿠레(Shuzo Kure): 외국의 영향, 특히 18세기 초부터 19세기 말까지 일본에 끼친 독일 의학의 영향
마르틴 람밍(Martin Ramming): 도카와시대의 키뵤시(Kibyoshi)에 대한 문헌사적 소견
아르놀드 쿠블러(Arnold Gubler): 리시리(Rishiri)와 레분(Rebun). 일본학의 총론
게오르그 슈르하머(Georg Schurhammer): 16세기와 17세기의 예수이트의 선교와 일본미술에 끼친 그들의 영향
카시와 오야마(Kashiwa Ohyama): 야요이(Yayoi)-문화. 일본의 선사문화
슈투벨(H. Stubel)과 리후아-민(Li Hua-min): 하이난(Hainan) 섬의 민족학적 탐험에 대한 잠정적 보고
칼 바이딩어(Karl Weidinger): 일본 초기 역사에서 센소지(Sensoji)의 건국신화(아사쿠사-관-논-사원, Asakusa-Kwan-non-Tempels)
라스카(Jos.Laska) : 알토, 피리 그리고 피아노를 위한 히아쿠닌-이스후(Hyakunin-isshu)의 모음에서 나온 7 탄카스(Tankas)
하우스호퍼(K. Haushofer): 일본 민중의 정치적 역동과 도시문화를 통한 그들의 충동과 저지
골드슈미트(Richard Goldschmidt): 진화문제 연구에 관한 몇가지 결과들, 일본의 나방품종에 대하여
이리사와(T. Irisawa): 식도암의 통계를 위한 총론

트라우츠(F. M. Trautz): 엥엘베르트(Engelbert) 전투시대의 일본자연과 생활에 대한 서술
후보터(Fr. Hubotter): 중국의술에 관하여
푹스(Walter Fuchs): 17세기 중국인들은 독일에 관하여 무엇을 알았는가?
도나트(Walter Donat): 사이카쿠(Saikaku)에서; 사랑하는 부인에 관한 5 가지 역사. 3권; 달력편집의 역사
바르트(J. Barth): 카케기오(Kagekiyo). 일본 연극에 관한 연구
클라우스(Johannes b. Kraus): 옛날과 오늘날의 일본에 있어서 가족제도와 경제
비아리스(F. X. Biallas): 쿠유안(K"u Yuan) "새로운 노래들"에서

『일본통사: 만주통사』 Nippon Dempo Tsushinsha, 1937, GER 64

1부: 들어가는 말
- 1장: 황실
- 2장: 역사적 조망
- 3장: 지리적 조망

2부: 국가와 정치
- 1장: 국가와 정치
- 2장: 외교정치
- 3장: 중국과 만주정책
- 4장: 국방
- 5장: 재정과 경제정책
- 6장: 교육
- 7장: 교통과 통신
- 8장: 일본의 식민지

3부: 농경과 산업
- 1장: 기본생업
- 2장: 산업
- 3장: 그밖의 것

4부: 문화
- 1장: 일반
- 2장: 인쇄

3장: 회화예술
4장: 음악과 극장
5장: 종교
6장: 그밖의 것
7장: 독일적- 일본적 교육
부록: 만주
I. 경제발전의 특별한 고려
II. 만주의 경제와 주요생산
회사목록
보고

『크나우어(Knauer)의 회화사전 A-Z』 Verlag von Th. Knaur Nachf., 1932, GER 86

Abshagen, Karl Heinz. **『"감사합니다"의 나라』** Union, 1948, GER 112

머리말
1장: 시베리아와 만주를 거쳐 동경으로
2장: "중국 사건"과 전쟁 사이의 일본
3장: 태평양 전쟁
4장: 중국의 일본인
5장: 식민통치자로서의 일본인
6장: 전쟁의 결말
7장: 귀향

Arnous, H. G.. **『한국: 한국의 관습과 습관, 국토와 주민에 관한 개론과 동화 및 전설』** Friedrich, 1893, GER 141

I. 머리말과 한국의 짤막한 서술
II. 한국에서의 서술
III. 한국과 주요동화
1. 토끼와 거북이
2. 흥부와 놀부 또는 제비왕의 보은

3. 마술의 술주전자 또는 개와 고양이로 인한 적들의 노래
4. 전양예: 정절의 무녀
5. 견우와 직녀, 별들의 사랑
6. 심청, 착한 딸
7. 홍길동 또는 냉대받은 한 소년의 이야기

Arsenjew, Wladimir K.. 『동 시베리아의 황무지에서: 우수리(Ussuri) 지역의 연구기행 2권』 Auguft Scherl, 1924, GER 57

머리말
1907년 시코테-알린(Sichote-alin)의 동쪽 비탈과 비킨(Bikin) 계곡으로의 여행
여행출발
이주자과 금을 찾는 사람
야생 사슴 사냥
요드지케(Jodsyche)와 시난자(Sinanza)로 행진
해안의 산에서
시코테-알린(Sichote-alin)에서의 태풍
빌림베(Bilimbe)에서의 홍수
시아오케마(Siaokema)계곡 위로
타케마(Takema)에서의 타젠(Tasen)
타쿤치(Takunschi)의 주민
시코테-알린의 터아거(Taiga)에서
위험한 도강
어려운 해안행진
한국인의 담비 사냥꾼
아마구(Amagu)에서 정교인
카르투(Kartu)산의 등반
쿠룸베(Kulumbe)에서의 힘든 행진
쿠순(Kusun)의 우데케선(Udechesen)에서
솔로넨(Solonen)과 함께 쿠무추(Kumuchu)로
트란수수리(Transussuri)산맥의 중심에서
나크토추-우데케센(Nachtochu-Udechesen)
데르수스(Derssus)의 유언

쿠순뮌둥(Kusunmuendung)에서 고기잡이
겨울행진의 시작
시코테-알린(Sichote-alin)을 넘어서
도깨비 천막
눈신발 위에서 산돼지 사냥
호랑이의 기습
비킨(Bikin)하류에서 중국인 주민
데르수스(Derssus)의 죽음
그림목차
색인
인물, 신,
민족, 씨족,
산, 강, 위치
동물
라틴어 동물이름
식물
광물
지리이름에 관한 중국어의 의미
러시아의 무게, 길이, 면적단위

Baelz, Toku. 『깨어나는 일본에서의 한 독일의사의 삶. 일기, 서신, 보고』 Engelhoms Nachf., 1931, GER 105

이해를 돕기 위하여
고향에서

신 일본으로의 변화와 형성
낯선 세계
새로운 고향
교직을 마칠 때까지
자유연구가로서 동경과 한국으로 가다

세계권력으로서의 신장을 위한 신 일본제국의 전쟁에 관하여
위협하는 전쟁

전쟁 속의 일본과 국민
결정의 혼란
신 강대국의 길목에서: 대일본
귀향
종결
인물색인
일본의 제도와 외교관계
증명사진

Bamberger, Gustav. 『세계여행: 자동차 세계여행』 [Gressner & Schramm], 1927, GER 128

머리말
발칸을 통한 행단
에집트를 통해 수단까지
팔레스티나
봄베이(Bombay)에서 칼쿠타(Kalkutta)까지
란군(Rangoon)을 통해 싱가폴로
중국과 한국을 통하여
일본을 통하여
호놀룰루(Honolulu)을 통해 샌프란시스코로
샌프란시스코에서 뉴욕까지

Barzini, Luigi. 『봉천 (Mukden)』 Dieterich"sche Verlagsbuchhandlung, 1906, GER 17

전투 준비
작은 대련 (Arthur) 항구
산을 향하여
총격
푸틸로우 (Putilow) 언덕을 향하여
Loschiantun의 Rebouten
Handschapu의 정복
Tschantan의 정복

비극적인 후퇴
추적
피의 날
어두운 나날들
죽어라!
"오래된 뚝" 에서
패배의 예감
위험한 상황
Likampu
마지막 단계
러시아 봉천에서의 사투 (死鬪)

Behm, E /A. 『Petermann 박사의 보고서: Justus Perth의 지리학 협회로부터』 Justus Perthes, 1883, GER 24 v.29

I. 유럽.
1. 논문
2. 지리학의 월간보고서
3. 지리학의 문헌
II. 아시아.
1. 논문.
2. 지리학의 월간보고서.
3. 지리학의 문헌
III. 아프리카
1. 논문
2. 지리학의 월간보고서
3. 지리학의 문헌
IV. 오스트레일리아와 태평양의 섬
1. 논문.
2. 지리학의 월간보고서
3. 지리학의 문헌
V. 북-, 중앙-, 남아메리카
1. 논문.
2. 지리학의 월간보고서.

3. 지리학의 문헌

VI.북극과 남극지역.

1. 논문
2. 지리학의 월간보고서
3. 지리학의 문헌.

VII. 대양

1. 논문
2. 지리학의 월간보고서
3. 지리학의 문헌.

VIII. 일반.

1. 논문.
2. 지리학의 월간보고서
3. 지리학의 문헌.

Berdrow, Wilh. 『세계여행의 화보 연감: 7년째 분』 Karl Prochaska, 1904, GER 132 v.1904

영원한 얼음

북극여행
프랑크린의 흔적
남극여행에서

신 서부

캐나다에 있는 암벽에서의 여름
중앙아메리카에 있는 화산지역에서의 여행과 탐구
베네주엘라와 브라질 국경지대에서 오로키데어 탐색
아마죤 강의 원시림으로부터
파라과이 상류에서 암흑의 브라질로
남=아메리카의 아프리카 산맥의 탐색
에리폴리스(Eripolis)의 해변과 산
광폭한 물라(Mullah)의 왕국
키푸(Kipu)해의 새로운 여행길
카메룬 해변과 에사드 해 사이
서남 아프리카, 아시아 그리고 남쪽바다로의 탐구여행과 편력
페르시아의 탐구

아이엔=샤에서 새로운 연구
랑군과 버마 상부의 루빈평야
중국의 국토와 물
에슈첸=반도의 주민들
사모아와 하와이의 화산폭발

Berger, A. 『닫혀진 천국에서』 Verlagsbuchhandlung Paul Parey, 1920, GER 101e2

I. 베를린에서 빅토리아까지(B. K.)
II. 하와이 섬에서
III. 일본의 겨울
IV. 타후(Ta-Hu)로의 수상여행
V. 북중국과 한국을 경유하여 일본으로
VI. 일본의 봄날
VII. 일본에서 싱가폴로
VIII. 스테틴(Stettin)항구에서 시드니(Sydney)로
IX. 시드니에서 사모아로(Samoa)
X. 사모아
XI. 뉴질랜드(Neuseeland)
XII. 시드니에서 바타비아(Batavia)로
XIII. 자바(Java)
XIV. 시암(Siam)
XV. 싱가폴에서 칵타(Kaktta)를 경우하여 다르제링(Darjeeling)으로
XVI. 다르제링에서 콜롬보(Colombo)로
XVII. 셀론(Ceylon)에서 사냥
XVIII. 고향으로
XIX. 수단(Sudan)으로 사냥여행
XX. 독일령-동 아프리카로

Bergman, Sten. 『한국 여행: 조용한 아침의 나라』 Albert Mueller, 1944, GER 50

머리말

1. 한국의 과거와 현재
2. 한국의 수도 서울
3. 황무지에서의 첫 번째 여행
4. 시베리아 경계에 있는 바닷가로
5. 대간도 (Taigando)의 혼례식
6. Engan과 Schinten이라는 마을
7. 어린 살쾡이
8. 성산인 백두산
9. Motojondo의 산
10. 일본 사냥꾼
11. 한국에서의 죽음
12. 일상생활과 축제
13. 한국 어부들과 바다로 나가다
14. 꿩 사냥
15. Jankovski
16. 한국 산에서의 산돼지 사냥
17. Schuotsu에서의 성탄절
18. 영양 (羚羊) 사냥
19. 다시 백두산으로
20. 황해 해변가
21. 서울의 벚꽃
22. 천년의 절
23. 지구의 내부
24. 비밀에 쌓인 난쟁이 부엉이
25. 서울의 여름날
26. 금강산에서의 등산
27. 날다람쥐
28. 지리산과 제주도로 가다
29. 지적의 뿌리와 그 외 다른 한국의 치료제
30. 춤추는 악마와 사자 속에서
31. 해발 1000 미터
32. 귀향
삽화목록

Bernoulli, Rudolf. 『동아시아의 인쇄예술의 걸작품: 예술과 공예예술을 위한 베를린 도서관에서』 Schulz, 1923, GER 41

머리말
중국
한국
일본의 재제작의 목판술
우끼요에(Ukiyoe)

Borheck, August Christian. 『아시아의 지리학: Banke, Blake, Cook과 Lloyd의 대 영국저작 Z으로부터』 Johann Christian Daenzer, 1792, GER 69

A. 로드아시아(Rordasien), 혹은 아시아적 러시아
I. 아시아적 캅차크(Kaptschak)
(1) 카산(Kasan) 지역
(2) 아스트라찬(Astrachan) 지역
(3) 오렌부르크(Orenburg) 지역
II. 시베리아(Sibirien)
(1) 서부시베리아
(2) 코리만(Kolyman)의 관구, 37대 부에칭(Bueching) 영주 때

Brass, Emil. 『동아시아의 유용한 동물: 털 짐승, 수렵 동물, 가축, 바다 동물』 Neumann, 1904, GER 106

I. 동아시아의 털 짐승
호랑이과
표범과
들고양이과
집고양이과
늑대
들개
집개
여우

사향고양이과의 동물
사향고양이
검은 달비
담비과
수달과의 동물
수달
오소리
곰과
다람쥐
날다람쥐
기니픽
스컹크
그 외

II. 동아시아의 수렵 동물
개요
사슴
영양
산양과 염소
멧돼지
토끼
중국엽조

III. 동아시아의 가축
말
당나귀
노새
소
물소
염소
양
돼지
낙타
집개

집고양이
거위
오리
닭
비둘기
칠면조
여러 가지 조류
완상용 (玩賞用) 물고기
유용한 곤충류

IV. 북태평양의 수렵과 어업
털 짐승
바다수달
바다표범
고래
물고기
1. 미국 서해안의 고기잡이
2. 동시베리아의 고기잡이
3. 일본의 고기잡이
4. 한국의 고기잡이
5. 중국의 고기잡이
가재와 갑각류

Brosius, Hans. 『동아시아의 신 형태 구성』 Deutsche Verlagsgesellschaft m.b.H., 1940, GER 10

1장: "꿈의 나라"
I. 10일간 시베리아 특급열차를 타고
II. 동아시아에서의 러시아 황제와 소련의 정책
III. 동시베리아의 야영

2장: 자리 없는 민중
IV. 동경의 양면성
V. 일본 삶에 대하여

VI. 古일본사
VII. 쇼군의 지배
VIII. 세계 속으로 발 디딘 일본
IX. 섬제국의 경제공격
X. 일본의 팽창정책
XI. 군대와 정치
XII. 황도 - 황제의 길
XIII. 일본 외교정치의 목표
XIV. 영주 후미마로 코노예
XV. 부처와 산
XVI. 나라 - 오사카 - 쉬모노세끼

3장: "풍족한 나라"

XVII. 한국에 대하여
XVIII. 만주의 정복
XIX. 백소련의 비극
XX. 건설 중인 수도
XXI. 만주 황제 알현
XXII. 군인과 산적
XXIII. 시베리아부터의 보호
XXIV. 만주 외부를 보호하기 위한 싸움
XXV. 도이하라의 임무
XXVI. 참모부가 한 제국을 정복하다
XXVII. 봉천 (Mukden)의 아편동굴
XXVIII. 만주로의 비행 (飛行)
XXIX. 예홀 (Jehol) 지방의 수도
XXX. 1000 Li auf dem Lwangho

4장: 중국

XXXI. 중국을 둘러싼 지배싸움
XXXII. 열차에서의 폭탄 폭발
XXXIII. 옛 청도 (Tsingtau)
XXXV. 손문 (Sun-yat-sen) 원수를 방문하다
XXXVI. 원수의 적

XXXVII. 중국에서의 전쟁
XXXVIII. 티베트의 판센 라마교 승려

5장: 남해
XXXIX. 상해에서 마닐라로
XXXX. 필리핀의 미래
XXXXI. 마지막 천국
XXXXII. 발리의 춤과 축제
XXXXIII. 야바. 낭만과 현실
XXXXIV. 유럽의 마지막 요새

Brown, Arthur J. **『일본: 세계강국으로의 도약 4권』** Orell Fuessli, 1931, GER 85

I. 세계정세와 일본에 대한 그의 반작용
II. 민족의 특징
III. 일본의 토지의 민족
IV. 귀족정치와 민주정치
V. 군대와 함대
VI. 상업과 산업
VII. 학교와 대학
VIII. 사회문제
IX. 한국에서의 일본
X. 만주와 시베리아에서의 일본
XI. 일본과 세계대전
XII. 일본과 미국의 초기관계
XIII. 미국의 이민법에 대한 일본의 반항
XIV. 전쟁의 망령
XV. 일본의 종교
XVI. 일본에 있어서 로마-카톨릭의 선교와 러시아-정교의 선교
XVII. 일본에 있어서 프로테스탄트의 선교
XVIII. 일본이 본 기독교. 일본인은 기독교을 원하는가?
시대표: 고대 일본
시대표: 최근의 일본

Buchler, Eduard /세계 일주: 미국, 일본, 한국, 중국, 인도, 아랍에서의 체험 Verlag von Buchler & Co., 1923, GER 48

I. 미국의 동부
II. 미시콘 시에 있는 한 스위스 집단의 발전
III. Monroe
IV. 미국의 서부
V. 미국에 대한 회상
VI. 하와이
VII. 일본
VIII. 한국
IX. 중국
X. 인도
XI. 아랍
XII. 귀향
XIII. 스위스 인의 이민

Bunsen, Marie von. 『동양: 동양에 대한 인상과 그림. 일본, 한국, 중국, 사일론, 야바, 씨암, 캄보차, 미얀마, 인도』 Koehler & Amerlang, 1934, GER 77e2

머리말
일본
  농가
  다이미오의 자살
  쇼군 성
  토쿠가와의 조상 숭배
  일본식 아침식사
  도덕
  귀족
  토카이도 등산
  산꼭대기
  불교 설교자

마을 극장
인끼오 성
가마우지 고기잡이
여행 일과
무라사카이
성스러운 섬
중세 격전 (激戰)
기생 학교와 기생집
공주 사원
토바의 해녀들
성스러운 추수감사절
이제-온도 춤
천편일률적인 마을의 모습
기차여행
바닷가의 작은 나의 집
Abwagen (역주:?)

한국
한국의 여자 영주들
알현장

중국
만리장성
항주 (Hang Tschau)의 격랑 (激浪)
중국의 어느 물의 거리 (수가)

사일론
외진 사일론
세계에서 가장 멋진 고허 (古墟)

야바
족샤의 술탄을 만나다
야바의 유일무이한 미
야바의 그림

씨암

소각 사전 축제
씨암의 궁전
백코끼리
씨암 궁전 춤

캄보챠

성스러운 국검 (國檢)
앙코아 체험

미얀마

지구상에서 가장 자유로운 여인
이라바디 (Irawaddy) 강
파간 (Pagan)

인도

칼리 여신과의 밤
순례 선 (船)
유라시아 여자
인도의 여자 영주들
황제 악바의 도시
건축학적 인상
계승할 왕자가 없음
집시들의 순례지
토속 지배자들의 집권 시
힌두교인들의 영웅관
강고라 여신 축제
예언자 성
요드푸어의 보물집
미망인 화형
알렉산더의 흔적을 찾아
라쉬풋-마하라드샤를 방문하다
카시미어에서의 수상 (水上) 가택 생활

식민 예술
여행

Buschan, Georg. 『아시아, 오스트레일리아, 남태평양 섬의 민족들. 삽화를 곁들인 민속학 연구』 Globus, 1935, GER 78

오스트레일리아와 태평양 : Georg Buschan (저)

I. 오스트레일리아
1. 일반적인 사항
2. 주민의 인류학적 특성과 문화재
II. 타스마니아
III. 태평양
1. 인류학과 인종학 일반
2. 멜라네시아 문화
a) 뉴기니아
b) 서부제도를 포함한 해군성 제도
1) 해군성 제도
2) 서부 제도
c) 비스마르크 제도
1) 노이포메른
2) 노에메클렌부르크와 노이하노버
3) 쌍트 (聖) 마티아스
d) 솔로몬 제도
e) 싼타크루즈 제도
f) 노이헤브리덴 군도
g) 노이카레도니아
3. 미크로네시아 문화
a) 카롤란 제도와 팔라우 제도
b) 마샬 제도와 길버트 제도
4. 폴리네시아 문화
a) 사모아 군도
b) 뉴질랜드
c) 비티 제도

d) 통가 군도
e) 하와이 군도
f) 타히티, 파우모투, 마르케자스, 쿠크 군도
g) 오스터 군도
맺음말

아시아 : 북아시아, 중앙아시아, 서아시아 : Arthur Byhan (저)

지리적 관계
I. 북아시아
II. 중앙아시아
III. 서남아시아
IV. 소아시아와 이란
맺음말

남아시아와 동아시아 : 남아시아와 동아시아 주거지의 자연 조건 : Wilhelm Volz (저)

I. 아시아 고원과 인도 전방. Arthur Haberlandt (저)
A. 아시아 고원의 산맥지대
1. 문화 일반
2. 티베트의 인구
3. 히말라야 국가들
4. 파미르와 힌두쿠시의 인구
B. 인도 전방
1. 자연 조건 - 재배식물과 가축
2. 선사시대와 유사 이래의 역사
3. 인류학적, 언어적 관계
4. 문화 일반
a) 문화 지역
b) 문화 구축
5. 북인도의 인구
6. 인도 종교사
a) 브라만교

b) 불교

7. 남인도의 인구

8. 내지 (內地)의 미개종족들

9. 사일론의 인구

II. 동아시아. Michael Haberlandt (저)

동아시아 일반

A. 중국 민족

1. 중국인

a) 역사적 개요

b) 중국의 문화 지대

c) 물질문화

1) 농업

2) 식생활

3) 주생활

4) 의복과 장신구

5) 기술과 수공업

6) 교통과 상업

d) 사회조직

1) 가족과 풍속

2) 사회계급

3) 국가제도

e) 정신문화

1) 언어와 문자

2) 종교

3) 축제

4) 예술

2. 만주인

3. 몽고인

4. 비중국계 원주민

a) 중국 남부의 미아오체 족

b) 하이난 섬의 리우 족

c) 롤로 족

B. 한국인

C. 일본인

물질문화 - 정신사회문화

III. 동남아시아. Heine-Geldern (저)

A. 인종과 종족

1. 동남아 말레이시아 섬의 인종과 종족

a) 흑인종계

b) 베도이드 (Weddoiden)계

c) 말레이계 종족들

2. 인도 후방과 아셈 지방의 인종과 종족

a) 호주어계 종족

b) 안남어계 종족

c) 인도차이나어계 종족

1) 티베트 - 미얀마계

2) 타이계 중국인

3. 타 식민지인

B. 문화

1. 선사시대 발굴물

2. 미개문화

a) 흑인계 일반

b) 안남 인

c) 필리핀 흑인

d) 세망 (Semang)과 세노이 (Senoi)

e) 베도이드 (Weddoiden)와 셀레베스와 수마트라의 베도이드계
미개족

f) 육지와 보르네오. 필리핀의 말레이계 미개족

g) 오랑 라우트 (Orang Laut)

h) 인도 후방 동부의 원시미개족

i) 인도네시아 동부의 수렵족과 원시족

3. 중간 문화

a) 식생활: 식물재배, 가축사육, 수렵과 어업

b) 기호식품

c) 가옥과 주거지
d) 의복과 장식품
e) 신체변형
f) 불피우기
g) 대나무 제품, 격자세공, 도기제조, 가재도구
h) 금속주물
i) 공구와 무기
j) 보트제조
k) 악기
l) 사회
m) 상업, 화폐, 의사소통수단
n) 종교
o) 예술
p) 문화구축
4. 외래문화의 영향. 고등문화

참고문헌
인명색인과 사항색인

Chang, K. 『너: 스위스의 월간지』 Verlag Conzett & Huber, 1946, GER 44 v.1953.7

극동 아시아의 인간. Werner 주교의 작성. Albert Bette의 머리말
인도
인도차이나
홍콩
한국
일본
고대와 근대의 일본의 존재양식에 관하여. John F. Embree와 그 밖의 사람이 지음
인도와 경제 Constantin Regamey교수 지음
책. 나라얀 세타람 파드케(Narayan Seetaram Phadke)의 소설
한 한국 대학성이 서양의학을 배우다. Mirok Li 지음

왼손 뒤에 너는 무엇을 하는가? 혹은: 고결한 장씨. 선 식-개(Souen Shik-Kai) 지음

Crasset, Joanne. 『세계 최극단에 위치한 일본의 교회사』 Frank Untoni, 1738, GER 108

서론

일본의 교회사: 1 부
일본으로부터의 보고
일본의 교회사. 제 1권
일본의 교회사. 제 2권
일본의 교회사. 제 3권
일본의 교회사. 제 4권
일본의 교회사. 제 5권
일본의 교회사. 제 6권
일본의 교회사. 제 7권
일본의 교회사. 제 8권
일본의 교회사. 제 9권
일본의 교회사. 제10권

일본의 교회사. 2 부
일본의 교회사. 제11권
일본의 교회사. 제12권
일본의 교회사. 제13권
일본의 교회사. 제14권
일본의 교회사. 제15권
일본의 교회사. 제16권
일본의 교회사. 제17권
일본의 교회사. 제18권
일본의 교회사. 제19권

일본의 교회사에 대한 고찰

Doegen, Wilhelm. 『낯선 민족사이에서: 새로운 민속학』 Berlin : Otto Stollberg, Verlag Fuer Politik und Wirtschaft 1925, GER 137

1. 머리말. 빌.되겐(Wilh. Doegen)
2. 소개. 빌.되겐(Wilh. Doegen)
3. 원시적 민족들의 법적 구조. 요셉 콜러 (Josef Kohler)
4. 북서 아프리카의 유색인종. 후베르트 그림메 (Hubert Grimme)
5. 아프리카와 수단 남반구들의 민족들. 엠.헤페 (M.Heepe)
6. 마다가스카인 (Madagassen). 파울 함브루흐 (Paul Hambruch)
7. 말라인 (Malaien). 오토 뎀볼프 (Otto Dempwolff)
8. 타히티인 (Tahitier). 파울 함브루흐 (Paul Hambruch)
9. 뉴카레도인 (Neukaledonier). 파울 함브루흐 (Paul Hambruch)
10. 한국인 (Koreaner). 뮐러 (F.W.K. Mueller)
11. 힌두교 (Hinduismus). 헬무트 폰 글라세납 (Helmuth von Glasenapp)
12. 구르카스인 (Gurkhas). 하인리히 뤼더 (Heinrich Lueders)
13. 라주푸텐 (Radschputen). 헬무트 폰 글라세납 (Helmuth von Glasenapp)
14. 시크스인 (Sikhs). 헬무트 폰 글라세납 (Helmuth von Glasenapp)
15. 인도의 모하메트인 (indischen Mohammedane). 헬무트 폰 글라세납 (Helmuth von Glasenapp)
16. 이란인 (Iranier). 안드레아스 (F.C.Andreas)
17. 집시인. 에른스트 레비 (Ernst Lewy)
18. 타타르인 (Tataren). 고트홀드 바일 (Gotthold Weil)
19. 카우카수스(Kaukasus)의 민족들. 아돌프 디르 (Adolf Dirr)
20. 유럽의 러시아에 있는 핀란드-헝가리 민족들. 에른스트 레비 (Ernst Lewy)
21. 모르드비니족의 이야기, 노래, 동화와 마술언어. 로베르트 펠리시어 (Robert Pelissier)
22. 리타우어인 (Litauer) (리타우어 민족의 발생 과정에 관한 베쩬베르거(Bezzenbergers)의 연구. 테오도르 카프스타인 (Theodor Kappstein)
23. 유태인. 고트홀드 바일 (Gotthold Weil)
24. 고대 러시아에 있어 독일의 농민 식민지. 아돌리 라네 (Adoli

Lane)
25. 러시아. 클라라 쾰베르 (Clara Koerber)
26. 소러시아. 헤르만 야콥손 (Hermann Jacobsohn)
27. 동유럽에 있어 음악에 관한 짧은 소개. 게오르그 슈네만 (Georg Schuenemann)
28. 세르비아인 (Serben). 헤르만 야콥손 (Hermann Jacobsohn)
29. 루마니아인 . 헤르만 우르텔 (Hermann Urtel)
30. 플라멘인 (Flamen). 마르크로메오 브라이네 (Markromeo Breyne)
31. 영국의 앵글족. 알로이스 브란들 (Alois Brandl)

Eckardt, Andreas. **『한국예술사』** Karl W. Hiersemann, 1929, GER 72

머리말
목차
한국, 일본, 중국 말의 발음을 위한 참고
그림의 원천
그림목표
한국예술의 입문
I절. 건축예술
절
II절. 조형미술과 탑
III절. 불교의 조형예술
IV절. 회화
V절. 도자기
VI절. 공예(자기 없이)
결어: 한국예술의 특징
색인
한자이름 색인
한국지도

Eckardt, Andreas. **『한국의 회화문법』** Julius Groos, 1923, GER 62

I장. 요쿠하마
II장. 일본에서의 여행 TRAVELLING IN JAPAN

III장. 민족의 예의
IV장. 불교예식과 승려
V장. 교토
VI장. 니코
VII장. 토쿄
VIII장. 드라마
색인

Ehlers, Otto E. 『동아시아에서』 Allgemeiner Berien fuer Deutsche Litteratur, 1896, GER 139

홍콩
광둥
마카오
홍콩에서 상하이, 치부(Tschifu) 그리고 티엔친(Tientsin)
티엔친(Tientsin)에서 북경으로
당나귀를 타고 몽고로
북경, 도시중의 도시
조선국에서의 4주

Eickstedt, Egon Freiherr Von. 『동아시아의 인종역학: 원시시대부터 오늘날까지의 중국, 일본, 타이와 크메르』 Walter de Gruyter, 1944, GER 92

I. 머리말
II. 원시 동아시아와 원시 중국
1. 인종역학의 길
2. 원시인의 증거
3. 초원의 유목인 전쟁
4. 북부, 스키타이인(Skythen)과 훈족의 문제
III. 생성 속의 중앙압력
1. 남부의 역할
2. 역사의 여명 속에서
3. 중국문화의 발생

4. 인도의 출발
IV. 남부 야만인의 집단
1. 원시-타이의 용해
2. 북부의 미아오(Miao) 야만인
3. 북부의 야오(Yao) 야만인
4. 롤로(Lolo)의 주인과 노예들
V. 서부강변지역의 타이
1. 극동의 인종유형
2. 난차우(Nan-dschau)의 선조들
3. 추방자들의 집단
4. 태국과 태국인종
VI. 동부강변지역의 타이
1. 남부중국의 해안국가
2. 톤키네센(Tonkinesen)의 발생
3. 아남(Annam의 수수께끼
4. 참파(Tchampa)의 몰락
VII. 적수로서의 원시림 영역
1. 인도차이나의 선사시대와 인도네시아
2. 크메르(Kmer)의 생성
3. 앙코르(Angkor)의 영광과 몰락
4. 원시림족의 붕괴
VIII. 아시아 확장의 모습
1. 고대 아시아에 있어서 식민화의 리듬
2. 돌진의 메카니즘
3. 인도의 힘: 동서부의 비교
4. 중국인의 이동
IX. 약진의 일본
1. 한국의 교량
2. 원시 인종과 원시 공간
3. 부족에서 국가로의 도약
4. 일본의 확산
X. 요약
부록
1. 동아시아 언어의 해석을 위한 참고

2. 중국에 있어 인종과 구획의 이름
3. 중국의 왕조
4. 중국의 18개 지방(지도와 더불어)
5. 작가의 동남아시아의 여행(지도와 더불어)
6. 동남아시아에 있어 인종유형의 특징
7. 동아시아의 인종과 민족의 역학을 위한 문헌
    a) 원시시대, 중앙아시아, 훈족의 문제
    b) 고대중국과 중국문화의 발생
    c) 남부 야만인: 바이-아이(Bai-I), 롤로(Lolo), 미아오(Miao)와 야오(Yao)
    d) 타이왕국과 타이의 민족이동
    e) 아남(Annam)과 참파(Tchampa)
    f) 앙코르(Angkor), 크메르(Kmer)와 원시림 족
    g) 중국의 식민지화
    h) 인도의 인종역사
    i) 일본과 한국
8. 동아시아의 인종유형학을 위한 문헌
    α) 일반
    β) 중앙아시아
    γ) 중국
    δ) 동아시아
    ε) 일본
9. 짧은 색인

Feddersen, Martin. 『**중국 공예, 한국 요업, 불교 조형미술**』 Fuehrer durch das hamburgische Museum..., 1926, GER 107

중국 공예
    시대구분
    서론
    비취와 다른 광석의 세공
    청동세공
    요업
    A. 초기 요업

한나라 이전
한나라 시대
한나라부터 당나라
당나라 시대
송나라와 원나라 시대
B. 명나라와 청나라 시대의 요업
유연한 도자기의 세공
암석 (광동과 예싱)
도자기
청=테 천 명나라 시대
청나라 시대
푸킨에 있는 테=후아
유리
칠세공
뼈, 뿔 그리고 목 조각
한국 요업
불교 조형미술
서론
간다라
도표

Fischer, Otto. 『인도, 중국, 일본의 예술/ IV』 Propylaeen-Verlag, 1928, GER 31

인도의 예술영역
조건들과 시작
고대의 예술
고전예술
바로크 예술
후기의 예술
중국의 예술영역
조건들과 시작
고대의 예술
과도기의 예술

중국의 고전예술
일본의 고전예술
회화예술
후기예술
삽화
인도의 예술영역
고대의 예술
고전예술
바로크 예술
후기예술
중국의 예술영역
초기
고대의 예술
과도기의 예술
중국의 고전예술
일본의 고전예술
회화예술
후기예술
삽화목록
도표목록
카드와 시대표
색인

Franke, Herbert. 『만주 지배 하의 중국 화폐와 경제: 원-시대의 경제사 총론』 Otto Harrassowitz, 1949, GER 181

서론 : 연구 대상
I. 원전
1. 당대의 원전
2. 후기 원전
II. 원-쉬(Yuan-Schi)의 텍스트비판을 위한 예비적 주의사항, 특히 경제주제
1. 가장 중요한 간행물에 대한 개요
2. 발생과 추측 가능한 논거

3. YS 경제주제를 위한 원전으로서 킹-시 타-티안(King-schi ta-tian)
   a) 킹-시 타-티안(King-schi ta-tien)의 발생
   b) KSTT와 YS와의 관계

III. 몽고지배 하의 화폐관계
1. 지폐
   a) 쿠비라이(Kubilai) 이전의 화폐조치
   b) 청-퉁(tschung-t"ung) 화폐, 수입과 보급
   c) 루 시-영(Lu Schi-yung)과 그의 재정개혁계획
   d) 1287년 화폐개혁
   e) 1309년 화폐개혁
   f) 1350년 화폐개혁
   g) 1260-1330 지폐발행에 관한 도표일람
2. 원시대의 화폐를 위한 보충명세
   a) 무계획적 지폐발행과 위조지폐
   b) 윤난(Yunnan)의 패각화폐

IV. 원시대의 경제적 통계를 위한 보고
1. 광업
2. 상업과 농업
3. 인구

V. 국가 재정

VI. 물가

결어

참고문헌

이름색인

경제와 행정의 전문용어 색인

중국어 색인

Fries, Sigmund Ritter von. 『중국건국이후의 역사개요』 Wien : Wilhelm Frick ; Hongkong & Shanghai : Kelly & Wals 1884, GER 143

신화시대

1. 혹은 세 황제의 시기

2.에서 - 8.시기까지

9.와 10, 혹은 5 지배자의 시기(3341-2205)
하왕조(2205-1766)
상 또는 은왕조(1766-1122)
주왕조(1122-249)
역사시대(기원전 775 시작)
진(Thsin)왕조(221-206)
한(Han)왕조(기원 후 206-25)
동한왕조(25-221)
삼국(Wei, Shu-Han und Wu) (221-265)
진(Dhsin)왕조(265-420)
송(Sung)왕조(420-479)
Thsi왕조(479-502)
양(Liang)왕조(502-557)
Tshen왕조(557-589)
Sui왕조(589-617)
북Wei왕조(386-557)
북Thsi왕조(550-576)
북Dshou왕조(557-581)
당(Tang)왕조(618-907)
후양(Hou-Liang)왕조(907-923)
후당(Hou-Tang)왕조(923-936)
후진(Hou-Dhsin)왕조(936-947)
후한(Hou-Han)왕조(947-951)
후초우(Hou-Dshou)왕조(951-960)
12국가(890-979)
Liao왕조(927-1125)
송(Sung)왕조(960-1127)
남송왕조(1127-1278)
Hsi-Liao 혹은 Karakhitai (1124-1203)
Hsi-Hsia, der Tanguten-Staat (990-1227)
진(Dhsin)왕조(1125-1234)
Yuan왕조(1280-1367)
명(Ming)왕조(1368-1644)
청(Thsing)왕조(1644-)

Genthe, Siegfried. 『한국: 견문록. 1권』 Allgemeiner Verein fuer Deutsche Literatur, 1905, GER 67

게오륵 베겐너 박사의 머리말
황해 해안
대고 (Taku)의 정박장에서
만주의 진입로인 영구 (Yingkou)
지배 (Tschifu)
한국으로 가다
제물포
한국
서울에서 독일계 금광산으로
당고개의 독일인들과 함께 하다
금강산의 절로 가다
영원한 평온의 절 장안사
금강산을 돌아
수도 서울
도시와 삶
한국의 왕궁과 다른 것들
중국 동해에서의 섬 모험과 표류
제주도 이후
한라산 등산
강요당한 체류
위험한 귀향길

Gesellschaft fuer Ostasiatische Kunst. 『동아시아의 잡지』 Walter de Gruyter, 1943, GER 127 v.28

신간 18권의 색인
초우(Chou)시기 중국의 두가지 비취작업
초기중국 청동형태의 이해를 위해서
I. 초기중국의 청동형태의 연구
II. 초기중국의 청동형태의 배열을 위한 특징

III. 대칭과 비대칭이 초기중국의 청동형태를 규정한다.
IV. 그릇형태 외에
V. 시칸(Si K"an)과 그의 "대나무의 완전한 서술"에 대한 물음은 여전히 남아 있다.
유안(Yuan)시대의 죽화를 위한 기고
VII. 시칸(Si K"an)과 그의 시대
VIII. 부록
비평
보고
도서
그밖의 것

Glaser, Curt. 『**동아시아의 예술: 사고와 창작의 틀**』 Insel-Verlag, 1913, GER 19

머리말
신화 (神畵)
Chuan Shen:
이승
인간
설화 예술
공간
경치
동물과 식물
조형 예술
Ch"i-yun:
저승
분위기 예술
경치
공간
인간
동물과 식물
기술
자연:

자연미
꽃
경치
자연 형태
꽃꽂이
정원 예술
도제 예술
마무리:
유희자와 예술품
부록
주석

Goldschmidt, Richard. 『새로운 일본: 포르모사, 류큐섬-보닌섬-한국 그리고 남만주의 여행사진』 Julius Springer, 1927, GER 80

들어가는 말
포르모사(Formosa)
들어가는 말
수도 타이호쿠(Taihoku)와 주변
중앙포르모사의 평야
중심 포르모사의 토착민
남부 포르모사의 도시들
아리(Ari)산맥(아리산)
포로모사의 일본통제
류큐(Ryukyu) 섬
오키나와 여행
역사
풍경과 식물
섬에서의 여행
경제와 식량
주거
무덤
도시들: 나와(Nawa)와 슈리(Schuri)
인구

예술과 공예
예배장소와 종교
결론
보닌(Bonin) 섬
한국
남한
금강산
서울
남만주의 소작지

Gontscharow, Iwan A. 『순양함 파라스(Pallas)』 Fisher, 19, GER 188

I. 크론슈타트(Kronstadt)에서 리짜르드 헤드(Lizard Head)까지
II. 대서양과 마드리아(Maderia)
III. 대서양의 열대 속에서
IV. 희망봉에서
V. 희망봉에서 싱가폴을 향하여
VI. 홍콩과 보닌(Bonin) 섬
VII. 일본에서의 러시아인
VIII. 상하이
IX. 다시금 일본으로
X. 리우키우(Riukiu)와 마닐라
XI. 마닐라에서 시비리엔(Sibirien) 해안으로
XII. 20년 후
후기
Bibliographie

Gottsche, C. 『한국의 지질』 [n.p.], 1886, GER 76

여기에 관하여는 표 VIII. 참조
결정질 점판암
형성층 (形成層)
석탄층
제3기층

제4기층
구 용암석
신 용암석
한국의 암석학에 대한 논문

Gruenfeld, Ernst. 『중국, 일본 그리고 한국에 있어서 항만 보호령과 식민유사관계: 식민정책연구』 Gustav Fischer, 1913, GER 35

머리말.
목차.
들어가는 말: 역사적 맥락.
I장: 항만보호령.
1. 서언.
2. 법관계.
3. 행정.
4. 재정.
5. 권력소모와 정치적 의미.
6. 경제와 경제정책
7. 문화적 부분.
8. 결론.

II장: 특허
1. 서언.
2. 법관계.
3. 행정.
4. 재정.
5. 정치적 의미와 권력소모.
6. 경제와 경제정책.
7. 문화적 부분.
8. 결론.

III장: 국제적 식민지.
1. 서언.
2. 법관계.

3. 행정과 재정.
4. 정치적 의미와 권력소모.
5. 경제와 경제정책.
6. 문화적 부분.
7. 결론.
결어.
부록.
주해.
참고문헌.
색인.
III장: 동아시아의 지형도, 상하이의 약도, 텐친(Tientsin)의 약도.

Gundert, Wilhelm. 『일본의 종교사: 일본과 한국의 종교역사 개괄』 Japanisch-Deutsches Kulturinstitut, 1935, GER 169

머리말
아시아의 이름과 어법의 쓰기와 말하기

1부: 일본의 역사전개에 있어서 일본인의 종교

제1기(552까지): 신도의 독재권과 유교와 도교의 첫 유입
I. 최초의 신도
A. 신도-종교의 요소
B. 신도의 신화학
C. 신도의 제식
II. 유교와 도교의 첫 유입

제2기(552부터 1549까지) : 불교의 우세
1절(552부터 1175까지) : 불교의 유입과 불교의 일본화. 신도주의의 불교화
I. 일본불교의 시작
II. 균형 속에 불교, 유교와 신도주의(593부터 710까지)
A. 쇼토쿠 티이시(Shotoku Taishi)
B. 종교에 미친 타이콰(Taikwa) 개혁

III. 나라(Nara)시대에 있어 불교의 전성기(710부터 794까지)
A. 문화의 지주로서 불교
B. 나라시대의 불교지도자
C. 나라불교의 6학파
D. 나라시대의 신도
IV. 스콜라적 교권제도와 혼합적 대중종교로서 마하야나(Mahayana) 불교의 지배(794부터 1175까지)
A. 사이코(Saicho) 또는 덴교 다이시(Dengyo Daishi), 일본의 텐다이(Tendai) 종파의 설립자(767-825)
B. 쿠카이(Kukai) 또는 코보 다이시(Kobo Daishi), 일본의 신곤(Shingon) 종파의 설립자(744-825)
C. 텐다이 종파의 교의와 실천
D. 신곤 종파의 교의와 실천
E. 신곤과 텐다이 종파의 마법
F. 부처, 보드히사트바스(Bodhisattvas)와 극락
G. 카미(Kami) 종교와 도교의 불교화
H. 텐다이와 신곤 지배 하에서의 종교적 삶. 도덕적 몰락
2절(1175부터 1549까지) : 개인적인 세속종교에로 불교의 심화와 단순화
I. 종교 개혁자와 그들의 작업
A. 넴부추(Nembutsu) 종파
B. 일본에서 선(Zen)
C. 종파의 싸움과 니키렌(Nichiren)의 침투시도
II. 1549까지의 종교적 발전
A. 불교적 세속종교의 확대
B. 신도의 사변적 작업과 각성적 자각

第3기(1549 이후) : 서양과의 대결 속에서 일본의 종교
1절(1549부터 1868까지) : 서구영향에 대항한 종교적 삶의 민족적 경직성
I. 그리스도교를 통한 첫번째 충격(1549부터1614까지)
II. 도쿠가와(Tokugawa)시대에 있어 종교적 삶의 민족적 경직성(1600부터 1868까지)
A. 사찰조직으로서의 불교. 오바쿠(Obaku)- 선 종파

B. 국가의 윤리적 근본으로서 유교
C. 종교-철학적 세계관, 민족주의적 제식과 예언적-윤리적 종파에로의 신도의 독립
D. 니오라이(Nyorai) 종파
E. 대중종교와 미신

2절 (1868이후) : 서구 세계관의 유입을 통한 거대한 충격

I. 신도의 새로운 질서
II. 서구문화의 유입
III. 그리스도교의 정착
IV. 불교의 전환
V. 신도적 세계의식의 반응

제2부 : 한국인의 종교

A. 민족종교: 정령숭배와 무속
B. 도교와 혈족
C. 유교
D. 불교
E. 근대의 민족종교
   1. 동학과 그 분파들
   2. 단군 숭배

통계

I. 1933년 1월 공식적 작성에 의한 일본의 종교
   A. 신도
   B. 불교
   C. 그리스도교
II. 1934년 일본 내무성의 통계에 따른 공개적으로 신도를 모시는 장

유럽어에 해당되는 글자
이름과 사항색인

Hagemann, Walter. 『깨어나는 아시아: 아랍 - 인도 - 중국』 Germania, 1926, GER 111

아시아를 아시아인에게
중동
　　유럽과 아시아 사이
　　회교승의 마지막 춤
　　아나폴리아의 중심부에서
　　터키 공화국
　　신 팔레스타인
　　시온주의자
　　아라비아 사막을 지나
　　인도로의 교량
인도
　　메카와 델리
　　회교국 주권을 위한 싸움
　　물레동작
　　밀림의 기적
　　아담의 발자취
　　인도 제도 (諸島)
　　방랑하는 수도
　　말레이시아의 미래에 대한 꿈
　　인도 제도의 독일인들
　　옛 자바의 분화구 사이에서
　　마지막 왕국
중국 중국에의 입국
　　북경
　　기독교 신자인 장군의 진영
　　열광하는 나라
　　중국과 외세
　　호앙코 (Hoangko)에서
　　독일인이 지은 소재지
일본 요코하마의 재건
　　일본의 북방영토
　　사라진 황국 (皇國)
　　만주지방
　　만주의 궁도 (宮都)

거지행색의 유럽
아시아 속의 러시아

Hagen, Graefin M. vom. 『부왕 리 홍 창(Li Hong Tichang)의 회상록: 독일 번역서』 Verlag von Karl Siegismund, 1915, GER 182

편집자의 머리말
들어가는 말
I. 들어가는 말과 전기
II. 학자로서의 그의 노력
III. 기독교에 대한 그의 세계관
IV. 고던(Gordon) 장군과의 관계
V. 귀족 부인 원 파이(Yuan Fei)의 제단갑에서
VI. 농부의 승인
VII. 일본전쟁에 대한 회상
VIII. 러시아 황제 대관식에서
IX. 독일에서의 남자들과 사건들
X. 프랑스와 영국에서
XI. 대서양과 미국 여행
XII. 그가 미국에서 본 것
XIII. 탁월한 인격성에 대한 판단
XIV. 시야내에서의 구테타
XV. 의화단 사건에서의 그의 과제
XVI. 왕권의 도움을 요청하다
XVII. 한국전쟁의 참여
XVIII. 대만으로 후퇴
XIX. 아편중독과 아편무역
XX. 아편과 기아에 대한 시적인 저서
XXI. 일기장에서의 짤막한 메모들

Hamilton, Angus. 『한국: 아침의 나라 여행기』 Otto Sparner, 1904, GER 79

들어가는 말

1장: 정보 부족의 꽃 지방 해안에서. 잊혀진 여행. 미신과 신앙. 역사 개관.

2장: 특성. 발전. 개혁과 복지의 징조. 제물포. 인구. 거주. 상업.

3장: 수도. 평화의 도시. 외국 영향의 결과. 초기. 학교. 의상. 우편과 전신. 순수성.

4장: 도심지에서. 집. 관습. 춤 공연.

5장: 한국의 정원. 황제와 내각. 왕후와 궁전.

6장: 황제의 행렬.

7장: 맥레비 브라운(Mc Leavy Brown)씨. 관세의 물음. 의도된 차관.

8장. 한국에서 외국인의 활동. 고갈된 국고. 예산. 화폐. 대치긴코(Dai Jchi Ginko). 공무원의 불성실.

9장: 학제. 예술과 예술품. 도로 통행권. 결혼과 이혼. 첩의 권리. 어린이의 위치. 정부조직

10장: 농업경제와 가축. 가내수공업. 생산. 식량

11장: 한국에서의 일본. 역사. 옛 부산. 정치적, 경제적 관심. 혼합의 남용

12장: 상업의 전망. 욕구. 기업정신의 부족

13장: 영국, 미국, 일본, 프랑스, 독일 그리고 벨기에의 관심. 철도와 산의 공사계획. 모조의 수입품목

14장: 무역항에 대하여. 수출품과 수입품. 국내 수공업

15장: 무역항에 대하여(계속). 미지우(Mi=tschiu). 성진포. 진암포(Tschin=am=po). 평양. 군산. 성진(Sieng=tschin)

16장: 러시아의 관심. 러시아와 일본. 마산포. 징개완(Tsching=kai=wan). 장산포

17장: 메게(Mege)에서. 시골을 통해 동고개(Tong=ko=kai)로의 여행. 시골의 아름다움

18장: 독일의 채광장. 광물과 종류 그리고 산지철도의 여행. 곰사냥. 산탄총과 엽총을 가지고

19장: 금강산의 중과 절. 영원한 평화의 사찰. 보리수의 사찰. 불교

20장: 몰락의 공포. 한국을 통하여. 동해안. 어획과 더러움

21장: 건조. 기근. 시골의 동요. 비. 질환

22장: 선교상태, 기독교의 윤리학, 설교와 상업. 제한의 필요성

23장: 내지의 여행. 조롱말, 하인, 통역사. 식량과 숙박. 우리는 무엇이 필요하며 그리고 어떻게 그것을 이용하는가. 숙사 위에서.

기쁨과 유즈
24장: 강화. 섬의 짧은 역사. 이상적인 휴식처로서 사찰의 골짜기의 방문자. 자정의 회식
색인

Hawes, Charles H. 『극동에서: 한국에서 블라디보스톡을 경유하여 사할린 섬까지』 Kgl. Hofbuchhandlung Karl Siegismund, 1905, GER 75

도해의 목차
전문어
1. 장. 나가파키(Nagafaki)에서 센판(Senfan)으로
2. 장. 블라디보스톡(Wladiwostok)
3. 장. 블라디보스톡에서 카가로브스크(Chabarowsk)로
4. 장. 아무르(amur)에서
5. 장. 니코로예브스크(Nikolajewsk)에서 크렉산드로브스크 (Hlexan-drowsk)로
6. 장. 사하린 섬
7. 장. 알렉산드로브스크(Alexandrowsk)에서 슬라보(Slawo)로
8. 장. 슬라보에서 도-키미(Hdo-Cymi)로
9. 장. 키미푸루츠(Cymifluts)에서
10. 장. 키미푸루츠 강어귀로
11. 장. 니(Ni) 만에서
12. 장. 카이보(Chaiwo) 만과 그것을 넘어서
13. 장. 카이보의 "캄(Cham)"에서
14. 장. 니보(Niwo)
15. 장. 니보에서 이르-키르(Irr-Kirr)로
16. 장. "타이가(Taiga)"를 통한 여행
17. 장. 알렉산드로브스크의 경치와 사람들
18. 장. 죄수의 역사
19. 장. 알레산드로브스크에서의 범죄의 역사
20. 장. 사할린에서 블라디보스톡으로
21. 장. 만주를 통하여
22. 장. 만주에서 크프치타(Cfchita)로
23. 장. 트란스바이칼에서 모스코바로

Hedin, Sven. 『창포 라마(Tsangpo Lama)의 순례: 순례자』 F.A. Brockhaus, 1922, GER 187e2

1. 수도에서-----------------------------------7
2. 그라스란드(Grasland)의 사람---------------------30
3. 코요태-------------------------------------46
4. 예홀(Jehol)의 수도원---------------------------62
5. 순례자의 출발--------------------------------73
6. 사막에서-----------------------------------93
7. 모래폭풍 속에서-----------------------------107
8. 늑대로부터의 습격----------------------------138
9. 총카파(Tsongkapa)와 죽은 타치-라마(Taschi-Lama)--171
10. 푸른 호수----------------------------------180
11. 원주민의 생활------------------------------190
12. 한 광인의 죽음------------------------------215
13. 남그잘(Namgjal) 구조--------------------------240
14. 쳄베(Tsembe)의 보고--------------------------250
15. 창포(Tsangpo) 라마의 모험---------------------275
16. 수도원장의 마지막 여행------------------------291
17. 탕구텐(Tanguten)의 습격-----------------------314

Hesse-Wartegg, Ernst von. 『한국: 1894년 고요한 아침의 나라로 여름 여행』 Verlag von Carl Reissner, 1895, GER 82

I. 한국으로
II. 부산
III. 한국의 한 지방도시
IV. 황해를 통하여
V. 제물포
VI. 한국의 수도에서
VII. 강화에서 서울로
VIII. 한국의 수도
IX. 한국의 왕과 궁전

X. 왕후와 궁정
XI. 왕의 종묘예식
XII. 중국 황제의 공사파견
XIII. 한국 군대
XIV. 정치적, 사회적 상황
XV. 한국인의 만족
XVI. 한국 축제 연감
XVII. 서울에서의 산보
XVIII. 부인의 생활
XIX. 교육본질과 지리학적 개념
XX. 종교적 직관
XXI. 한국의 약제와 간호
XXII. 장례식과 제사
XXIII. 사법, 감옥 그리고 고문
XXIV. 한국의 특징
XXV. 한국에서의 유럽인
XXVI. 말타고 제물포로
XXXVII. 8 지방
XXVIII. 산업
XXIX. 국산품
XXX. 원산과 한국에서 러시아의 관심
XXXI. 외국과의 무역

Hofmann, Amerigo **『극동의 삼림지역: 일본, 대만, 한국, 동아시아 근접 지역의 삼림기행과 연구』** Wilhelm Frick, k. u. k. Hofbuchhandler, 1913, GER 9

머리말
서문
참고문헌
I. 구일본 산맥의 양상
II. 구일본의 지질학적 특성
III. 구일본의 기후, 특히 강수 관계
IV. 동아시아의 관찰지역 삼림의 특성

V. 동아시아 삼림양상
1. 동경 주변
2. 일본 중앙의 산맥
3. 북부지방의 섬 호카이도
4. 한국으로부터
5. 대만으로부터

VI. 조림
1. 기후에 따른 삼림지대
2. 주요 목재
3. 일본의 자연림
4. 일본의 인공림

VII. 소유관계와 경영관계
1. 삼림지와 소유권 관계
2. 일반적인 경영관계
3. 주요 목재에 대한 특수한 경영형태
4. 추가조항. 사할린 섬의 삼림보고 (寶庫)

VIII. 삼림이용, 목재산업과 목재업
1. 건축재목의 생산
2. 건축재목의 사용
3. 땔나무와 목탄
4. 부차적 삼림생산물
5. 목재산업
6. 목재업

IX. 주요 목재류의 기술적 성질, 수출 목재류, 재배 가치가 높은 목재류

X. 임업의 운송체계

XI. 삼림정책, 법제정과 교육제도
1. 역사적인 개괄
2. 삼림행정
3. 삼림법 제정
4. 교육제도

XII. 삼림과 하천의 관계. 구일본의 계류와 제방의 형성
일본 수로의 특성
표석 생성의 원인

표석 생성에 있어서 수로의 능동적 활동
화산폭발과 지진의 표석 생성과의 연관성
식물성장이 표석 생성에 미치는 영향과 하천 내에서의 표석의 이동
하천과 관련된 일본의 수리 (水理)
표석 생성의 관점과 표석 조정이라는 성질에 따른 일본 하천의 분류
제방축조의 자재 (資材)와 축조법에 대하여
하천지역에서의 조림과 이러한 목적을 위해 시도해 볼 수 있는 수종에 관한 소견
맺음말. 일본 하천의 제방축조에 관한 법적, 행정적 기초
XIII. 동아시아의 야생동물과 수렵
XIV. 숲과 민족문화

Hraul, Richard. **『동아시아의 예술과 유럽에 끼친 영향/87권』** B. G. Teubner, 1906, GER 28

I. 17세기와 18세기 유럽에 끼친 영향
II. 19세기 일본 예술의 영향
III. 동아시아의 영향을 받은 공예 예술

Huber, Max. **『시베리아, 일본, 인도, 호주, 중국, 한국에서의 여행기』** Schulthess, 1906, GER 56

I. 모스코바에서 지방을 경유하여 블라디보스톡로.
1. 모스코바
2. 볼가(Wolga)와 카마(Kama)에서
3. 우랄(Ural)에서
4. 시베리아 철로를 따라 우랄에서 이르쿠체(Irkutsk)까지
5. 이르쿠체(Irkutsk)
6. 바이칼(Baikalien)의 경유
7. 아무르(Amur)지역에서
8. 블라디보스톡
II. 일본.

1. 나카사키(Nagasaki)와 요쿠하마(Yokohama)
2. 북 일본
3. 도쿄(Tokio)
4. 도쿄에서 키오토(Kioto)
5. 고토(Koto)
6. 내륙호수와 키우수(Kiushu)

III. 남 아시아와 세이론(Ceylon).

1. 홍콩
2. 인도차이나
3. 시암(Siam)
4. 싱가폴로
5. 자바
6. 세이론

IV. 호주.

1. 서부와 동부 호주
2. 빅토리아
3. 뉴지드발에스(Neusuedwales)
4. 브리스벤(Brisbaen)에서 홍콩으로

V. 중국과 한국.

1. 칸톤(Canton)과 상하이
2. 양쯔강-계곡에서
3. 북 중국
4. 한국

VI. 미국을 경유한 귀향

부록.

I. 시베리아의 무역발전을 고려한 시베리아의 통상관계(1900년에 쓰여짐)

II. 중국으로의 수출전망

1. 중국 수입의 통계적 윤곽
2. 조직과 유통
3. 영업
4. 중국의 경제관계와 정치적 상황.

III. 입헌 군주제에로의 일본발전(1902년 보고에서)

IV. 영국식민지 하에서 호주의 민주주의(1902년 쮜리히

민주연합 도시의 보고에서) 스위스 민주주의의 보고에서)

1. 정치와 경제의 발전.
2. 정당관계.
3. 정치영역의 결과와 요청
4. 국가의 직접적인 사회적 활동영역의 결과.
5. 국가의 간접적인 사회적 활동영역의 결과.

Hyakinth, Moench. 『몽고의 체험기』 Reimer, 1832, GER 121

1권.

I. 북경에서 캘간(Kaelgan)까지의 여행
II. 북경에서 캘간까지 지대의 물리적 조망
III. 만리장성
IV. 캘간에서 세모(Schaemo)까지의 여행
V. 세모을 경유하는 우르가(Urga)까지의 여행
VI. 우르가에서 키애치타(Kiaechta)까지의 여행

2권

몽고의 지리적 위치
몽고의 정치적 분할
몽고의 자연적 상태
기후, 토지의 성질, 생산과 상업
언어, 인종, 인구 그리고 민족계급
정부형태, 행정, - 군주와 타이쯔피(Taizfi)의 수입
외형모습, 기질과 특성. 경작과 천막. 식량과 의복. 종업과 관습. 유목민의 방랑 - 기술과 산업
결혼과 장례
몽고의 과거와 현재의 신숭배
몽고의 문학과 교육
유목민의 원천. 유목민으로서의 몽고와 중국과의 관계
결정적인 물음: 누가 13세기의 타타르(Tatar)인가?

3권: 몽고족의 초기 역사에 대한 조망

들어가는 말

1번째 시기. 고대부터 기원후 214까지 춘넨(Chunnen)가

1부. 춘넨 가의 부흥부터 중국에 항복하기까지

2부. 춘넨의 중국항복부터 그들의 몰락까지

3번째 시기. 중국에 있어서의 남쪽 훈(Hunnen)가

1부. 평화로운 훈의 카나트(Chanat)

2부. 칸(Chan)에 평화로운 훈가

3부. 차오(Tschao)의 이름 하에 취(Schi)가

4번째 시기. 얀(Jan) 이름 하에 무슌(Mushun)가

5번째 시기. 보에이(Woei) 이름 하에 토바(Toba)가

1부.

2부.

6번째의 시기. 툴가(Tulga)가

1부. 툴가가의 창궐부터 몰락까지

2부. 툴가의 재건과 몰락까지

7번째 시기. 초이초르(Choichor)가

1부. 초이초르가의 창궐과 몰락까지

2부.

8번째 시기. 라오(Lao) 이름 하에 키단(Kidan)가

1부. 키단가의 창궐부터 첫번째 몰락까지

2부. 서부의 라오 이름 하에 키단가

9번째 시기. 타탄 이름 하에 몽고가

1부. 징기스칸부터 추비타일(Chubitail)까지

2부. 주안(Juan) 이름 하에 몽고가

10번째 시기. 타탄 이름 하에 몽고가 - 중국에 항복하기까지

4권, 몽고법전의 전개

1부. 존엄

2부. 검열과 의무

3부. 농가방문과 공물납부

4부. 지방의회와 전쟁발발

5부. 국경과 초소

6부. 도둑과 절도

7부. 살인
8부. 고소
9부. 도망자의 체포
10부. 다양한 범죄자들
11부. 라마승(Lama)
12부. 사실수색의 결단

Jessen, Peter. 『일본, 한국, 중국 : 예술 애호가의 기행문』 Verlag von E. A. Seemann, 1921, GER 65

머리말
일본의 민족성
일본 예술의 보물들
일본의 건축술
한국
중국의 민족성
중국의 예술경영과 예술작품
중국의 건축술

Kaeuffer, Johann Ernst Rudolph. 『동아시아의 역사: 인류역사의 친구를 위한 서술』 Brockhaus, 1858, GER 66 v.1

머리말

서론. 자연적 관계에서의 중앙-아시아.
I. 고원 전반
II. 주요산맥
III. 세 주요지역과 A. 특히 남부지역; 티벳과 탕구트(Tangut)
IV. B. 중앙지역; 투르케스탄(Turkestan), 서부 고비(Gobi)
V. C. 북부지역; 동부 고비와 튱가라이(Dsungarei)

동아시아의 역사 A. 중국
1. 토지
2. 민족기질

3. 역사원천; 본래적 킹(King), 체우-리(Tscheu-li), 역사편찬가
4. 신빙성과 중국역사의 시기
고대. 초기부터 공체(Kongtse)까지. 기원 전 500년까지
5. I. 시기 ; 신화기, 혹은 기원 전 2357년 자오(Jao)의 통치 등장까지(기원 전 2200년)
6a. II. 시기의 국가, 기원 전 2200-1100년
6b. III. 시기의 국가, 기원 전 1100-500년
7a. II. 시기의 종교
7b. III. 시기의 종교
8. 문화상태; 언어
9. 문자. 문학. 학문. 학교
10. 예술. 건축. 수공업
11. 상업. 화폐
12. 관습과 가정생활
13. 서부, 북부와 북동(한국, 일본)

동아시아의 역사 B. 인도
14. 전방인도
15. 가장 중요한 지역;
I. 힌두스탄(Hindustan).
II. 데칸(Dekhan).
III. 세이론(Ceylon) 섬
16. 동물지 및 식물지와 더불어 기후와 땅
17. 인종과 기질
18. 역사 ; 원천과 분류
고대.
초기부터 부다까지, 기원 전 500년까지.
인도에 불명료한 종속이 살았던 최초의 기간.
그 후;
19. 원천; 리그(Rig)-, 야슈르(Jadschur)-, 사마(Sama)-, 아타르바(Atharva)-베다(veda)
20. 베다의 신들
21. 베다의 숭배

22. 베다의 민족
23. 언제? 베다의 시기
24. 원천; 특히 브라만(Brahmana)의 이티하사스(Itihasas)와 라마자나(Ramajana)와 마하-바라타(Maha-Bharata) 시기
25. 영울시대의 역사
26. 원천

부다 이전의 세 시대의 역사
27. 아리아 인의 세력 확장
28. 브라만의 카스트
29. 다른 세 카스트
30. 베다찬양의 편찬과 기록. 몇 개의 브라만의 작성과 서법
31. 고대 자연신의 침몰과 브라마의 이념
32. 명상의 다른 방향들. 세계창조.
33. 계속; 선행의 체계와 윤회 인식의 체계. 숭배
34. 고대철학파의 시작
35. 인도 언어의 문제점, 특히 산스크리트. 글자
36. 문법. 천체학. 의술.
37. 예술. 산업. 상업 등 등. 추가; 후방-인도와 인도군도에 관하여
38. 동아시아의 고대 전체에 대한 조망

부록

Kaeuffer, Johann Ernst Rudolph. 『동아시아의 역사: 인류역사의 친구를 위한 서술』 Brockhaus, 1859, GER 66 v.2

중세. - 공자와 부처로부터 중국과 인도에 대한 외국의 통치 초기까지; 기원전 500부터 기원후 1000년까지
IV. 시기 -공자와 부처로부터, 기원전 500년부터 기원초까지,
A. 중국. 공자부터 불교의 전파까지, 기원전 500년부터 기원후 65년까지
B. a)전방-인도. -Von 부처로부터 차카(Caka)-시대까지, 기원전 500년부터 기원후 78년까지

B. b)후반-인도
B. c)인도군도
V. 시기 - 기원초부터 600년까지
A. 중국-불교의 유입부터 당나라까지, 65-620년까지
B. a)전방-인도 -차카(Caka)시대, 78-600년까지
B. b)후방-인도
B. c)인도군도
VI. 시기 - 600-1000년까지
A. 중국 -당과 다섯 한 왕조(헤오우(Heou)- 즉 후기) 왕조. 620-960년까지
B. a)전방-인도 -알렉산드의 교역중지부터 마흐무드 덴 가쯔네비덴(Mahmud den Ghazneviden)까지; 약 600-1001까지
B. b)후방-인도
B. c)인도군도
부록

Kaeuffer, Johann Ernst Rudolph. 『동아시아의 역사: 인류역사의 친구를 위한 서술』 Leipzig : Brockhaus, 1860, GER 66 v.3

근대.
머리말
VII. 시대
A. 중국
B. a) 전방-인도
B. b) 후방-인도
B. c) 인도군도
VIII. 시대
원천
A. 중국
B. a) 전방-인도
B. b) 후방-인도
B. c) 인도군도
중세와 근대 역사의 조망(38에서 계속)

Katz, Richard. 『반짝이는 극동 : 중국-한국-일본에서의 경험』 Eugen Rentsch, 1935, GER 38

머리말.
중국.
홍콩의 주위
투기하는 도시.
어떤 순례자의 메모.
저승을 위한 돈.
철저한 일본인.
황해에서의 독일 도시.
자동차와 수레.
도중에서의 메모.
중국의 신성한 산으로 순례.
중국에서 왕위 계승되지 못한 왕.
시민전쟁에 대한 야담들.
"파이핑(Peiping)".
리차-쿨리스(Ridscha-Kulis)의 혁명.
충성스러운 여인, 경작하는 여인과 그 외의 여인들.
안내자.
안마사, 루(Lu).
양모양의 냄비.
만리장성.
젊은 중국인의 연극.
죽은 사람을 위해 말하는 사람.
중국어로 야단치다.
콤파스 없이 한걸음도 진전 못함.
젓가락으로 식사하기.
재미있은 중국-메모.
백인의 세가지 적.
북경의 성벽길
젊은 낙타.
얼음.

다이렌(Dairen)과 아서(Arthur) 항.

만주의 문.

"점령 불가능한 아서(Arthur) 항".

한국.

상쾌한 아침의 나라.

카이조(Keijo)에서의 사랑의 거리.

무당.

여자접대.

저항하는 한국.

옷을 짜는 늙은 할머니.

일본.

경찰.

사랑스러운 베푸(Beppu).

일본 목욕.

우리와 다른 것.

호텔 혹은 "내부"?

콜럼부스가 미야지마를 발견하다.

교토 - 문화의 몰락.

일본-메모.

"나라(Nara)-호텔"에서의 만남.

마이트레야가 웃다.

가족으로부터 공장으로.

서-동양적인 것.

고속도 촬영으로 방문.

일본어-일본어를 할 수 없는 어떤 사람으로부터.

왕자가 오다.

신-구-도쿄.

저녁 손님.

어린이의 사원.

2분간의 지진.

"모시-모시(Moschi-moschi!)"

도쿄에서의 가계.

꽃을 통해.

완벽한 연극.

"모보스(Mobos)" und "모가스(Mogas)".
일요일에 카마쿠라(Kamakura)!.
"거대한 지옥".
작별.

Katz, Richard. **『브랜디, 코카인, 라마; 혼잡한 남미대륙을 종횡하며』** Ullstein, 1931, GER 20

머리말
태평양을 건너
거대한 수조에 담긴 물
한 병의 진 (jin)
맥시코 방문
뜨거운 날씨
잔디 위로 배 한 척이 가다
페루
거친 리마
리마의 기후
남미의 혁명
피자로 (Pizzaro)의 해골 옆에서
페루 안데스 산맥을 넘어
원시림 옆의 대농장
서양 감탕나무
안데스 산맥을 넘어 돌아오다
에쿠아도르
에쿠아도르를 거쳐 내륙으로
겁쟁이 황소
희박한 공기 속에서
죽은 어느 소녀의 작은 머리
통치자인 의사
진짜 파나마 모자
"바하포스탐 (Bahapostam)"
여름 말기
살라사카스 (Salasakas)의 자유로운 민중

즐비한 건물 전면
이상한 에쿠아도르
축제! 축제!
"현지화 시키는 것"
작고 검은 숫사슴
작은 일거리

칠레

사막, 해안
나의 가장 흥미로웠던 여행경험
위험 속의 질산염 항구
발파래이소 (Valparaiso)
"더 이상 할 수가 없다 Nada mas"
노동과 휴식 사이: 산티아고
우리를 다시 고향으로 보내 주시오!
칠레를 거쳐 남쪽으로
고향도시 발디비아 (Valdivia)
리쉬 (Riesch) 무대와 웨일즈 왕자의 사이에서
여행 현수막 앞에서
외로운 사람들
숲 속의 집짐승들
인디안 쿠미칸 (Cumican)
푸른 숲을 말을 타고 달리다
원시림 속에서의 부활절

아르헨티나

파타고니아 (Patagonien) 원시림의 산등성이 위로
침착하시오!
"586km"
부에노스아이레스의 무거운 공기
메모장
부에노스아이레스는 신경을 자극한다

브라질

이 얼마나 굉장한 도시인가!
"막대사탕" 위에서 떠돌다
리오의 여자들

정숙과 비정숙
괜찮은 민족
대서양에서
귀향과 이별

Katz, Richard. 『세계여행: 낙타, 열차, 배, 자동차로 2년 간의 세계여행』 Eugen Rentsch, 1933, GER 94

아프리카
오아시스에서 크리스마스
뱀을 먹는 사람들
"알라는 그것을 원했다"
피라밋에서 달밤은 실제로 어떻게 보이는가
아라비아 사막에서
어려움과 더불어 수단(Sudan)-사냥
하얀 도시와 검은 마을
아시아
천당과 지옥
인도의 동물과 사람
인도의 결점
분열된 인도
동쪽과 서쪽
작고 새파란 앵무새
수백만의 빈곤한 사람들
인도의 까마귀
열대-음식
부처의 원쪽의 윗 송곳니
정글의 뱀
중국의 비밀단체
축복받을 세계여행자
장거리 여행을 위한 약간의 방도
"봅(Bob)", 자베(Jave)-말
"세낭(Senang)" 또는: 순종적인 삶
오스트레일리아와 폴리네시아 제도(Polynesien)

장기 여행에서의 가면 무도회
"하얀-오스트레일리아"
오스트레일리아의 도시
무적함대가 오다!
오스트레일리아의 밀림에서 일요일
저지된 식인종
남쪽 바다의 마지막 왕국
진기한 축제
죽음의 계곡
원시인
남쪽 바다의 신문 대용품
미지인과의 인터뷰
바닐라와 함께 도박
17명의 어린이는 면도 시에 한 사람을 보고 있다.
보라(Bora)-보라(Bora)의 마귀
선박에서 세 번째 격랑과 함께
쿡(Cook)과 쿡(Cook) 섬
새로운 땅-뉴질랜드(Neuseeland)
"세계에서 가장 아름다운 길"
뉴질랜드의 산 속에서 크리마스
요리하는 나라
시간이 돈이 아닌 곳
여러 종류의 상어
자동차의 섬
펠레(Pele)부인이 라바(Lava)수프를 요리하다
일본 선박

다시한번 아시아로

일본에서의 첫날 밤
도쿄에서의 주소찾기
가장 공손한 민족
피의 종교
일본의 여관
"니코(Nikko)"는 "햇빛"이다.
진기한 초대

나라(Nara)의 사슴
우기가 오다
추방당한 백정
오사카(Osaka)-아타미(Atami)의 우수
중국에서의 첫날
국제적 해수욕장
한 쌍의 진열장
칭다우(Tsingtau)의 묘지
외국인 법과 외국인 불법
중국의 악보 수집
중세의 도시
여우
법에 의한 신년
중국에서 출발
주물숭배
빌리(Billy)와 화약
유색인과의 작별
아메리카
특별 서비스!
성경보다 오래된 나무
추잉껌(Kaugummi)왕의 섬
20층에서
뉴욕의 일요일
쿠바
하리케인(Hurrikan)
사건들

Katz, Richard. 『수확, 세계일주. 2부』 Ullstein, 1932, GER 21

신 헬라와 구 헬라
살라미스 건너편
아테네의 열광
보름달 밑의 신전
쌀 요리와 원숭이 커피 (역주:?)

형제와 자매
신기한 그리스
산 속의 수도승
누런 개
400개의 교회가 있는 섬
북풍, 델로스, 고고학자
레스보스의 기름
유럽? 아시아?
해안 - 도시- 소아시아의 사막
세 개의 문명을 거쳐
진짜 국제적인 호텔
다마스커스를 향해
다마스커스의 시장
천일야화
드루스 족의 지역
사마의 축음기 바늘
불운한 사람
각양각색의 시리아
한 편의 북아프리카
사십 년 = 열두시간?
신비에 싸인 스핑크스
아랍식 경마
카이로의 밤
나일 강변에서 신이 정한 운명
"햇살특급" 안에서
미래의 땅
수단 항구에서의 낚시
실론과 인도에서
실론섬에서의 부활절
이상적인 식민지
진주 채취
라이푸타나 (Rajputana) 섬에서
인도식 죽음
남태평양으로

서두르시오!
왕년의 독일 - 사모아
"밀림 개간"
유색인을 일깨우는 것
남태평양의 백인
타히티 - 피지 - 사모아
중국의 비밀 식민지
잠들지 않는 선박들
뉴질랜드에서 눈에 띄는 것
"젊은 영국"
간헐온천과 마오리 사이에서
낚시꾼의 천국
메모장
선창의 배는 안전한가?
미국식 남태평양
태평양의 중심
민중을 위한 파인애플
맥주 혹은 베이럼인가?
아메리카를 가로질러
바람 부는 샌프란시스코
로스앤젤레스의 해수욕장
곰은 언제 놀라는가?
미국 서부에서 동부까지
고향으로! 쿠바와 마데라를 지나
하바네라
마데라에서의 승마
영원한 프라하
여행 보고

Katz, Richard. 『황색인과 즐거운 나날들』 Eugen Rentsch, 1935, GER 39

머리말
적도에서

크라카타우(Krakatau)
솔직한 사람
피자마(Pyjama) 시간
인도네시아 - 식탁에서의 대화
"바트(Bart) 박사"
아저 쑤쎄(Ajer Ssusse) - 아저 푸르(Ajer Puff)
수첩에서
조용한 호텔
승마, 선물, 소녀
백색 권력의 몰락
드조크자카르타의 회도교 군주집에서 손님으로
군드로보스(Gundrowos) - 정원의 유령
알랑-알랑(Alang-Alang) 잔디에서
칼바우엔(Karbauen)
수마트라에서 강제노동
행운의 산으로부터 작별
자바의 설탕
무죄판결
자동차와 엄지 손가락의 지문
조그만한 순다(Sunda) 섬들을 따라서
혼잡한 결혼 - 혼잡한 기쁨
아목! 아목!(Amok! Amok!)
인형숭배 곁에 기계인쇄
멀리 떨어진 섬에서 평화로운 저녁
과거의 섬
이방인의 풍습. - 관습적인 이방인
자삭(Sassak)의 말
정글 속에의 단편들
호랑이와 물소
나르마다(Narmada) 성에서 숙소
실용적인 순다(sunda) 섬들
발리(Bali)에서의 관광객들
고향에서 온 우편
화산은 기도하는 것을 가르친다.

여성책임의 섬
발리의 족장묘지에서
발리 마을의 예술
발리의 장례축제
발리에서의 메모
우리에게 낯선 아름다움
발리에서의 닭싸움
취미에 관한 것
"아무것도 없는 화물기선"
멀리 떨어진 묘지들
다양한 선장들
결과들

Krahmer, Gustav. 『러시아와 일본과의 관계: 한국에 대한 특별 참고/7권』 Zuckschwerdt, 1904, GER 142

머리말
I. 1900년까지의 한국역사에 대한 간단한 개요
지금 통치하고 있는 왕조까지의 역사
1885년 4월 18일 중국과 일본간의 천진조약까지
중일전쟁까지
왕비시해까지
러시아의 침범까지
II. 한국의 지리학적 개요와 기후
위치와 면적
국경
해안의 특징과 해상경계
대지형태
수리학
기후
III. 한국의 행정구역과 주요도시들
행정구역의 이름
서울
함경북도의 도시들

함경남도의 도시들
강원도의 도시들
경상북도의 도시들
경상남도의 도시들
평안북도의 도시들
평안남도의 도시들
황해도의 도시들
충청북도의 도시들
충청남도의 도시들
전라북도의 도시들
전라남도의 도시들

IV. 한반도의 통신과 교통의 실재
국내통신: 일반적인 것
국도에서의 사람과 화물의 수송수단
해상교통
철도
북한의 도로
남한의 도로

V. 인구와 헌법
인구수
인구밀도
한국인의 신체적 특성
주민의 성격
한국의 헌법
소득원

VI. 농업, 축산업, 어업, 염전, 수렵, 산림업, 채광업과 광물업, 채광업을 위한 특허, 그밖의 생업
농업
축산업
어업과 바다와 강에서의 그외 다른 생업
염전
수렵
산림업
채광업과 광물

채광업을 위한 특허의 임대
그밖의 생업
VII. 한국의 상업
국내상업
국외상업
다른 국가와의 계약체결
무역개방 항구와 도시
VIII. 한국 군대의 실재
IX. 동아시아에 있어서 러시아와 일본 (러일전쟁 이전의 역사)

Krause, F. E. A. 『동아시아의 역사』 Vandenhoeck & Ruprecht, 1925, GER 134 v.1

머리말
1부: 고대 역사
들어가는 말
1. 고대부터 만주지배까지의 중국역사
1장: 역사의 시작과 문화
2장: 신화시대와 고대왕조
3장: 주왕조와 봉건국가들
4장: 진의 통일국가
5장: 한시대
6장: 진부터 수왕조까지
7장: 당시대
8장: 송시대
9장: 몽고기간
10장: 명시대
2. 일본과 한국역사
11장: 고대부터 645까지의 일본
12장: 국가개혁과 하이안 시기
13장: 봉건시대와 쇼군
14장: 한반도의 국가들
3. 고대에의 개별연구
15장: 민족학적 개요의 시도

16장: 한시대까지의 동서 상호관계와 정보
17장: 4세기부터 15세기까지의 동서 관계, 즉 당, 송, 원 왕조 기간동안의 동서 관계

Krause, F. E. A. 『동아시아의 역사』 Vandenhoeck & Ruprecht, 1925, GER 134 v.2

들어가는 말
1. 만주의 지배로부터 지금까지의 중국역사
1장: 유럽과 첫번째 충돌까지 만주왕조의 정치사(1644-1840)
2장: 아편전쟁, 타이핑 봉기, 로르차전쟁(1840-1870)
3장: 1860 - 1898년 쿠테타까지의 만주황실에서 일어난 사건들
4장: 황후 서휘의 통치(1898-1908)
5장: 만주의 반응
6장: 헌법과 개혁
7장: 중국에서의 첫번째 혁명과 왕조의 몰락
8장: 중화공화국, 두번째와 세번째의 혁명
2. 동아시아에 있어서 일본의 근대화와 세력정치
9장: 메이지 시대: 개방, 왕정복고와 유럽적 개혁
10장: 신일본의 정치: 일본과 중국(1871- 1895), 일본과 러시아(1895-1905)
11장: 동아시아 있어서 일본의 확장과 세력(1905-1911)
12장: 세계대전 동안의 중국과 일본 그리고 동아시아의 상황
3. 개별물음에 대한 개별적 서술
13장: 중국과 일본에서 유럽교역과 기독교 선교의 시작
14장: 중국개혁에 대한 상술
15장: 동아시아의 전쟁과 국제정치
II. 부문의 주석
참고문헌
I. 부문의 수정

Krieglstein, Eugen. 『지옥의 나라에서』 Vita Deutsches Verlagshaus, 1909, GER 183

박사 숙녀(Lady Doktor)
페레 가스파르드(Pere Gaspard)
투안-푸-쳉(Tuan-fu-tscheng)
카스로프(Kasloff) 백작

Krieglstein, Eugen. 『지옥의 나라에서』 Verlag von Thomas Knaur Nachf, 1927, GER 185

1장 "나의 하인 칼(Karl)"
2장 "박사 숙녀(Lady Doctor)"
3장 "Pere Gaspard"
4장 "Der Sumpt Charbin"
5장 "다시금 나의 하인 칼(Karl)"

Kroebel, Emma. 『』 내가 한국 궁궐에 어떻게 오게 되었는지에 대해: 여행. 인상과 회상』 Jacobsthal & Co., 1909, GER 13

머리말
작별과 출국
미국에 대한 인상
태평양
호노룰루 항구
호노룰루에서 요코하마로
일본
중국
한국
추서

Kuemmel, Otto. 『동아시아의 도구: 10권』 Bruno Cassier Verlag, 1925, GER 8

도입
I.
II.

III.
IV.
V.
VI.
도표를 위한 설명
도표
중국의 청동제식도구
불교의 제식도구
필기도구
차도구
흡연도구
무기
가정도구
악기

Kuemmel, Otto. 『동아시아의 예술: 4권』 Bruno Cassirer Verlag, 1922, GER 6e2

2판의 머리말
I
II
III
IV
V
도표의 설명, 삽화의 원천
도표

Kuemmel, Otto. 『중국, 일본, 한국의 예술』 Akademische Verlagsgesellschaft Athenation, 1929, GER 99

제2판의 머리말
I
II
III

IV
V
도표의 설명. 삽화의 원천
도표

Langhans, Paul. 『A. Petermann 박사의 보고서: Justus Perth의 지리학 협회로부터』 Justus Perthes, 1883, GER 24 v.75

비행선으로 북극탐험
L.S.베르크(L. S. Berg)의 황토이론
1900년 이후 지구에 대하여 논의되어야 할 영역
현대 지리학에 있어서 붕괴조짐
요셉 폰텐(Joseph Ponten)의 풍경시
지구표면의 "방향"
1928년 여름학기 독일대학의 지리학
포센지역의 산림벌채
라인과 도나우 간의 관계와 서남독일의 제3기 결과와의 관계
미합중국의 삼림경제
지리학의 월간보고
지리학의 참고문헌보고
아르헨티나 대초원의 특성
남미에 있어서 기후변화진행표
"메테오르"에로의 독일 대서양 탐험의 잠정적 결과들
비행선으로 북극탐험
1900년 이후 지구에 대하여 논의되어야 할 영역
아트나에 탄화물?
지리학의 월간보고
지리학의 참고문헌보고
폴랜드의 인류학
랍란드의 표면형태와 동토
트리폴리스 지방에 대한 정보지식의 중요문제들
남미에 있어서 기후변화진행표
1900년 이후 지구에 대하여 논의되어야 할 영역
트린이다드 건너편 파리아 골프에 있는 베네주웰라의 협곡지역

노르웨이의 Bouvet섬
지리학의 월간보고
지리학의의 참고문헌보고
헤로도토스의 아라섹스 = 볼가
시간의 변화 속에서 파타고니아의 기후와 식물지
볼리비아의 동아덴으로의
노르웨이와 이탈리아의 극탐험에 대한 지리학적 결과들
첸후-엔의 중국인구에 대한 새로운 통계
1929년 5월 20일 마크데부르크에서 개최된 지리학의 독일대학교수연합모임에 대한 보고
1929년 오순절 마크데부르크에서 개최된 독일지리학회의 23번째 모임
지리학의 월간보고
지리학의 참고문헌보고
헤르만 바그너(Hermann Wagner)
동아시아적 산맥의 전개과정에 대한 이론
아프리카 흑인의 유래에 대한 새로운 것
시간의 변화 속에서 파타고니아의 기후와 식물지
대초원의 문제
하이타이 해안의 박물학
허드슨 만- 철도, 항구, 항로
룬체르 호수의 정밀한 기후측정
남슬라브의 지분과 살론의 자유지역의 지분
바티칸 도시
지리학의 월간보고
지리학의 참고문헌보고
페트만(Petermann)의 보고서 중 75권의 종결
엑케르트(Eckert)의 두가지 도표기획에 대한 연구 기획
지방사람을 참작한 아르마니안(Armanien) 지방
남부 리비아 사막의 오아시스와 길
시간의 변화 곳에서 파타고니아의 기후와 식물지
아르헨티나의 대초원에 있어서 하층토와 지하수
미국의 초원지 도표와 혼두라스에 있는 인디언의 옛 영역
노르웨이의 페트-아이(Pete-I)섬

지리학의 월간보고
지리학의 참고문헌보고

Lautensach, Hermann. 『한국: 국토, 민족, 운명』 Koehler Verlag, 1950, GER 12

서론
I. 한국사와 그 현장
1. 지형적 특성
2. 고대
3. 왕씨 왕조와 이씨 왕조, 지방과 지리적 명칭
4. 일본통치시대. 연구사
5. 1945년 이후의 정치 발달사
6. 회고
II. 동아시아의 통로로서의 한국
1. 지형
2. 지질구조와 광갱 (鑛坑)의 이용
3. 기후
4. 하천과 하천의 이용
5. 천연식물염료로 짠 의복과 변형
6. 농업
III. 한국 민족
1. 인종, 의복, 정신적 자세
2. 인구 분포
3. 집과 마당
4. 풍경화 속에 나타난 종교적 특색
5. 생업
6. 화전민
7. 마을과 도시
8. 교통
IV. 선별된 한국의 자연환경과 도시
1. 백두산
2. 관모봉
3. 금강산

4. 평양
5. 천마산
6. 서울
7. 만종 (Mangjong)의 풍경
8. 경주의 풍경
9. 부산과 부산 항구
10. 제주도
V. 오늘의 북한과 남한
1. 한국 미래의 지리적 기반
2. 북한
3. 남한
VI. 통계 자료
1. 대략의 인구와 한국 각 지방의 도청소재지
2. 한국의 기후
3. 각 지방 전지역에서 최다 생산되는 곡식류 12가지의 재배지 비율
4. 1937년 각 지방에서의 공업생산량의 분산과 공장 지부 (100만 엔 단위)
VII. 참고문헌
VIII. 카드색인과 사진도표
IX. 인명색인과 사항색인

Leibgardu. 『동쪽에서의 햇빛과 폭풍』 Verlag der Huwaldschen Buchhandlung, 1916, GER 184

북경,
1914년 12월-------------------------3
1914년 5월--------------------------7
1914년 6월--------------------------24
1914년 7월--------------------------56
1914년 8월-------------------------100
1914년 9월-------------------------153
10월------------------------------171
12월------------------------------178

1915년 1월-------------------------210
1915년 2월-------------------------216
1915년 3월-------------------------218
1915년 4월-------------------------222
1915년 5월-------------------------228
1915년 6월-------------------------235
1915년 7월-------------------------239
1915년 8월-------------------------255

Lindt, A. R. 『말을 타고 만주로: 특파원으로서 장군과 마적들과의 만남』 Brockhaus, 1934, GER 40

I. 만주의 도시들
1. 죽어가는 도시
2. 극동의 시카고
3. 백러시아의 묘지
II. 탱크와 함께 게릴라-전투
4. 철모을 쓴 사무라이
III. 반란군의 본기지로 여행
5. 서양문명과의 이별
6. 선교자들이 마(Ma) 장군을 찾다
7. 중국군인과 불사신
8. 장군대 만다린(Mandarin)
9. 마 찬샨(Ma Chan-Schan)에서 3일
10. 여학교의 침입
11. 마적 두목과의 동반
12. 마적들
13. 오해
IV. 몽고의 초원
14. 밀림 속에서의 아편밭
15. 두개의 정부 - 하나의 도시
16. 유목의 지도자
17. 징키스칸. 세계의 지배자
18. 칼카(Chalcha)로부터의 도망자

19. 만주을 덮친 범람

Ling, Pyau. 『최근 중국 역사에 관한 기고 / 3』 Berlin : Curtius, 1917, GER 144

I 장: 만주국의 마지막 기간동안 중국과 외국
II 장: 중국의 혁명 1911/12
1 절: 지방에서 전복운동
2 절: 평화제안과 협상
III 장: 중국의 입헌정치
IV 장: 중국의 재정과 외자도입정책
V 장: 중국, 영국과 티벳
VI 장: 중국, 러시아와 몽고

Marstrand-Mechlenburg, K. 『러-일 전쟁에 적용된 일본의 포획권: 일본의 포획권 규정과 포획재판소 결정에 관한 모음집』 Ernst Siegfried Mittler ung Sohn,Konigl.Hofbuchhan 1908, GER 49

I. 황제령 20호 (1904년 2월 9일). 관건: 압수된 러시아 상선을 풀어줌
II. 해양부령 1호 (1904년 2월 9일). 관건: 전쟁물품
III. 해양부령 1호 (1904년 2월 9일). 관건: 1904년 (II.) 지령 1호의 변경
IV. 포획재판소 규정안
1) 포획재판소와 최고포획재판소의 관직법
2) 포획조사절차
V. 해양포획규정안
1) 일반 규정
2) 전쟁물품인 사람, 기록물, 물건
3) 선박 서류
4) 봉쇄
5) 방문, 조사, 나포의 목적
6) 나포된 선박들에 대한 조치, 선박의 적재물과 선원
7) 나포 절차

8) 나포 후의 절차
서식 1: 봉쇄 공포 (公布)
2: 봉쇄 경고
3: 전쟁도발 경고
4: 나포 시 수령된 선박 서류
5: 나포 시 없애버린 선박 서류에 대한 기록
6: 나포 시 선박에 있던 돈, 귀중품 외 중요한 물건들의 목록 작성
7: 군함 사령관의 지시 하에 나포 선박 선원을 다른 배로 옮긴 기록
8: 적재물 매매에 대한 기록
9: 나포 선박을 중립적인 항구에 옮겨 놓은 것에 대한 기록
V. 서식 10: 나포 선박의 비상품과 적재물 목록에 대한 목차
11: 항해 중 수령된 (버렸거나 없앴거나 또는 숨겨 놓은) 선박 서류에 대한 기록
12: 나포된 선박과 선원을 옮겨 놓은 것에 대한 기록
영문 서식
서식 1: 봉쇄 공포 (公布)
2: 봉쇄 경고
3: 전쟁도발 경고
6: 선박에 있던 돈과 귀중품에 대한 가치 확인
10: 비상품, 적재물에 대한 가치를 목록화함
VI. 포획재판소 결정안에 대한 연대순 개관
1-58: 포획재판소 결정에 대한 모음
철자순으로 선박명에 따라 나열된 포획재판소결정안에 대한 개관

Muensterberg, Oskar. 『중국 예술사』 Esslingen a. N. Paul Neff Verlag, 1910, GER 32 v.1

바이엘 왕자 루프레히트에게 바치는 헌사
서문
목차

목록의 목차

머리말
유럽 문학 - 첫 번째 시도
정서법과 발음

1장: 불교 이전 시대
개요
I. 석기시대
기원전 3천년
II. 청동기시대
기원전 2000년
미케네 양식
III. 청동-철기시대
기원전 10-5세기
기원전 5-3세기
스키타이의 영향
IV. 한나라 시대
중앙아시아의 혼합 양식
그리스-로마 양식
남국적 양식
용, 호랑이, 불사조, 사자

2장: 高藝術
개요
I. 여러 왕조들
3-7세기 초반
조형
불교 예술
중국-불교적 혼합 양식
II. 당 시대 (618-960)
조각
회화
III. 타종교와 이민족

이슬람
아랍인
기독교
유대교
라마교
마니교
이민족
IV. 송 시대 (960-1280)
개요
인물화
풍경화
동물화, 식물화
V. 몽고 (원) 시대 (1280-1368)
VI. 명 시대 (1368-1644)
1368-1500
1500-1644
종교 예술
VII. 만주 시대
1644에서 지금까지
자연주의적 양식
선조의 초상화
조각술
증보
목록

Muensterberg, Oskar. 『중국 예술사』 Esslingen a. N. Paul Neff Verlag, 1910, GER 32 v.2

머리말
목차
그림표의 목록
들어가는 말
1장 건축술
일반

I. 건축술의 개별 형식
주랑현관
개선문
탑
실용적 건축들
II. 궁전과 사원
황궁전
사원의 시설
III. 무덤 기념비
요약
2장 공예
일반
I. 청동
일반
중국 문헌
들어가는 말
그릇
장식술
개방된 그릇
고급 그릇
폐쇄된 그릇
사실적 식물양식
2세기
악기
종
남부 중국의 양식
거울
불교 양식
서구의 영향
청동 건축술
무기
고대
중세와 근대
주화

II. 제도술
일반
한 이전 시대
한 시대
당 시대
송과 연 시대
일반
명 시대
도자기
강휘 시대
키엔룽(Kienlung) 시대
1세기
III. 석공
일반
기술
장식-휘장-인장-왕홀
실용품
평면장식
동물과 사람의 묘사
IV. 인쇄술
상형문자 Bildschrift
책인쇄와 그림판목
목판인쇄
V. 직물
자수와 편물
양탄자
VI. 칠세공과 목제품
문헌-기술
당 시대
악기
2세기
VII. 유리
고대
1세기

2세기
VIII. 유리의 유약
기술 도입
칠보
철유약과 그 밖의 유약기술
IX. 뿔, 별갑, 보석과 상아
무소뿔
별갑
보석
상아
요약
정리
색인

Nachod, O. 『일본사, 2권』 Verlag der Asia Major, 1929, GER 36 v.2.1

2권: 중국문화의 수용(645년부터 약 850년까지)
I. 전반부.
머리말
후기
약어
차례
I부: 세습국가로부터 관료국가로의 발전 ((타이콰(Taikwa) 개혁) 645-700
A. 원전
1장. 니혼기(Nihongi)
2장. 만요시(Manyoshi)
a)기원
b)문헌
c)내용
3장. 예술
4장. 이차원전: 아사카와(Asakawa)
5장. 외국원전

a)중국원전
b)한국원전
B. 정치적 사건
1장. 타이콰(Taikwa) 개혁의 진행
2장. 왕권변경의 최근상황
3장. 코토쿠(Kotoku) (645-654)
a)타이콰 개혁의 세력범위와 수용
b)왕세자 푸루비토(Furubito)의 모반
c)우대진(Udaijin)의 명의상의 음모
d)코토쿠의 가치
4장. 사이메이(Saimei)(655-661)
a)황후와 왕권후계자의 관계
b)왕세자 아리마(Arima)의 모반
5장. 텐지(Tenji)(662-672)
a)계속된 개혁
b)카마타리(Kamatari) 수상
c)고위 국가관리인의 새로운 보직과 왕권 후계자의 새로운 임명
d)텐지(Tenji)의 가치
6장. 카분(Kabun)과 뎀무(Temmu)와의 왕위쟁탈(672)
a)준비
b)오아마(Oama) 왕세자의 동쪽 도주
c)출전의 진행
7장. 템무(Temmu) (673-686)
a)개혁의 속행
b)템무의 가치
8장. 지타(Jito)(687-697)
a)왕세자 오추(Otsu)의 모반
b)쿠사카베(Kusakabe) 왕세자의 죽음
c)고위 관리자의 새로운 보직
d)두번째 왕세자 타케키(Takechi)의 죽음
e)지토(Jito)의 행정규칙과 인격성
C. 상황과 조직
1장. 국가

a)국가영역
b)왕실
c)관청
d)국가수입
e)사법
f)군제
g)학제
g)계급분류

2장. 종교관

a)신토(Shinto)
b)불교

3장. 풍속과 관습

a)궁정생활
b)가족
c)장례식
d)거주지
e)의복
f)머리모양
g)가구
h)무기
i)시간측정
k)음식
l)목욕과 온천

4장. 예술

a)일반
b)그림
c)조각
d)자수
e)건축
f)음악과 춤

5장. 학문

a)학문시설
b)학문분과
c)문학

6장. 경제 상황
a)농업
b)어업과 수렵
c)광업
d)수공업
e)상업
f)운수
7장. 다른 민족과의 관계
a)아이누(Ainu)
b)수센(Su-shen) (만주)
c)하야토(Hayato)
d)"남부 섬들" (타네가시마(Tanegashima, 야쿠시마(Yakushima), 아마미(Amami)
e)한국
f)중국
8장. 민족특성
a)순응
b)특징
c)부인의 위치
d)불교의 영향

Nachod, O. 『일본사, 2권』 Verlag der Asia Major, 1929, GER 36 v.2.2

목차

A. 원전
1장. 공적 연대기
a)일반
b)쇼쿠 니혼기(Shoku Nihongi)
c)니혼 코키(Nihon Koki)와 니혼 이시(Nihon Isshi)
d)쇼쿠 니혼 코키(Shoku Nohon Koki)
2장. 타이호(Taiho)입법
a)기원
b)문헌

c)내용

3장. 뤼주 산다이 키아쿠(Ruiju Sandai Kyaku)

a)기원

b)내용

4장. 다이 노혼 코몬조(Dai Nohon Komonjo)

5장. 만요슈(Manyoshu)

6장. 이차의 원전

a)아사카와(Asakawa)

b)부록

7장. 외국의 원전

a)중국 원전

b)한국 원전

c)아랍 원전

B. 정치적 사건

1장. 몸무(Mommu) (689-707)

a)몸무의 개성과 그의 조언자들

b)타이호(Taiho) 입법과 그 밖의 통치조치들

c)특출한 개성

2장. 겜요(Gemmyo) (또는 겜마이Gemmei 708-715)

a)구리의 발견과 첫 주화

b)새로운 수도 나라(Nara)와 새로운 교통로

c)국정과 제국의 역사

d)특출한 개성

3장. 겐쇼(Gensho) (716-724)

4장. 쇼무(Shomu) (725-749)

a)전성기로서의 "템표(Tempyo)" 시대

b)불교의 영향력 있는 역할

c)템표 시대의 어두운 면

d)쇼무의 퇴진과 죽음

5장. 코켄(Koken) (750-758), 준닌(Junnin) (759 bis 764), 쇼토쿠(Shotoku) (765-770)

a)코켄 (Koken)

b)준닌(Junnin)

c)쇼토쿠(Shotoku)

6장. 코닌(Konin) (771-781)
a)황제선출
b)도키오스(Dokyos)의 처벌
c)그밖의 행정수립
d)왕위 후계자의 폐위와 황후
e)황제의 조언자들
7장. 캄무(Kwammu) (782-806)
a)맹세과 정치적 살해
b)이전과 수도
c)행정수립
d)캄무의 인격성
e)황제의 조언자들
8장. 관료국가 몰락 시대의 과도기
a)나라(Nara)와 하이안(Heian) 시대
b)황제 하이조(Heijo)(807-809), 사가(Saga) (810 - 823), 준나(Junna)(824-833) 그리고 님미오(Nimmyo) (834-850)
c)특출한 인격성
d)국가행정
C. 상황과 조직
1장. 국가
a)국가영역
b)왕실
c)관청
d)국가수입
e)사법
f)군제
g)계급분류
2장. 종교관
a)신토(Shinto)
b)불교
3장. 풍속과 관습
a)궁정생활
b)가족

c)장례식
d)거주지
e)의복
f)머리모양
g)가구
h)무기
i)시간측정
k)음식
l)놀이

4장. 예술
a)일반
b)그림
c)조각
d)공예
e)건축
f)음악과 춤

5장. 학문
a)학문시설
b)학문분과
c)문학

6장. 경제 상황
a)농업
b)어업과 수렵
c)광업
d)수공업
e)상업
f)운수

7장. 다른 민족과의 관계
a)아이누(Ainu)
b)하야토(Hayato)
c)"남부 섬들"(미나미 노 시마(Minami no Shima))
d)한국 (신라)
e)보카이(Bokkai)
f)중국

g)남과 서 아시아
8장. 민족특성
a)순응
b)특징
c)부인의 지위
되돌아 봄
추가
각주문헌의 도서목록표
색인
인쇄오류
부록: 고대중국의 국가성립

Passek, W. 『해외의 독일 상인. 견문과 체험: 러일전쟁 기간 중 만주지역의 독일 상인. 제1권』 Franz Siemenroth, 1906, GER 23

머리말
1. 전쟁초기의 니우추방 (Niutschwang)
2. 첩보 협의로 러시아인들에게 체포된 사연
3. 군 경리와 사업을 하게 된 사연
4. 물품 조달. 니우추방 역의 관리경영 (혹은 관리숙소)
5. 러시아인들이 니우추방을 소개 (疏開)시키다
6. 러시아 참모부를 위한 첩보 활동
7. 북쪽으로
8. 샤오 (Schao) 전투 중 봉천 기차역 대기실에서의 하룻밤
9. 티엘링 (Tieling)에서
10. 만주철도에 대하여
11. 티엘링 소방서의 창립
12. 중국인 통역자
13. 재회와 흥미로운 만남
14. 헌병대장 쉐로프 (Scheroff), 러시아 주공급원 포포프 (Poppoff) 러시아 - 중국 은행의 협상방식
15. 봉천에서의 위기
16. 내 생애 최악의 날
17. 쉬엔민툰 (Shienmintun)에서

18. 협의
19. 실종된 내 친구 프리췌 (Fritsche)
20. 일본인과 일본인의 유럽대륙에 대한 출판인의 견해
맺음말

Rein, J. J. 『여행과 연구에 따른 일본: 프로이센 왕립 정부의 지시에 의한 서술』 Wihelm Engelmann, 1881, GER 131 v.1

일본의 자연,

국토의 자연 지리학

I. 방향설정을 위하여
- a. 일본의 위치, 크기, 구획
- b. 자주 나타나는 지리학적 인상에 대한 설명

II. 해안모습, 해심, 해류

III. 지질학적 관계
- a. 우리의 지식 상태와 섬의 구조물
- b. 산맥구조
- c. 지하 에네지의 작용들

IV. 산악지
- a. 대지모습의 특징
- b. 혼도 섬의 산맥
- c. 시코쿠 섬의 기복
- d. 키우시우 섬의 산맥
- e. 예쪼 섬
- f. 사도 섬

V. 국토의 수로학
- 강과 호수

VI. 기후
- a. 기후의 일반적 성격. 기온
- b. 기압과 바람
- c. 측류계

VII. 일본 섬의 식물지
- A. 식물성장시기
- B. 식물군계와 영역

C. 일본의 식물조성과 그 밖의 식물특성: 다른 식물영역과 의 연계성

VIII. 동물지

a. 동물지의 일반적 특성

b. 포류동물

c. 새

d. 파충류와 개구리 종류

e. 어류

f. 곤충과 거미

g. 갑각류

h. 연체동물

i. 극피동물

k. 산호초와 해면

일본민족

짐무-테노(Jimmu-Tenno)부터 현재까지 일본 역사, 문명 그리고 사회적 상황의 짧은 서술

I. 일본민족사

1. 시기: 야마토의 국가창설로부터 교토 거주지 정착까지 또는 짐무-테노부터 쿠왐무-테노까지(기원전 660부터 기원후 794까지). 한국원정. 중국문명과 불교의 유입

2. 시기: 수도 교토의 창설부터 요리토모의 죽음까지(794-1199). 퓨지와라의 관료정치, 타이라와 미나모투의 군부전제주의. 구와바쿠, 쇼군 그리고 봉건주의

3. 시기: 요리모토의 죽음부터 아시카가 왕조까지(1199-1334). 쇼군의 그림자, 효조(Hojo)가문의 영광과 몰락

4. 시기: 효조의 몰락부터 노부나가까지의 쇼(1334-1573). 포르투칼에 의한 일본의 발견, 기독교의 확산

5. 시기: 노부나가부터 이에야스까지 또는 찬탈의 시기(1573-1603). 노부나가, 히데요시, 한국원정, 세키가하라의 전투

6. 시기: 도쿠가와의 쇼군 또는 세키가하라 전투부터 미카도

지배의 부활까지의 시기(1600-1868)

7. 시기: 1854이후의 일본

II. 민속학

1. 아이노스와 일본인
2. 일본어와 문학
3. 의복, 주거와 음식
4. 가족
5. 달력과 축제
6. 종교적 상황

III. 지형학

I. 신-키나이(kinai) 또은 5 부족영토

II. 토카이도(Tokaido) 또는 동해수로-지역

a. 쿠완토(Kuwanto)의 그룹

b. 토토미-나다(Totomi-nada)의 그룹

III. 토산도, 동산맥로 또는 동쪽의 산로

a. 나카센도(Nakasendo)의 지역

b. 무추(Mutsu) 또는 오쉬우(Oshiu)

c. 데와(Dewa)

IV. 호쿠로쿠도(Hokurokudo) 또는 북국도

V. 산요도(Sanyodo)지역 또는 산의 태양로

VI. 산닌도(Sanindo) 또는 산의 그림자로

VII. 난카이도(Nankaido) 또는 남쪽 해로

VIII. 키우쉬(Kiushiu) 또는 9 사이카이도(Saikaido) 지역, 즉 서쪽해로

IX. 호카이도(Hokkaido) 또는 북쪽해로

리우키우(Riukiu) 또는 리우키우(Liukiu)섬

오가사와라-시마(Ogasawara-shima), 문니노(Munino) 또는 보닌(Bonin) 섬

부록과 수정

색인

Rein, J. J. 『여행과 연구에 따른 일본: 프로이센 왕립 정부의 지시에 의한 서술』 Wihelm Engelmann, 1886, GER 131 v.2

들어가는 말
I. 농업경제와 임업경제, 논경산업
1. 일반적인 일본 농업경제
2. 식용식물
3. 거래 농산물
4. 축산과 양잠
5. 삼림경제
6. 주요한 숲 나무의 속성과 이용 그리고 일본의 다른 건축용 재목
7. 원예
8. 유럽에서 일본의 유용식물과 관상식물의 적응과 확산
II. 광산산업
III. 그밖의 산업과 유사 산업부문
1. 일반적인 일본의 공예
2. 목재산업
3. 칠공산업
4. 섬유산업
5. 제지산업
6. 목판 조각, 상아 조각, 뼈 조각, 별갑 세공작업, 뿔 세공작업, 진주모 작업, 석공
7. 금속산업
8. 도자기
9. 에나멜산업
IV. 상업과 교통
1. 동전, 도량과 무게
2. 그밖의 교통수단
3. 1854년 페리 제독 하의 개방 까지 일본의 대외무역
a. 1542년 멘데쯔 핀토의 일본 발견부터 1639년까지
b. 1641-1854년 나가사키에서 네델란드와 중국과의 무역시대
4. 세계교통에 있어서 일본
통계학적 일람표
I. 개별적 개항에 따른 1868-1885까지 일본의 수입 및 수출액
II. 지난 5년간의 일본 대외 무역
III. A. 1868이후 집단과 유가물에 의한 주요 수출품의 개관
III. B.

a. 총액

b. 평균액

c. 1871-75와 1881-85의 5년간 상기의 진술로 계산된 총수출품의 이율 몫

IV. 1881-85동안의 주요 수출품과 액수

V. 1885년 국가별에 따른 수출과 엔 가치의 개관

VI. 동전과 현금을 통한 금, 은의 수출 비교표

VII. 1868이후 주요 수입품과 엔 가치의 개관

VIII. 1885년 동안 국가와 엔에 따른 주요상품의 수입

독일어-라틴어 색인

일본어 색인

삽화 목차

보고

Richter, Julius. 『인도의 포교역사』 C. Bertelsmann, Guetersloh, 1906, GER 33 v.1

머리말

1. 국가

2. 민족

3. 종교와 카스트

I장. 복음포교 활동까지의 인도포교

1. 포르투갈인이 오기까지의 인도포교

a) 고대

b) 로마포교의 최초 시도

2. 포르투갈인의 도착부터 복음포교의 시작까지

a) 1498-1592

b) 프란츠 크사비어(Franz Xavier)

c) 16세기 중반이후

d) 로베르트 데 노빌리(Robert de Nobili)

e) 로마교회의 승리까지 말라바르(Malabar)에서 시리아 교회의 전쟁

f) 시리아 교회의 분열과 양분된 교회의 계속된 발전

g) 로마포교의 몰락

II장. 덴마크-할레의 포교
1. 역사적 배경
2. 덴마크-할레의 포교 초기시대
3. 덴마크-할레 포교의 계속적인 발전
III장. 19세기 복음포교의 발전
1. 카레이의 시대(W Carey)
a) 새로운 인도포교의 시작
b) 시람푸르(Sirampurer)의 삼인조
c) 그 밖의 포교시작
d) 동인도 회사의 계약을 둘러싼 전쟁
e) 1813-1853. 인도포교에 있어서 대영국 포교 기관의 참여
f) 타물렌(Tamulen) 포교 1800-1840
2. 알렉산드 두프(Alexander Duff)와 그의 시대. 1830-1857
a) 알렉산드 두프와 그의 작품
b) 이교도의 후원과의 전쟁. 벤틱(Bentick)경의 개혁
c) 인도포교에 있어 독일인과 미국인의 참여. 판자브(Panschab)의 개시 1833-1857
3. 1857 용병반란부터 1877 황제제위까지
a) 용병의 반란
b) 반란의 결과
c) 용병반란 이후(1857-1879)
d) 근대(1880부터)
IV장. 인도포교의 문제
1. 민족종교의 문제
2. 포교에 있어서 대중적 힌두교의 위치
3. 브라만
4. 카스트
5. 인도의 범신론
V장. 포교활동
1. 복음포교의 교직
2. 이교도의 설법
3. 문학적 작업
a) 성경번역
b) 그 밖의 문헌

4. 포교학제
5. 학교와 교양인을 위한 그 밖의 포교작업
6. 여성을 위한 작업
   I. 간호활동의 시작(1854까지)
   II. 도약(1854-1880)
   III. 간호활동의 전성기(1880부터)
7. 의술포교
8. 나병환자를 위한 복음포교의 활동

VI장. 포교의 성과. 인도의 기독교화
1. 무수한 성과
2. 신교의 포교 공동체의 결합
3. 천부적인 교직
4. 인도교회의 설립

VII장. 귀신과의 전쟁
1. 브라마 사마쥬(Brahma Samadsch)
2. 도깨비 불
3. 힌두교의 방어와 부활을 위한 시도
4. 인도 이슬람에서의 평행적인 움직임

주석
인명색인과 지역색인
사실색인
그림목록

Richter, Julius. 『아프리카에 있어서 복음포교의 역사/3권』 C. Bertelsmann, Guetersloh, 1922, GER 33 v.3

머리말
- I. 교회와 아프리카
- II. 유럽 식민지와 아프리카
- III. 아프리카 민족
- IV. 아프리카에 있어서 이슬람

I. 서부아프리카.
A. 상부 귀에나(guinea)
1. 세네갈

2. 감비아(Gambia)
3. 시에라 레오네(Sierra Leone)
4. 리비아
5. 황금해안
6. 토고(Togo)와 황금해안에서 볼타(Volta)까지
7. 나이지리아
B. 북부 귀에나(guinea)
1. 카메룬
2. 프랑스의 콩고지역과 스페인의 리오무니(Rio Muni)지역에서의 포교
3. 벨기에의 콩고국가
4. 앙고라
II. 남아프리카.
I. 원주민
II. 희망봉 지역에서의 포교사
III.노예해방부터 남아프리카 전쟁까지의 포교발전
1. 일반개요
2. 노예해방이후 희망봉의 식민지까지의 포교
3. 동부 희망봉의 식민지에 있어서 포교
IV.남아프리카 전쟁부터 대전쟁까지
V. 오란즈(Oranje) 자유국
VI.바수토(Bassuto) 국가
VII.트랜스발(Transvaal)
VIII.나탈(Natal)과 수루(Sulu)국가
IX.베추아나(Betschuana)국가
X. 남-로데지아(Rhodesia)
XI.포르투칼의 동아프리카
XII.옛 독일의 서남아프리카
XIII.대전쟁과 그 결과
III. 동아프리카.
I. 데이비드 리빙스톤(David Livingstone)
II. 북-로드지아(Rhodsia)
III.영국의 느자사(Njassa) 국가
IV.지금까지의 독일의 동아프리카

V. 영국의 동아프리카
VI.우간다
VII.마다가스카와 동아프리카의 섬
VIII.마우리키우스와 사이젤(Seychellen)
IV. 북아프리카.
아프리카에서의 로마-천주교의 새로운 포교
아프리카 언어 연구에 있어 포교의 기여
아프리카 언어로의 성경번역
아메리카에서의 흑인
1. 미합중국에 있어서의 흑인
2. 자메이카
결어

Richter, Julius. **『네델란드의 인도, 극동-, 동남 아시아, 호주 그리고 아메리카에서의 복음포교』** C. Bertelsmann, Gutersloh, 1932, GER 33 v.5

편집자의 머리말
일본의 사유(니혼 노 시조(Nihon no shiso))
일본 사회학에 있어서 막스베버, 1905-1978
현대 일본문학에 있어서 소외자의 모티브
현대 일본 서사시의 불변과 문학전통과의 관계
예술로서의 학문
일본 도서관 제도의 현재 상태
고대 일본의 내세모습
19세기 초까지 러시아-일본 관계의 역사
중국어의 동의어와 취급
최근 문학
쏘련에 있어서 중국 명과 청의 문학
북한에서 나온 학술출판의 주해도서. 2부
일본과 한국에 대한 새로운 러시아 문학
윌리암(William H.)과 헬렌 멕로프(Helen Craig McCullough): 꽃이 피는 미래의 설화. 하이엔 시대에 있어서 일본 귀족 생활의 연대기

토쿠가와 시대에 있어서 일본의 사유, 1600-1868: 방법과 비교. 테츄오 나지타(Tetsuo Najita)와 이르빈 샤인너(Irwin Scheiner)의 편집
OAG 시리즈 일본의 현대, 1권: 부인, 게하르드 힐셔(Gebhard Hielscher) 편집
잡문
한국의 대-영어
백묵원(Kreidekreis)의 모티브
무엇을 읽는가? (나니 보 요무베키 카 (Nani wo yomubeki ka),1946. 크라우스 크라흐트(Klaus Kracht) 번역
Addenda & Corrigenda BJOAF 3.1980
루르 보쿰 대학 동아시아 학부의 보고서

Richthofen, Ferdinand Freiherr von. 『중국으로부터의 일기. 1권』 Dietrich Reimer, 1907, GER 51 v.1

서문
발행인의 말
캘리포니아에서 중국까지
상해-텐진-북경
산동 (Schangtung) - 여행계획
영파 (Ningpo)와 그 주변 (절강: Tschekiang)
주산 (Tschusan) 섬
영파 (Ningpo)에서 강서 (Kiangsu)로
남경 (Nanking)과 그 주변
양자강 하부의 여행
산동과 산동에서의 여행
만주남부를 지나 북경까지의 여행
북경주변에서의 여행
강서 (Kiangsu), 닝웨이 (Nganhwei), 절강 (Tschekiang) 등의 지방 여행
중국남부에서 북부까지의 종단. 광동 (Canton)-북경; 광동에서 한구 (Hankou)까지
한구에서의 체류

한구에서 북경까지
중국 첫 여행의 끝. 북경, 상해

Richthofen, Freiherr Wilhelm von. 『국화와 용: 동아시아에 있어서 전쟁 시기 이전과 전쟁시기. 일기로부터의 스케치』 Duemmlers Verlagsbuchhandlung, 1902, GER 135

1장: 독일로부터의 이별 - "빌헤름 대제"로부터 - 뉴욕도착 - 첫인상 - 워싱톤 - 나이아가라 폭포로 - 시카코 - 샌프란시스코 - 몬테시 여행 - 일본으로 - 홀로루루에서의 체류 - 요쿠하마 도착 - 일본발전에 대한 역사적 회고 - 일본의 문장. 옛날과 지금

2장: 도쿄에서 - 일본동료들 사이에서 - 첫번째의 친숙 - 군대의 방문 - 일본인의 무사적 성격 - 47론닌의 역사 -무녀와 투사 - 민중의 삶- 하인리히 황태자의 방문 - 그에게 보낸 경의의 확고성 - 무추히토 황제와 그의 부인 댁에서 -하인리히 황태자와의 작별

3장: 일본국토와 주민들과의 친숙 - 남쪽으로의 여행 - 미야디프마섬 - 우디이나와 도고 - 유황온천 - 쿠마모토에서 - 귀환 - 도쿄에서 에노시마와 카마쿠라로 - 니코와 사원 - 주첸지에서의 여름체류 -기분 좋은 날들-아시오의 구리탄광과 니시사와의 금광 - 후지야마의 등산 - 산의 정상에서 - 어려운 귀환길 - 다시금 주첸지에서

4장: 제소를 향하여! - 여행 - 준비 - 모든 종류의 군대 - 무추시마 - 하코다테 -일본의 경마 - 코마가-타케 화산의 방문 - 삿포로에서 -첫번째 아이노 - 장교식사에서 만찬 - 일본의 식민군대 - 아사히가와에서의 체류 - 아이노-거주지 -원주민들 사이에서 -축제 - 귀환

5장: 도쿄에서의 황제사열식 -미카도 - 황제 곁에서 사열식의 아침식사 -국화축제 -일본의 책략 - 황제의 접견 -도쿄에서의 경마 - 말 사육에 관한 것 -무기없는 오리사냥 - 겨울 사냥 여행

6장: 포르모사로 여행 — 일본의 여객 증기선 -포르모사에 도착 - 수도 타이호쿠 - 몇개의 섬 -"머리사냥" -타이호쿠에서 호의로운 영접 - 아편 공장의 시찰 -중국차-거래 - 내부로! 해변여행 - 아우핑에서 타이난으로 - 진귀한 기차 -내부의 인상 -성대한

영접 - 미개지역에서 -일본의 대량 군비규칙- 원시림의 생활 - 호코케 - 미개인과의 친교 - 기쁨의 축제 - 미래의 대한 조망 - 타이호쿠로의 귀환 - 일본을 위한 포르모사의 의미
7장: 일본의 봄 - 민중의 삶 - 벚꽃축제 - 코베의 함대사열 - 옛날과 지금 – 모든 종류의 특성 - 일본인의 바깥과 가정 - 가족생활 - 학교 - 언어와 문자 - 철학과 종교 - 예술과 예술품 - 상업 - 독일과의 거래관계 - 수입과 수출 - 다양한 희망 - 앞으로!
8장: 중국과 한국의 여행 –상하이 - 키아우초우에 도착 - 새로운 칭타우 - 칭타우의 의미 - 치푸와 티엔타우 –키아우초우의 의미 - 베이찡 - 중국의 황제도시의 인상 - 폭풍징조 - 베이찡에서 아르투어 항구로 - 아르투어 항구 - 한국 - 수도 서울 - 황제의 영접 –국내로의 여행 –금산에서 블라디보스톡으로 - 일본으로 귀환
9장: 중국으로 –통쿠 도착 –티에친 - 말을 타고 베이찡으로 - 전쟁의 흔적 - 다시금 베이찡으로 - 공위시찰 – 황제궁에서의 보고 - 베이찡 지금과 옛날 –역사적 회상 –교단원
10장: 베이찡에서의 겨울 - 환상적 그림들 - 사형집행 - 권투선수들에 관하여 – 황제종묘와 여름궁전의 방문 –황제궁전에서– 군대의 모습 - 황제폐하의 생일 – 춘 왕자와 그의 형제 –유흥 - 황제궁의 화재 - 만리장성, 밍 무덤과 여름사원의 방문- 출발
11장: 상하이 - 양쯔강을 거슬러 - 한카우 – 양쯔강의 상류의 작물 –난찡 - 중국과의 이별 - 싱가포르와 페낭을 경유하여 실론으로 - 콜롬보 - 수렵탐험 - 좋은 수확 - 콜롬보로 귀환 –간디와 네루 - 귀국
12장: 결어

Roenigsmarck, Graf Hans von. 『일본과 일본인: 극동에서의 스케치』 Allgemeiner Berein fuer Deutsche Litteratur, 1900, GER 177

I장.북독일 리료드(Lloyd)의 주도와 활동력
II장.일본도착- 요쿠하마(Jokohama). - 젊은 미국여인과 일본소년. - 미시시피만. - 카마쿠라(Kamakura). - 다이부추(Daibutsu).
III장.도쿄. - 일본철도. - 우초노미아(Utsonomia).

IV장.니코(Nikko)의 사원. - 일본의 숲. - 쿠젠지(Chuzenji).- 난타이산(Nantaisan). - 옌리키사(Jinrikisha) 여행. - 일본의 목욕예식과 다방생활. - 일본가옥. - 경작. - 쿠사추(Kusatsu). - 삼림문화. - 이다(Ida)와 토키마타(Tokimata). - 정원. - 모우스메스(Mousmes). - 텐리우가와(Tenriugawa)의 여울. - 어린이. - 종이제조. - 포교사업.

V장. 호카이도(Hokkaido) 여행. - 센다이(Sendai). - 일본의 침구류. - 마추시마(Matsushima). - 용출의 범람. - 경찰. - 아오모리(Aomori). - 하코다테(Hakodate). - 일본의 해군함대. - 츄가루(Tsugaru) 해협. - 볼카노(Volkano) 만. - 일본의 동행자. - 일본의 결혼생활. - 모로란(Mororan). - 호카이도의 내부. - 군대=이주자. -아이노스(Ainos). - 삿포로(Sapporo). - 마코마나이(Makomanai). - 오타루(Otaru).

VI장. 내륙-호수. - 후지야마(Fuji=Jama). - 코베(Kobe). - 일본상인과 무사의 신분 의 신분과. - 일본의 웃음. - 인형. - 장식의 취지. - 미아지마(Myajima). - 종교. - 신도신전. - 하라키리(Harakiri). - 시모노세키(Shimonoseki). - 하카타 푸쿠오카(Hakata Fukuoka). - 왕세자
코마츄(Komatsu). - 야마가타(Jamagata) 궁내장관. - 함대연습=그림. - 중국의 탁월. - 칠공산업. - 가이스하스(Geishas). - 도자기 산업. - 견직공업과 비단자수. 큐수(Kyushu). - 나가사키(Nagasaki). - 데시마(Deshima). - 페리(Perry) 제독. - 다이 사이코=마루(Dei Saikio=Maru).

VII장. 도쿄에서 유럽과 일본의 교류. - 일본정치. - 도쿠가와(Tokugawa). - 황제의 성. - 신년축제. - 일본부인.

VIII장. 47 로닌(Ronin).

IX장. 가이사(Geisha) 축제. - 지진. - 대 화재.

X장. 미카도(Mikado). - 왕세자(Kronprinz). - 황궁. - 일본공예.

XI장. 벗꽃. - 국화. - 정원예술.

XII장. 우에노(ueno) 신전과 시바(Shina) 공원 신전. - 일본회화. - 우에노(Ueno) 박물관. - 아사쿠사(Asakusa) 신전. - 요시와라(Joshiwara).

XIII장. 인쇄. - 역사적인 것. - 현대 예술산업.

XIV장. 히고 마루(Higo=Maru). - 아름다운 미국여인과 케이크. - 츄

시마(Tsushima). - 한국과 중국에 있어서 일본인.
XV장. 교토(Kyoto). - 장식예술과 칠보예술. - 비단. - 벚꽃 춤.
XVI장. 비와(Biwa) 호수. - 오쭈(Odzu). - 코르모란(Cormoran) 고기기. - 기푸(Gifu). - 잉어축제.
XVII장. 푸지야마(Fuji=Jama). - 수바시리(Subashiri). - 결혼식. - 소지(Shoji). - 미아노시타(Mianoshita)와 하코제(Hakone).
XVIII장. 미카도(Mikado)의 생일. - 황제 열병식. - 무도회. - 일본의 귀족. - 오사카(Osaka). - 함대 연습의 기쁨. - 나라(Nara). - 머리모양. - 안마. - 학교교육.
XIX장. 황제 공원 엔료관(Enryo=Kwan)에서 오리사냥.
XX장. 결어.

Rohde, Hans. 『아시아의 전쟁』 Deutsche Verlagsanstalt Stuttart, 1924, GER 55 v.1

서론. 동양과 서양 사이에 전쟁의 역사적 전개
I. 세계대전의 이전
1. 1907년까지 세력의 확보을 위한 프랑스와 러시아 간의 전쟁에 있어서의 영국
2. 영국-프랑스-러시아의 세력전쟁에 있어서 독일의 위치와 동방정책에의 진입
3. 독일 동방정책에 대한 영국, 프랑스 그리고 러시아의 위치와 독일과 터키와의 연합전쟁
II. 세계대전 기간
1. 동방에서의 전쟁결과와 그들의 정치적 결합
2. 영국의 동방정책 테두리 내에서 전쟁동안 동방에서 연합국에 대한 영국의 태도
3. 세르비아의 평화와 평화를 통해 터키, 독일, 영국, 그리고 영국연합을 위해 산출된 정세
III. 세계대전 이후
1. 서방의 억압에 대한 동방과 이스라엘의 반응과 서방에 대한 그들의 영향
2. 그리스-터키 전쟁, 전쟁과 전쟁진행을 통해 동방에서 산출된 정세, 동방과 독일적 상황에서 영국-프랑스의 세력전쟁에 대한 그

들의 영향

3. 로잔느의 평화와 평화를 통한 세계정책의 상황

결론과 예상

Ross, Colin. 『먼 세계: 아시아, 아프리카, 오스트렐리아, 아메리카』 Paul Franke Verlag, 1931, GER 34

머리말

그림

시베리아

중국

한국

일본

필리핀

네델란드의 인도

시암(SIAM)

영국의 인도

네팔

아프카니스탄

페르시아

시리아

아라비아

팔레스타인

이집트

북아프리카

중앙아프리카

남아프리카

호주

뉴질랜드

하와이

그린랜드

알라스카

캐나다

미합중국

멕시코
쿠바
상트 토마스(ST. THOMAS)
구아테말라
나카라구아
콜롬비아
베네주엘라
브라질
페루
볼리비아
아르헨티나
칠레

Roth, P. Prior Lucius. 『한국어 문법』 Abtei Tokwon, 1936, GER 27

한국어 문자와 음성학
I. 머리말
II. 한글
III. 음성학
IV. 구정서법과 신정서법
V. 표기방식
1 장. 현재 시제어; 명사변화
2 장. 현재 시제어 (계속); 명사변화
3 장. 현재 시제어 (계속); 인칭대명사와 소유대명사
4 장. 현재 시제어 (계속); 등위접속사, 역접관계 접속사
5 장. 현재 시제어 (계속); 지시대명사와 의문대명사
6 장. 형용사; 일반동사; 보조시제어 '-이다'
7 장. 부정; 부정대명사
8 장. 능동태의 현재분사; 미래형; 재귀대명사
9 장. 동사활용; 그룹형 A, 유형 1,2,3; 과거; 과거분사
10 장. 동사활용 (계속); 그룹 A, 유형 4,5; 존칭형 -시- ; 명령형; 조사
11 장. 동사활용 (계속); 그룹 A, 유형 6,7; 대과거; 과거와 대과거의 분사형

12 장. 동사활용 (계속); 그룹 B, 유형 1,2
13 장. 동사활용 (계속); 그룹 B, 유형 3,4; 미래 2식
14 장. 동사활용 (계속); 그룹 B, 유형 5,6,7; 요구문
15 장. 동사활용 (계속); 그룹 B, 유형 8; 일반동사와 능동적 동사 조어
16 장. 일반동사의 능동적 동사로의 전의; 일반동사의 부사 조어
17 장. 존칭을 나타내는 시제어와 명사
18 장. -ㄹ 로 끝나는 미래분사
19 장. 비교급
20 장. 중간형태
21 장. 중간형태 (계속); 보고형태
22 장. 기수; 수사; 시각
23 장. 서수; 시간; 수
24 장. 명사; 성명과 호칭; 대명사
25 장. 명사 (계속); 합성명사
26 장. 명사 (계속); 파생명사
27 장. 형용사
28 장. 부사
29 장. 간접화법; 화폐단위; 질량의 단위
30 장. 사역동사; 수동
31 장. 합성동사
32 장. 동사어간으로 표현되는 종속관계; -고 와 -며 를 이용한 병렬관계
33 장. 종속형태로서의 동사어간의 확장과 -고 로 끝나는 병렬관계
34 장. 한국어 문장구성; 목적어절
35 장. 간접의문문, 비교문
36 장. 결과문과 종결문
37 장. 원인문
38 장. 시간의 부문장
39 장. 양보문
40 장. 조건문
41 장. 접속사 -데 와 - 더니
42 장. 대등접속사
43 장. 감각어

44 장. 책의 형태
45 장. 독어 조동사의 번역; 독어 "Dass"의 재연

Saito, Hisho. 『일본역사』 Ferd. Dummlers Verlagbuchhandlung, 1912, GER 53

머리말. 일본의 원주민. 일본의 유래. 가장 오래된 역사적 원천.
첫번째 시공간. 건국초기부터 쇼가(Soga)가의 몰락까지
I. 시기. 건국초기부터 한국의 항복까지
II. 시기. 중국문화의 침투부터 쇼가가의 몰락까지
두번째 시공간. 타이카(Taika)-개혁부터 타이라(Taira)가의 몰락까지
I. 시기. 타이카(Taika)-개혁부터 수도 교토의 건립까지
II. 시기. 후지와라(Fujiwara) 시대
III. 시기. 타이라(Taira)와 미나모토(Minamoto)
세번째 시공간. 카마쿠라-쇼구나트(Kamakura-Shogunat)의 건립에서 토쿠가와-쇼구나트(Tokugawa-Shogunat)의 물락까지(봉건시대)
I. 시기. 카마쿠라-쇼구나트의 시대
II. 시기. 황제왕조의 재건설, 분단과 재통일
III. 시기. 무로마시(Miromachi) 혹은 아시카가-쇼쿠나트(Ashikaga-Shogunat)
IV. 시기. 오다(Oda)와 토요토미(Toyotomi)시대 (1573-1598)
V. 시기. 토구가와-쇼구나트(Tokugawa-Shogunat)
네번째 시공간. 메이지(Meiji)

Schalek, Alice. 『일본. 병존의 나라 (일본, 한국, 만주로의 겨울여행)』 Ferdinand Hirt, 1925, GER 11

I. 일본에 도착
1. 도착
2. 첫 번째 단계
3. 동경의 모습
II. 정치적 방문
4. 공식적인 영접

5. 방문
6. 신문
7. 일본 정치

III. 동경에서 일어나는 일들

8. 향민들
9. 의복
10. 초대
11. 극장
12. 노 - 연극
13. 유흥가
14. 유도 선수
15. 제독의 장례식

IV. 일본의 여성운동

16. 상품화된 악습
17. 숙녀 茶
18. 가운트렛트 여사 댁에서
19. 일본 Y.M.C.A
20. 인오우예 여사
21. 하니 여사의 자유학교
22. 일본의 현대 여성들

V. 현대적 학습

23. 수업
24. 센다이로의 소풍
25. 정신병 수용소의 원장과 함께
26. 현대 회화
27. 유럽 음악

VI. 소풍

28. 절 방문
29. 에노쉬마 방문
30. 자동차로 타가오 산으로 가다
31. 지방 협로에서의 일요일

VII. 상업계 상황

32. 상업, 공업, 상인

VIII. 동경에서의 마지막 나날
33. 강연 경험
IX. 여행 중에
34. 기차안에서
35. 오사카에서의 하루
36. 코베 근교의 경치
37. 여행 중에
X. 일본인들 집에 초대되어
38. 이쉬- 가정
39. 대학 여조교
40. 어느 한 지방에서의 2 주
XI. 남부
41. 순례지 아사이후
42. 카고쉬마
43. 茶道와 꽃꽂이
44. 아소 산으로
XII. 특급열차를 타고 한국과 만주를 돌며
45. 한국의 황무지
46. 자치권
47. 도둑에서 元首로
48. 후쿤의 탄광
49. 남만주 철도 원동력의 중심지인 다이렌 (Dairen)
50. 중국의 동부철도

Scharschmidt, Clemens. 『일본/12/13』 Junker und Duennhaupt, 1944, GER 171e2

I. 공간
a) 크기
b) 위치와 경계
c) 지면형태, 화산, 지진, 강, 호수
d) 일본의 기후
e) 식물과 동물
f) 지방

II. 민족

a) 인종과 언어의 복합

b) 일본역사의 간단한 개요

1. 초기시대. 씨족국가 (645까지)

2. 관리국가(645 - 1192)

aa) 나라(Nara) 시대(710 - 784)

bb) 하이안(Heian) 시대(794 -1192)

3. 봉권국가(1192 - 1600)

aa) 카마투라(Kamakura) 시대(1192 - 1573)

bb) 아시카가(Ashikaga) 시대(1338 - 1573)

cc) 노부나가(Nobunaga)와 히다요시(Hidayoshi) 시대(1573 - 1638)

4. 봉권경찰국가 혹은 도쿠가와(Tokugawa) 시대(1603 - 1868)

5. 근대국가로서의 일본(1868이후)

aa) 메이지(Meiji) 시대(1868 - 1912)

bb) 타이소(Taisho) 시대(1912 -1926)

cc) 소화(Showa)(1926부터)

c) 인구상태와 인구전개

d) 사회와 직업층; 도시화

e) 소수

III. 국가

a) 헌법

b) 행정

c) 의회의 실행과 정당들

d) 외교정책

IV. 문화

a) 종교와 국가

b) 민족의 특색

c) 문화와 학문 그리고 교양정도의 상태

d) 교육제도

e) 신문과 라디오, 영화

f) 사회적인 것

V. 경제

a) 일본의 양육

b) 식량수단제공으로서의 농업과 어업. 식량자족?
c) 농업과 광업의 원자재
d) 산업
e) 무역
f) 교통
g) 경제제도와 자족문제
VI. 국방
a) 군대
b) 해군
c) 공군
문헌

Schlechter, R. 『중국-일본의 난: 동아시아의 난에 대한 비판적 논의』 Verlag des Repertoriums, 1919, GER 84

I. 동아시아에 있어서 난의 유포와 이웃나라 난의 관계
II. 새로운 종류의 기술
III. 지금까지 알려진 일본-중국 난의 검사
부록

Schnee, Heinrich. 『극동 아시아의 민족들과 세력』 Deutsche Buch-Gemeinschaft, 1933, GER 63

머리말
미국을 경우하여 일본으로의 여행
동경에서의 첫 체류
교토(Kioto), 나라(Nara), 오사카(Oska), 고베(Kobe)
상하이(Schanghai)
항쵸우(Hangtschou)를 경유하여 난킹(Nanking)으로
양쯔강(Jangtse) 여행. 한간(Hankan)
북경에서의 첫 체류
남만주, 묵덴(Mukden)
장춘(Changchun), 길림(Kirin)
할빈(Charbin)

묵덴(Mukden)을 경유하여 다이렌(Dairen)과 아서(Arthur)항으로
진조우(Chinchow)와 산하이칸(Shanhaikwan)을 경유하여
베다이호(Petaiho) - 찡따우(Tfingtau) - 신성한 타이산(Taischan) 산으로
한국을 통하여 일본으로
다시금 도쿄에서 - 나마쿠라(Namakura), 하코네(Hakone), 니코(Nikko)
귀향. 비행기로 북만주를 경유하며
시베리아를 통과하며
중국의 옛 고립. 서양세력의 침입
현대중국과 서양
중국과 일본의 분쟁대상인 만주
분쟁의 시작과 전개
러시아와 극동
만주분쟁과 민족연맹
극동의 문제와 그 밖의 세계

Schultze, Ernst. 『주요 여행 문고, 2권: 친필로 쓴 유명한 여행 이야기』 Gutenberg-Verlag, 1910, GER 179 v.2

목차
그림 목차
번역자 A. Wirth박사(뮌헨)와 A. Dirr박사(티프리스)의 머리말과 페리(Perry)제독의 추모를 위한 글
일본의 개방. 페리 제독의 기억
　1장: 탐험을 위한 준비
　2장: 출발. 성 헬레나(St. Helena) 성까지
　3장: 희망봉에서 광동까지
　4장: 타이핑(Taiping)
　5장: 리우키우(Liukiu)에 도착
　6장: 리우키우 탐험
　7장: 통치자 방문
　8장: 디드 보닌(Did Bonin) 섬들
　9장: 일본으로

10장: 우라나(Uraga) 총독의 방문
11장: 다시금 리우키우로
12장: 광동 이전에. 마카오
13장: 네번 째 리우키우로
14장: 제도(Jeddo) 만의 방문. 왕자 하야시(Hayashi)와 회합
15장: 협상. 선물교환
16장: 시모다(Simoda)로 여행. 일본의 풍습과 악습. 오호시마(Ohoshima)로 여행. 작은 모험
17장: 하코다테(Hakodate). 민족문화
18장: 제도(Jeddo)의 작별
19장: 결어

[그림목차]

1. Matthew Calbraith Perry 제독. 초상화
2. 일본인이 묘사한 네델란드
3. 이쭈(Idzu)의 산림
4. 일본인 묘사한 미국인
5. 일본의 투사들
6. 일본의 가족

Sieburg, Friedrich. 『반짝이는 꽃: 일본여행』 Societats-Verlag, 1939, GER 60

인도를 향한 해로
수에즈 운하를 통하여
좁은 지역과 넓은 지역
녹슬은 열쇠
일본에서의 첫날
토교
벚꽃
그들은 어떻게 사는가
일본의 여성
일본의 규범
신의 길
초생달이 뜬 여관에서

검은 배
상하이
가시철조망 뒤의 세계도시
그 밖의 중국
더 이상 금지되지 않은 도시
슈퍼=특급열차 아시아
태양은 어디에서 항상 뜨는가?

Sieroszewski, Waclaw. 『한국: 내가 일반적으로 본 국토와 민족』 Verlag Continent, 1908, GER 74

동쪽의 관문
통역인 - 안내자 - 화폐통화
사찰 석완사(Soek-oan-sa)
한국의 종교관
사찰로부터 여행. 한국의 산
안비온(Anbion) 계곡. 한국의 농업
서기오(Soe-Kio) 마을
한국의 음식. 반도의 기후
협곡. 전설. 산길
호랑이, 한국의 야생돌물과 사냥
한-쿠탕(Han-Cutang). 학제
추석. 시골사람과 가축
묘지와 무덤
한국 종족. - 결혼. - 부인의 지위
남부와 서부에 대하여. 한국의 의복
일기장에서 나온 꽃잎들
인구. - 지방의 구분
토지소유, 산업과 상업
사회적 상황
역사
전쟁직전의 서울

Sieroszewski, Waclaw. 『한국: 내가 일반적으로 본 국토와 민족』

Verlag Continent, 1908, GER 74

동쪽의 관문
통역인 - 안내자 - 화폐통화
사찰 석완사(Soek-oan-sa)
한국의 종교관
사찰로부터 여행. 한국의 산
안비온(Anbion) 계곡. 한국의 농업
서기오(Soe-Kio) 마을
한국의 음식. 반도의 기후
협곡. 전설. 산길
호랑이, 한국의 야생돌물과 사냥
한-쿠탕(Han-Cutang). 학제
추석. 시골사람과 가축
묘지와 무덤
한국 종족. - 결혼. - 부인의 지위
남부와 서부에 대하여. 한국의 의복
일기장에서 나온 꽃잎들
인구. - 지방의 구분
토지소유, 산업과 상업
사회적 상황
역사
전쟁직전의 서울

Sievers, Wihelm. 『아시아』 Bibliographisches Institut, 1904, GER 46e2

1. 연구사
   A. 고대
   B. 중세
   C. 근대
2. 일반적 부가일람.
   A. 위치, 윤곽
   B. 경작

C. 기후, 식물, 동물
D. 인구와 국가
E. 경제적 관계

거대한 지리학적 영역

3. 북동쪽(97쪽)
   A. 북아시아의 황무지표
      a)내부 경작과 지면모양
      b)기후, 식물, 동물
      c)인구
      d)국가와 부락
   B. 북아시아의 산맥
      I. 소아시아, 아르메니안(Armenien)과 칸카지안(Kamkasien)
         a)지면모양과 해양
         b)기후, 식물, 동물
         c)인구, 경제적 관계와 식민
      II. 이란
         a)지면모양, 해양, 기후, 식물,동물
         b)인구, 경제적 관계와 식민
4. 서아시아(225쪽).
   A. 지면모양과 해양
   B. 기후, 식물과 동물
   C. 인구
   D. 경제와 정치관계
5. 북아시아(270쪽).
   A. 경작, 지면모양과 해양
   B. 기후, 식물과 동물
   C. 인구, 경제적 관계와 부락
6. 동아시아(313쪽).
   A. 만주, 아무르(Amur)지역과 한국
      a)경작과 지면모양
      b)기후, 식물과 동물
      c)인구
      d)국가들과 부락들
   B. 중국

a)지면모양과 해양
b)기후, 식물과 동물
c)인구, 경제적 관계와 부락
C. 동아시아의 국가들
a)경작, 지면모양
b)기후, 식물과 동물
c)인구, 경제적 관계와 부락
7. 중앙아시아(411쪽).
일반
A. 토지모습과 해양
a)북 중앙아시아와 산맥
b)남 중앙아시아
B. 기후, 식물과 동물
C. 인구, 경제적 관계와 부락
a)인구
b)경제적 관계와 부락
8. 남아시아(505쪽).
A. 전방인도와 섬들
I. 반도
a)토지모습과 해양
b)기후, 식물과 동물
c)인구와 경제적 관계
II. 섬
B. 후방인도
a)경작, 지면모양과 해양
b)기후, 식물과 동물
c)인구, 경제적 관계와 부락
C. 말레지아 군도
I. 암맥으로서 말레시아 군도
a)지질역사와 군도의 지리학적 조망
b)기후, 식물과 동물
c)인구, 경제와 정치적 관계
II. 기타의 섬
a)수마트라 군도

b)자바 군도
c)자바 동쪽의 작은 섬들(작은 순다(Sunda)-섬들)
d)모루켄(Molukken)과 술라(Sula) 섬들
e)케레브(Celeber) 군도
f)보르네오
g)필리핀

Sorge, Wolfgang. 『만주국에서의 경험. 신구 (新舊) 제국의 유년기』 Kommodore, 1938, GER 114

머리말
나라와 사람들
국경주변
서부. 초원지역
남부. 만리장성
동부. 3 황제
북부. 흑룡강
국토를 따라
철도
새로운 수도
북만주
남만주
사람들과 그들이 삶
중국인
몽고인
러시아 백인
일본인
삶과 역사
만주의 약년기
왕좌에 오른 초원의 일곱 왕조
만주인
혁명 이전의 위기
장작림 (Tschang Tso Liu)
장작량 (Tschang Chue Liang)

황제
자금성
심양 (Sinking)에서 왕좌에 오르다
공화국에서 제국으로
만주국의 건설
세 가지의 선 (先) 국무
체제와 정체 (政體)
만주국과 외국
인간과 권력
전망 제국인 만주국
일상 (日常)
만주국의 팽창욕구
인정 (認定)과 팽창욕구
후기 (後記)
색인

Spaits, Alexander. 『코사크족과 함께 만주기행: 러일전쟁의 체험』 Verlagsbuchhandlung Carl Konegen, 1906, GER 54

러시아-만주군대의 사령부
미첸코(Mistschenko) 장군의 Raid와 산데푸(Sandepu) 전투
묵덴(Mukden)전투까지의 작전휴식
묵덴 전투
전투이후

Speiser, Werner. 『동아시아의 예술』 Safari-Verlag, 1946, GER 5

연대표
I. 신화와 태고시대
II. 중국의 주술시대
III. 중국의 공자시대
IV. 중국의 불교시대
V. 일본의 도제기간과 장인기간
VI. 일본의 자립시대

VII. 중국의 학문시대
VIII. 일본의 침몰시대
IX. 중국의 예술가의 시대
X. 일본의 완성시대

동판 요판 인쇄본 그림 목록
텍스트 속의 표 목록

Sprigade, P. 『독일의 식민지 지리부도: 화보연간지』 Dietrich Reimer, 1913, GER 133 v.1913

독일의 식민사회
전반
통고
카메룬(Kamerun)
독일-서남아프리카
독일-동아프리카
태평양의 독일보호구역
키아우초우

Stein, D. Christian Gottfried. 『통계와 지리에 관한 개론: 교육기관을 위한 최근의 상황들』 Leipzig : Hinrichssche Buchhandblung, 1824, GER 136 v.2

유럽
오스트리아 제국
크라칸(krakan) 자유국
프러시아국
독일
I. 데스트라히(Destreich) 황제 영토의 독일
II. 프러시아 왕 영토에 포함되는 독일
III. 바이에른의 왕국
IV. 바흐센(Bachsen)의 왕국
V. 하노버 (hanover) 왕국

VI. 뷔르텐베르크 (Wuerttemberg) 왕국
VII. 바덴의 대공국
VIII. 헤센의 선제후국
IX. 헤센의 대공국
X. 헤센 홈부르크 방백의 영지
XI. 홀스타인과 라우엔부르크의 대공국
XII. 루렘부르크의 대공국
XIII. 작센 바이마 (Sachsen=Weimar) 대공국
XIV. 작센 고타 (Sachsen=Gothaischen) 대공국
XV. 작센 마이닝엔 (Sachsen=Meiningenscheu) 대공국
XVI. 작센 힐드부르크하우센(Sachsen=Hildburghausenschen) 대공국
XVII. 작센 커부르크 잘렌(Sachsen=Coburg=saalfeldischen) 대공국
XVIII. 브라운슈바이그 (Braunschweig)의 대공국
XIX. 라사우 (Rassau)의 대공국
XX. 메클렌부르크 슈베린 (Meklenburg=Schwerin)의 대공국
XXI. 메클렌부르크 스테리츠 (Meklenburg=Strelitz)의 대공국
XXII. 디덴부르크 (Dldenburg)의 대공국
XXIII. 총괄적 개요
XXIV. 슈바츠부르그 (Schwazburgischen)의 선제후국
XXV. 호헨졸레른 헤힝엔 (Hohenzollern=Hechingensche)의 선제후국
XXVI. 호헨졸레른 지그마링엔 (Hohenzollern=Sigmaringeuschen)의 선제후국
XXVII. 리히텐슈타인(Liechtenstein)의 선제후국
XXVIII. 로이센(Reussischen)의 선제후국
XXIX. 리페 데트몰드(Lippe=Detmoldischen)의 선제후국
XXX. 리페 샤우엔주르그(Lippe=Schauenburgischen)의 선제후국
XXXI. 발드 (Waldechischen)의 선제후국
XXXII. 자유 도시들
1. 마인강의 프랑푸르트 (Frankfurt am Main)
2. 뤼벡 (Luebeck)
3. 브레멘 (Bremen)
4. 함부르크 (Hamburg)
보고서와 추가

Stein, D. Christian Gottfried. **『통계와 지리에 관한 개론: 교육기관을 위한 최근의 상황들』** Leipzig : Hinrichssche Buchhandblung, 1826, GER 136 v.3

유럽
러시아 제국
폴란드 제국
티키 제국
아시아
타타렐 (Tatarel)
아랍
페르시아
동인도
동쪽 인도 한반도 혹은 인도지나
동인도 섬들
중국
일본
아프리카
이집트
베르베라이 (Berberei)
페즈(Fez)와 마로코
빌레불게리드 (Bilebulgerid)
사하라 또는 사막
누비아 (Nubien)
하베쉬(Habesch) 또는 아브느씨니엔(Abnssinien)
아델(Adel) 해변과 아이안(Aian)
니그리티아(Nigritien) 또는 수단
세네감비아(Senegambien) 또는 서쪽 니그리티아 (Westnigritien)
북기니아 (Oberguinea)
남기니아 (Niederguinea) 또는 콩고의 해변
남아프리카의 내륙
동해변의 국가들
남해변 또는 케이프랜드 (Kapland)
동아프리카 섬들

서아프리카 섬들
아메리카
북아메리카
북극과 바시스해(Baffinsmeer)에 있는 국가들
허드슨해 (Hudsonsmeer)에 있는 국가들
뉴웨일즈(Neuwales)에서 얼음해(Eismeer)까지 내륙의 국가들
북서해안의 국가들
영국의 북미Britisches Nordamerika
자유로운 인디언인들의 국가들
미합중국
스반인의 북미 (svanische Nordamerika)
남아메리카
스펜인의 남아메리카
브라질
프랑스령 남아메리카
네델란드령 기아나(Guiana)
영국령 기아나 (Guiana)
자유로운 인디언 국가들
남미의 섬들
서인도
큰 앤틸리스 열도(Antillien)
작은 앤틸리스 열도(Antillen) 또는 카랍 섬들 (caraibische Inseln)
바하마 또는 루칸 섬들 (Lucanische Inseln)
호주 또는 남인도, 그리고 폴리네시아 혹은 섬세계
뉴네델란드 (Neu Holland)
뉴구이나 (Neu Guinen)
신영국 (Neu Britanien)
해군성 섬들 (Admiralitaetsinseln)
뉴 조지아 (Neu=Georgien)
에하로테 여왕 섬들 (Koenigin=Eharlotteninseln)
뉴 헤브리드 섬들 (Neuhebridische Inseln)
뉴 살로디엔 (Neu=Saledonien)
뉴지랜드 (Neu=Seeland)

통가섬들 (Tongainseln)
쉬퍼섬들 (Schifferinseln)
하로엔 섬들 (Haroensinseln)
화합적 섬들 (Gesellschaftliche Inseln)
낮은 섬들 (Niedrige Inseln)
마르퀘사스(Marquesas) 그리고 워싱턴 섬들 (Washingtons -inseln)
이스터섬과 (Oster) 과 성령섬 (Pfingstinseln)
샌드위치섬(Sandwichsinseln)
스트롱아일랜드 (Strongsinsel)
새롭게 발견된 섬들

Thunbergs, Karl Peter. 『외국어에서 (독어)로 번역되었고 주해가 첨부된 진기하고 새로운 여행기록을 다룬 잡지』 In der Bossischen Buchhandlung, 1792, GER 140 v.7

1부
2부
3부
4부

Waldschmidt, Ernst. (외 3인 공저)『아시아 역사』 F. Bruckman, 1950, GER 71

Ernst Waldschmidt의 『인도고대사』

A. 상고사
1. 인더스 강의 문화와 아리안인의 이주
2. 북인도에서의 인도-아리안 문화의 교육과 확장
3. 부처와 마하비라 (Mahavira)의 전성기
4. 힌두교의 출현

B. 古帝國
1. 인도 북서지방의 아헤메니덴과 알렉산더
2. 챤드라굽타 왕에서 아쇼타 왕까지의 마우르야-제국과 기원전 1세기까지의 후속 국가

3. 마우르야 시대의 문화 상황
C. 타민족의 침범과 굽타의 전성기
1. 그리스인, 인도 북서지방의 사켄, 쿠샨
2. 서양과의 상거래
3. 초기 굽타-시대
4. 훈족의 침략에서 하르샤의 사망까지
5. 고전시대의 문화
D. 회교 이전의 중세
1. 하르샤 시대의 북인도에서 회교의 출현까지
2. 칼루퀴야 인과 아뤼트라크 인 지배하의 데칸
3. 팔라봐 인과 콜라 인 시대의 최남단
4. 회교 이전의 중세의 문화 상황
E. 인도식민제국인 인도차이나와 인도네시아

루드비히 알스도르프 (Ludwig Alsdorf)의 『회교도 정복에서 현재까지의 인도』
1. 인도의 회교
2. 터키출신의 정복자 가쯔니의 마하뮤트. 술탄의 영토 델리
3. 힌두교와 회교도인
4. 술타의 영토 델리의 후속국가와 비야야나가르 제국
5. 바브르 황제에서 샤야한 황제까지의 무굴제국
6. 아우랑젭 황제와 무굴제국의 패망; 마라타 인
7. 영국의 정복 이전까지의 유럽무역상사
8. 영국통치의 기반: 클리브와 워른 하스팅스
9. “대영제국의 평화” 의 관철: 1782-1818
10. 인도차이나에서의 영국과 프랑스
11. 1818년에서 대혁명 이전까지의 인도
12. 대영제국 통치하의 인도
13. 독립으로의 길

한스 스탕에 (Hans. O.H. Stange)의 『초기에서 현재까지의 중국사』
서문
시간적, 공간적 개관
시대와 연대

중국의 지역

고대
선사시대와 상고사
태고의 어둠속에서
초기단계의 제국
시민과 국가의 성립
봉건제국
대국들의 출현과 왕가 세력의 패망
개별국가들의 주도권 쟁탈전
고대제국
구정치적, 구사회적 생활양식
국가와 사회
경제생활
종교적 세계관과 정신생활
토속적 자연종교
초기 철학
언어, 문자, 문학
고대예술

중세
중세의 발전사
민족이동
북과 남의 분리
중세의 대제국
동양의 제국들과의 접촉
중세의 성숙 시기
중세의 생활양식
국가와 사회
경제생활
종교 생활
세계적 종교와 문화 전달자로서의 불교
불교의 확장
교의사

교회의 조직
그 외의 종교
정신생활
불교 철학
철학적 역류
불교 문학
서정적 문학작품
학문적 문학
민중문학, 소설, 드라마
중세 예술

근대
유럽인의 출현에서 지금까지
유럽인과의 접촉
만주제국의 형성
신 대제국
유럽식민세력의 침략
제국의 패망
식민국가의 폐물
공화국
근대 문화
중국의 서양과의 만남
중국에서의 기독교 선교
근대 철학
문학
근대 예술
새로운 형태를 찾기 위한 모색

오스카 크레슬러 (Oskar Kressler)의 『태고에서 2차세계대전란 대참사 이전까지의 일본과 한국』

서문
A. 현대화 이전의 일본. X-1868
I. 고대, 선사시대, X-기원전 120년
일본사의 신화적 토대

일본 선사시대의 문화

II. 중세, 기원전 120년에서 기원후 1868년까지

1. 초기중세, 짐므 황제에서 타이콰 개혁까지 (기원후 645년)

중세 전성기와 후기중세로의 과도기 (645-1192)

관료 제국: 와사 시대의 공무원 국가와 헬란 시대 (710-1192)

2. 중세 전성기와 후기 중세, 1192-1869, 바쿠후 또는 쇼군 통치

카마구라-시대, 1192-1333

토쿠가와-쇼군 시대의 에도-바쿠후 (1603-1867)

예야수의 행정개혁

B. 현대적 일본 (1868-X)

I. 명치시대 (1868-1912)

1. 복원적-진보적 개혁, 1869-1889

2. 구성주의, 1889-1899

3. 세계시민주의, 1849-1910

4. 대륙주의, 1910-1912

II. 타이소-시대, 1912-1926

III. 소와-시대, 1926-X

연대표

찾아보기

Weber, Norbert. 『고요한 아침의 나라: 조선 기행에 대한 회상』 Freiburg im Breisgau, Muenchen : Karl Seidel, 1915, GER 2

1장. 일본의 만 (灣)을 통과하여

코베에 상륙

오사카

2장. 만을 따라서

시야에 들어온 조선

3장. 수도에서의 첫 날

도시 전방에서

4장. 짧은 산책

과거와 현재
왕비의 무덤
왕궁과 고물상
5장. 기독교의 발자취
용산 (龍山)
수도 (首都)의 기독교
6장. 예술과 솜씨
음악당
수공예 작업장
비탄하는 전쟁신과 황량한 서원
중국 사찰
7장. 자택연금
기도하고 노동하라!
8장. 산 속
박해시기의 유물
일요일 분위기
좁은 산동굴
평지를 거쳐
9장. 지방 소도시
옛 도성 그늘 아래서
수원의 농업학교
비오는 날
10장. 숲 속의 고요함
조용한 구경꾼
외로운 무덤
유배지
조선 숲 속의 봄날 아침
나의 집
11장. 시골로의 소풍
첫 번째 시식
도시와 지방을 거쳐
꽃과 색
고요한 절
금광

12장. 계속 남진하다
시골길
공주에 있는 작은 내성 (內城)
물병자리 별 아래에서
임종에서 무덤까지
감옥
13장. 일본의 행적
꽃 피는 과일나무
공업학교
14장. 북쪽으로!
해안선을 따라
무사히 상륙하다
활기찬 놀이
국가 포로
Tschangeton으로
15장. Pugum 나무 아래서
Tschangeton의 역사 중에서
16장. 시골 생활
사진 사냥
다시 유랑의 길로
산 소풍
정밀기계공
혼례객
목회관 가는 길에서
귀로
17장. 옛 수도로
조선의 곡식창고를 지나
양잠업
바닷가로
어느 운 나쁜 날
평양
근교로의 소풍
수도로 돌아오다
18장. 조선에서의 마지막 날들

북한산에서
총독관저에서
제물포
대한 만세!
19장. 떠나오면서
선교의 국가정책적 의미

Weber, Norbert. 『조용한 아침의 나라에서: 한국여행의 기억』 Missionsverlag St. Ottilien, 1923, GER 2e2

1장. 일본 해협을 통해
코베(Kobe)의 도착
오사카
2장. 해협을 따라서
한국이 보임
3장. 수도에서의 첫날
도시 앞에서
4장. 짧은 산책
옛날과 최근으로부터
왕후의 무덤으로
왕궁과 노점
5장. 기독교의 좁은 길
용산
수도에서의 기독교
6장. 예술과 지식
음악실에서
공예 작업소에서
슬퍼하는 전쟁신과 쓸쓸한 시신의 전당
중국신전
7장. 자택감금
기도하라 그리고 일하라
8장. 산 속에서
도피시간으로부터 성유물
일요일의 정서

좁은 동굴
평야를 통해
9장. 지방도시
옛 성벽의 그늘에서
수원의 농업학교
비오는 날
10장. 숲의 고독
조용한 관람자
고독한 무덤
유배지에서
한국의 숲에서 봄의 아침
고향
11장. 소풍
첫 번째의 식사시도
도시와 시골을 통하여
꽃들과 색깔들
고요한 수도원
금 광산에서
12장. 남쪽으로
지방도로에서
공주의 작은 요새
물 나르는 사람의 요새에서
무덤에서 사자의 침대
감옥
13장. 일본의 활동
번창한 과일나무
산업학교
14장. 일어나라! 북으로!
해안의 따라서
기쁘게 도착하다
즐거운 놀이
형무소
청계천(Tschangeton)으로
15장. 푸굼(Pugum)나무 아래에서

청계천(Tschangeton)의 역사
16장. 시골생활
사진 추적
다시한번 유랑
산행
정밀기계공
결혼식의 손님
목사행렬
귀환
17장. 옛 수도에서
한국의 곡창
비단산업
바다에서
영원한 날
평양
주변여행
다시금 수도로
18장. 한국에서의 마지막 날
북한산에서 Auf den Pukhan
총독을 방문하고
제물포
대한 만세
19장. 비단길에서
선교의 국민정치적 의미

Woermann, Karl. 『예술사: 모든 시대와 민족, 2권』 Bibligraphisches Institut, 1925, GER 47e2 v.2

들어가는 말
1권. 자연인, 반문명인 그리고 고대 아메리카 문명인의 예술
I. 저급한 자연인의 예술(사냥꾼과 어부의 수준)
1. 오스트레일리아와 남아프리카의 저급한 자연인의 예술
2. 북반구의 저급한 자연인의 예술
II. 석기시대 자연인의 예술

1. 태평양의 자연인의 예술
2. 북아메리카와 남아메리카 인디언의 예술

III. 철기시대의 자연인과 반문명인의 예술
1. 말레이 자연인의 예술
2. 아프리카 자연인의 예술
뒤돌아 보기

IV. 고대아메리카 문화민족의 예술
1. 머리말
2. 멕시코와 중미 경계국가의 고대예술
3. 남미 문화민족의 예술
뒤돌아 보기

2권. 민족 대이동(375-900년) 이후 유럽, 전방과 고지대 아시아의 이교도적 예술

I. 민족 대이동 이후 게르만과 슬라브적 유럽의 이교도적 예술

II. 페르시아에 있어 아르파기덴(Arfakiden)과 작산이덴 지역(Sassanidenreiche)의 예술

III. 인도 북서경계의 간다라 예술

IV. 동투르크스탄(Ostturkstan)의 중세초기의 예술

3권. 인도예술

I. 전방인도의 예술
1. 들어가는 말. 인도 고대예술의 토대
2. 전방인도의 불교예술. 기원전 250년부터 기원후 650년까지
3. 전반인도의 중세와 근대, 신브라만의 예술. 650-1700년
4. 실론의 불교예술

II. 히말라야 지역에서의 인도예술
1. 카시미르(Kaschmir)에 있어서의 예술
2. 네팔의 예술
3. 티벳의 예술

III. 후방인도의 예술
1. 들어가는 말. 버마의 예술
2. 시암(Siam)의 예술
3. 참파(Tschampa)와 캄보디아의 예술
4. 순다(Sunda)섬에 있어서 인도의 예술
뒤돌아 보기

4권. 동아시아의 예술
I. 중국예술
1. 들어가는 말. 중국예술의 주요특징
2. 한조 초기까지의 중국예술(기원전 2205-206)
3. 한조의 중국예술(기원전 205-기원후 221)
4. 한조 몰락부터 숭조(Sung-Dynastie)까지의 중국예술 (221-960)
5. 숭조(960-1280)와 유에안조(Yuean-Dynastie)(1280-1368)의 중국예술
6. 명조(1368-1644)의 중국예술
7. 청조 또는 만주조(1644-1912)의 중국예술
II. 한국예술
III. 일본예술
1. 들어가는 말. 일본예술의 주요특징
2. 선사시대와 불교이전의 일본예술
3. 6세기 중엽부터 8세기 말까지의 일본예술
4. 8세기 말부터 14세기 중엽까지의 일본예술(794-1333; 하이안(Heian), 후지와라(Fujiwara), 카마쿠라(Kamakura)시대)
5. 아시카가(Ashikaga)(1333-1578)시대의 일본예술
6. 토요토미(Toyotomi)와 도쿠가라(Tokugawa)시대 (1578-1868)
뒤돌아 보기
5권. 이슬람 예술
I. 아라비아, 에집트, 시리아와 메소포타미아에 있어서의 이슬람 예술
1. 들어가는 말. 아라바아의 전이슬람 예술. 이슬람예술의 주요특징
2. 오마이야덴(Omaijaden)의 몰락까지의 이슬람 예술 (632-750)
3. 압바시덴 초기시대 이후 메소포타미아와 시리앙에 있어서 이슬람 예술(750년 이후)
4. 툴루니덴(Tuluniden) 왕조 이후 이집트의 이슬람 예술
II. 마그렙(Maghreb)과 인접지역의 이슬람 예술

1. 이집트 외부에 있는 북아프리카의 이슬람 예술
2. 스페인과 시실리안의 무어(Mauer) 예술
III. 인도와 페르시의 이슬람 예술
1. 페르시아의 이슬람 예술
2. 인도에 있어서 이슬람 예술
IV. 소아시아와 터어키에 있어서 이슬람 예술
1. 소아시아에 있어서 셀트슈크(Seldschuk) 예술
2. 오스만 터어키의 예술
결어
알파벳 문헌표
색인

Wolf, Eugen. 『나의 여행기, 1: 중국 내륙』 Deutsche Verlags-Anstalt, 1901, GER 180 v.1

머리말
1장.
2장.
3장.
4장.
5장.
6장.
7장.
8장.
9장.
10장.
11장.
결어.

Zischka, Anton. 『세계 속의 일본: 1854년부터의 일본의 영토 확장』 Wihelm Goldmann, 1936, GER 113

저자의 사적인 요청
머리말

1장: 일본 본토
1. 역사
아이누에서 명치시대까지 (기원전 6000년 - 기원후 1868까지)
2. 일본의 과두정치
19세기의 정책
3. 노동자
연구 과잉, 노동 조건, 노동자 조직체
4. 농업자의 실태
농업 위기와 이것이 영토 확장에 미친 영향
5. 육군
혁명적 이념의 실현자로서의 군인
6. 해군
"은자국" 에서 "바다의 지배자" 로
7. 가장 큰 적: 미국
일본과의 전쟁에서의 미국 정치가, 상인, 군인

2장: 남진 (南進)에 대한 욕구
8. 대만
남태평양의 식민지
9. 남태평양 독일 식민지에서의 일본 행정
Nanjo-Cho에서의 동경의 성과
10. 일본과 필리핀
일본의 남진 확장 정책을 포기한 벽
11. 싱가포르: "동쪽의 교차점"
대영제국의 약점: 시암과 크라 운하
12. 네델란드령의 인도
수마트라와 자바에서의 일본
13. 오스트레일리아: "일본을 위한 자유영역"
태평양의 진공 (眞空)

3장: 일본의 북진 (北進)
14. 한국: "일본의 심장을 위협하는 칼"
중국과 러시아와의 첫 번째 마찰

15. 만주의 "평화적" 정복
일본의 남만주 철도
16. 군사적 정복과 중개인에 의한 확장 정책 사이에서의 동요
1936년의 만주국과 만주 왕조를 통한 우회로
17. 러시아와의 싸움
국가 재원에 대항하는 혁명가: 주먹 vs. 머리

4장: 세계 속의 일본: 공업적, 지적인 확장
18. 과도한 기계화
일본 무역 정책에 있어서의 독일의 위치
19. 일본과 유럽의 동맹
경제 논리보다는 고립 정책

통계
참고문헌

일 본 어

『금세 명가문 초록』 民友社, 1897, JPN 602

명치 오늘의 문장
함산 폭포기
보쿠스이관 일기
석가모니의 교회,십자가의 그림자
하마마쓰 성허기
조각달기
불쌍한 소년의 이야기
구마모토의 대지진
신서난의 추장 유타카씨와의 담화
왕석곡 산수 첩서
금상의 꿈
하석의 경사스러운 수염
딸기 공주
이하라 사이카쿠
시의 신정 및 여정
일본은행
낮잠
진시황제
하라다 나오지로에게 주는 서
자저 총론
민주의 제호
신내각에 대한 희망
라이산요 및 그의 저작
러시아의 형세를 토론

『실업지조선, 제6권 제9호』 [大興電氣株式會社, 1924, JPN 761 v.6 n.9

『(신라의 고도)경주사진첩 』 [n.p.], 1920, JPN 763

가다 테츠지(加田哲二) 著. 『현대 일본 문명사』 東洋經濟新報社, 1940, JPN 593 11

사회사 목차

저자의 말
서론 현대 일본사의 집필에 즈음하여
제1편 구 사회의 붕괴
제1장 도쿠가와 봉건 사회의 본질
제2장 쇄국 정책이 의미하는 것
제3장 무사. 농민. 상인의 동요
제4장 신 문명의 외국 함선 오다
제2편 신 사회의 여명
제1장 명치 정부의 성립
제2장 신 사회에의 기초 공작
제3장 신 경제에의 기초 공작
제4장 문명 개화의 사상
제5장 문명 개화의 사회 도쿄
제3편 신 사회에의 동요
제1장 신 사회 편성에 대한 무사의 집안의 동요
제2장 농민의 동요
제4편 자본주의의 발전과 그 영향
제1장 자본주의의 발전
제2장 노동자 문제의 인식
제5편 최근에 있어서 사회적 발전
제1장 제1차 유럽 대전 시대의 일본 경제의 발전
제2장 대전후의 일본 경제 공황
제3장 독점 자본 주의하의 생산 조직
제4장 자본의 집중과 재벌의 형성
제5장 대정기에 있어서 사회 사상의 조류
제6장 현대 국수 사회 사상의 기원 및 발전
제7장 집약적 국가주의
제8장 정치 혁신 운동
제9장 정치적 세력의 사회적 의의
제6편 일본 사회의 재편성 과정과 확대적 발전
제1장 일본 사회의 재편성
제2장 일본 사회의 대외 발전

제3장 대륙 정책의 형성과 발전
제4장 일본 사회 대외 발전의 이념

가미카와 히코마츠(神川彦松). 『(다치교수 환력축하)외교사 논문집』 有斐閣, 1934, JPN 121

오오쯔 사건의 회고
대전 이전에 있어서 영국의 페그시아만 외교
미국의 파나마 정책
러시아 혁명과 브레스트 리토우스쿠 강화
비스 마르크 보장 정책 역사 이론에 관하여
1908?9년 규슈의 위기에 관하여

가츠다 마고야(勝田孫弥). 『사이고 타카모리 전』 西鄉隆盛傳發行所, 1894, JPN 445 v.1

가츠다 마고야(勝田孫弥). 『사이고 타카모리 전』 西鄉隆盛傳發行所, 1894, JPN 455 v.2

제3편 근왕 시대
제1장 귀양살이중의 사정
제2장 타카모리 제1의 소환
제3장 타카모리 히사미쓰 노하다
제4장 제2의 귀양살이
제4편 근왕 시대
제1장 여행길 천하의 사정
제2장 타카모리 제2의 소환
제3장 쵸슈의 수도 소란
제4장 소란후 수도의 사정
제5장 쵸슈 정벌

가츠다 마고야(勝田孫弥). 『사이고 타카모리 전』 西鄉隆盛傳發行所, 1894, JPN 455 v.3

가츠다 마고야(勝田孫弥). 『사이고 타카모리 전』 西鄕隆盛傳發行所, 1894, JPN 445 v.4

제6편 무진의 전란
  제1장 대변혁후의 사정
  제2장 무진의 파열
  제3장 막부 정벌
  제4장 도쿠가와 처분
  제5장 오우 호쿠에쓰 전쟁
  제6장 하코다테 전쟁

가츠다 마고야(勝田孫弥). 『사이고 타카모리 전』 西鄕隆盛傳發行所, 1894, JPN 455 v.5

가토 야스히로(加藤安宏) 著. 『명치 대정 소화 정계 비사』 隆章閣, 1934, JPN 173

명치 대정 소화 정계 비사 목차
 자서
 1 제2차 사이온지 내각
 2 제3차 가츠라 내각
 3 제1차 야마모토 내각
 4 만향 내각
 5 오오쿠마 내각
 6 데라우찌 내각
 7 하라 내각
 8 다카하시 내각
 9 가토 도모자부로우 내각
 10 제2차 야마모토 내각
 11 키요우라 내각
 12 가토 요시노리 내각
 13 가토 헌정회 단독 내각
 14 제1차 와카쓰키 내각
 15 다나카 내각

경성일보사. 『조선연감, 소화19년도』 京城日報社, 1943, JPN 764 1944

경주고적보존회. 『(신라구도) 경주고적도휘』 慶州古蹟保存會, 1927, JPN 765

고권삼. 『조선정치사강』 永田書店, 1933, JPN 749

고사카 마사오(小坂貞雄). 『외국인이 본 조선외교비화』 外人の觀たる 朝鮮外交秘話出版會, 1934, JPN 757

고토 모토마(後藤本馬). 『(조약실시) 22년후의 신일본』 新日本 文魁堂, 1898, JPN 484e2

제1장 조약의 실시
제1절 내지 잡거란 무엇인가
제2절 조세의 회복력
제3절 내지 잡거의 영향
제4절 내지 잡거와 풍속의 관계
제5절 잡거가 문물 창달의 원인이 되는가
제6절 조약 유효의 기한
제2장 정치상의 관계
제1절 재류 외국인이 본국인에 복종하는 추이
제2절 재류 외국인은 본국인과 대등한가
제3절 재류 외국인은 일본 관리가 될 수 있는가
제4절 재류 외국인은 선거권을 갖는 가
제5절 재류 외국인은 병역에 복무하는 가
제6절 재류 외국인은 일본 사법권에 복종할 때 일반적인 절차에 의하는가
제7절 토지소유권을 허용하는가 아닌가
제8절 내지 잡거와 열국의 교제
제3장 조약 실시에 있어 상업상에 미치는 영향
제1절 현재 상업계의 상태
제2절 외국인과 내상과의 거래

제3절 외국인과 내상과의 경쟁
제4절 일본 상업계의 공황 여하
제5절 사회 사업의 성쇠에 미치는 영향이 없는 가
제6절 물가 등귀의 우려는 없는 가
제7절 외자 수입 때문에 내상 부진의 영향은 없는 가
제4장 조약 실시에 있어 공업상에 미치는 영향
제1절 내지 잡거가 공업상에 미치는 영향 여하
제2절 내지 공업상의 관찰
제3절 광업 기타 다른 사업에 있어서 외국인의 의향
제5장 조약 실시에 있어 농업상에 미치는 영향
제1절 현재 일본 농민의 생활 상태
제2절 잡거를 위해 싹에 농민에 미치는 영향
제3절 농업의 개량 농산물의 수출 여하
제4절 양잠업에 미치는 이해관계
제6 의 조약 실시 준비에 관한 건.
법전의 실시
판권 및 공업소유권 보호 동맹 가입
부 만국 공법 문답

구도 다케시게(工藤武重). 『제국 의회사』 有斐閣, 1903, JPN 588 1

제국 의회사 목차
서편 헌법제정의 유래
제1기 제국 의회
전기
정기
제2기 제국 의회
전기
정기
제3기 제국 의회
전기
정기
제4기 제국 의회
전기

정기
제5기 제국 의회
전기
제6기 제국 의회
전기
정기
제7기 제국 의회
전기
정기
제8기 제국 의회
전기
정기
제9기 제국 의회
전기
정기
제10기 제국 의회
전기
정기
제11기 제국 의회
전기
정기
제12기 제국 의회
전기
정기
외편 정당 내각의 성립

구도 다케시게(工藤武重). 『제국 의회사』 有斐閣, 1903, JPN 588 2

제국 의회사 제이편 목차

제13회 제국 의회
상기
정기
제14회 제국 의회
상기

정기
제15회 제국 의회
상기
정기
제16회 제국 의회
상기
정기

구도 다케시게(工藤武重). 『제국 의회사』 有斐閣, 1906, JPN 588 3

제국 의회사제삼편 목차
제17회 제국 의회
상기
정기
제18회 제국 의회
상기
정기
제19회 제국 의회
상기
정기
제20회 제국 의회
상기
정기
제21회 제국 의회
상기
정기
외편 평화 극복

구로다 기요타카(黑田清隆). 『환유일기, 상편』 [發行處不明], 1887, JPN 748 v.1

구로이타 가츠미(黑板勝美). 『(개정)국사의 연구 : 총설』 岩波書店, 1931, JPN 253

구로이타 가츠미(黑板勝美). 『(개정)국사의 연구 : 총설』 岩波書店, 1931, JPN 253e2

제6 고고학
제3장 국사의 편찬 저술
제4장 시대사와 특별사
제1 시대 구분
제2 지방 구분
제3 사물 구분
제4 인물 구분
제5장 국사의 범위
제1 국사의 연대
제2 국사의 무대
제6장 국호과 민족
제7장 보충 설명

구로이타 가츠미(黑板勝美). 『국사 연구: 각설』 岩波書店, 1932, JPN 254 1

제1장 신대
제2장 민성 시대
제1 야마토 개도 시대
제2 황화 발전 시대
제3 한토복속 시대
제4 신련대권 시대
제5 법흥 헌법개시 시대
제3장 공가(公家) 시대 1
제1 법흥 헌법개시 시대
제2 개신 수제 시대
제3 나라조 시대
제4장 공가(公家) 시대 2
제4 평안 천도 시대
제5 섭관 신치 시대
제6 섭관 중정 시대
제5장 공가(公家) 시대 3
제7 섭관 영화 시대
제8 상황 실권 시대

제9 호우겐 헤이지 시대
제6장 고 무가 시대 1
제1 보겐 헤이지 시대
제2 로쿠하라 시대
제7장 고 무가 시대 2
제3 카마쿠라 시대 상
제8장 고 무가 시대 3
제4 카마쿠라 시대 하

구로이타 가츠미(黑板勝美). 『(개정)국사의 연구 : 각설』 東京 : 岩波書店, 1936, JPN 254 v.2

제1장 황가 중흥 시대
제1 세이츄 겐코 시대
제2 교토 친정 시대
제3 남방 사냥 시대
제2장 중 무가 시대 1
제1 남방 사냥 시대
제2 무로마찌시대 상
제3장 중 무가 시대 2
제3 무로마치 시대 하
제4장 중 무가 시대 3
제4 군웅 쟁패 시대
제5장 신 무가 시대 1
제1 군웅 쟁패 시대
제2 오다 시대
제6장 신 무가 시대 2
제3 도요토미 시대
제7장 신 무가 시대 3
제4 도쿠가와 시대 1
제8장 신 무가 시대의 4
제5 도쿠가와 시대 2
제9장 신 무가 시대 5
제6 도쿠가와 시대 3

제10장 신 무가 시대 6
제7 도쿠가와 시대 4
제11장 신 무가 시대 7
제8 도쿠가와 시대 5
제12장 명치 유신

구로이타 가츠미(黑板勝美). 『(갱정)국사연구 연표』 岩波書店, 1936, JPN 255

구마사와 이토타로(熊沢猪太郎). 『무장감장기 第3編』 東京 三教書院, 1911, JPN 214

해설
서문
서
무장감장기
권지일
권지이
권지삼
권지사
권지오
권지륙
권지칠
권지팔
권지구
권지십

구사노 시게마츠(草野茂松). 『소호 문선』 民友社, 1915, JPN 124

소호 문선 목차

제1편 명치 19년부터 명치 16년까지의 기간
제2편 청일 전쟁의 기간
제3편 명치 29년부터 명치 36년까지의 기간
제4편 일러 전쟁의 기간

제5편 명치 29년에서 명치 45년까지의 기간
제6편 국가 대고의 때
제7편 대정 시대

구시 타쿠신(久志卓眞). 『(도해)조선 미술사』 文明商店, 1941, JPN 728

기요사와 기요시(清沢洌). 『일본 외교사』 東洋經濟新報社, 1942, JPN 266 v.1

서문
목차
서론 일본 외교를 관통하는 것
제1편에도 막부시대의 말기 개국 시대
제1장 유신 전야의 국내정세
제2장 페리 제독 오다
제3장 하리스의 안세이 조약
제4장 양이 혼란 시대
제5장 에도 막부시대의 말기 할환 시대
제6장 개국 비로서 시작되다
제2편 명치 외교
제7장 외교 궤도에 오르다
제2장 일본국력의 통합시대
제3장 정한론과 대만 정벌
제4장 조약 개정의 달성
제3편 국력 팽창 시대
제1장 청일 전쟁의 외교
제2장 북청사변부터 일영 동맹까지
제3장 일러 전쟁의 외교

기요사와 기요시(清沢洌). 『일본 외교사』 東洋經濟新報社, 1942, JPN 266 v.2

기요우라 게이고(清浦奎吾). 『규당야화』 今日の問題社, 1938, JPN 401

목차

미울암 야화

요시다 쇼인 선생을 기리다

테라코야 교육의 진미

서예의 명인 스가와라노 미치자네공

실천력행의 사람,니노미야 손토쿠 옹

다카야마 다다시와 나의 고향

단소 선생과 성의회

서도를 이야기한다

서도와 인격

서도 성쇠의 흔적

서도와 작품

서도.검도.바둑

일본 고유의 허세도

사은에 보답하는 길

성공의 비결

진지함으로 돌아오라

노세의 신조로서의 무사도

겐이치치의 극치

심전(心田)을 열다

일본인으로서의 마음의 단련

조화의 정신

국민사상 통일의 요소

중요한 시기에 빼앗아서는 안된다

안을 보라,당신을 반성하라

정신 교육의 진수

정신 교육의 결함

교육의 진수

아이와 어머니는 나라의 초석

위대한 어머니의 감화력

명치 유신의 회상

교육 칙서 반포 무렵을 회상하고

회천의 사업,명치 유신

소화 유신과 명치 유신

명치 천황과 유신의 대업
수성 시대의 대정 년간
소화 국민의 각오
국체의 본의와 사상 국방
국체의 근본의미
정치상과 국민
일본 정계의 추태
사상 국방의 급선무
사회 주의의 정체
적화 사상의 방지책
우방 만유 감상
중국의 근황 인식을 위해
만유 여행의 순서
중국 요인과 환담
당시의 우방 정세
중국 세력의 제관계
기분좋은 여행
공자묘에 참배하다
태산에 오르다
만주와 몽고 발전의 방법
여기저기 마음에 느껴지는 감상

기쿠치 유지(菊地酉治). 『아편문제의 연구』 國際聯盟協會, 1928, JPN 391

기타 사다키치(喜田貞吉). 『민족과 역사, 제6권 제1호』 日本學會普及會, 1921, JPN 737 v.6 n.1

나미카와 료(並河亮). 『백년의 무례』 大成出版株式會社, 1944, JPN 216

나이카이 고조(內海弘藏). 『소품문범』 成美堂書店, 1912, JPN 395

나카무라 우메키치(中村梅吉). 『미영대일압박 오십년사』 長谷川書房, 1944, JPN 486

나카무라 신고(中村進午). 『신 조약론』 東京專門學校出版部, 1900, JPN 263e3누마다 이치로(沼田市郎). 『일로 외교사』 大阪屋號書店, 1943, JPN 355

나카타 센포(中田千畝). 『일본 외교비화』 博文館, 1940, JPN 213

노무라 기치사부로(野村吉三郎). 『미국에 가서 : 일미 교섭의 회고』 岩波書店, 1946, JPN 487

노부오 준페이(信夫淳平). 『고무라 쥬타로』 新潮社, 1942, JPN 338

목 차

제1장 서 설
제2장 교룡 마침내 비구름을 얻었다
제3장 외교 연마의 5년
제4장 북경 외교단에 단연 두각을 내고
제5장 유유히 제국 외교의 책임자로 된다
제6장 일러 전쟁과 외교 운용
제7장 일러 강화 뒷수습의 공작
제8장 일시적으로 영경에 출사
제9장 한번 더 외상
제10장 관뚜껑을 닫고 논을 스스로 정하다

노부오 준페이(信夫淳平). 『(명치비화)2대 외교의 진상』 萬里閣書房, 1928, JPN 666

목차

상편 일영 동맹의 형편

제1장 제1회 동맹 성립의 경위

제1항 동맹 성립에 앞서서 일러의 관계
제2항 이 때에 있어서 영독 동맹담
제3항 동맹 교섭의 경과
제4항 동맹 협약의 성립

제2장 제2회 동맹 협약의 의의
제3장 일영 동맹의 재개정 {제3회 협약}
하편 일러 전쟁의 외교적 고찰
제1장 만주 문제의 경위
제1항 러시아의 만주 침략
제2항 일러의 교섭
제3항 교섭 중단
제4항 교섭 중단 전에 있어서 열국과의 관계
제2장 전국의 추이와 제3국의 태도
제1항 제3국의 강화 운동
제2항 일본해의 격전 대세를 결정한 미국 대통령
제3장 포츠머스 강화 담판
제1항 일러 양국 전권의 임명 및 도미
제2항 담판이 막히고
제3항 간신히 재개

니시 사와노스케(西沢之助). 『열국간섭론』 國光社, 1901, JPN 385

다키자와 기요시(滝沢清). 『당초모양추형』 松崎半造, 1928, JPN 723

대장대신관방재정경제조사과. 『일청일로양전역 및 세계대전에서의 일본전시재정』 대장대신관방재정경제조사과 편, 千倉書房, 1937, JPN 209

도미즈 히론도(戸水寛人). 『신 국민』 有斐閣書房, 1903, JPN 641

신국민서
신국 민 목차
1 일본의 부를 늘려야 한다
2 마음을 해외로 써야한다
3 제국주의의 실행을 꾀하여야 한다
4 섬나라 근성을 없애라
5 인도(사람의 도)를 떠나서는 안된다
6 공사단체에 대한 도덕을 중시하라
7 용감히 행하여라

8 호걸의 전기를 읽어 이를 본보기로 하라
9 신국민의 잠언

도쿄제국대학. 『(고본) 국사안』 도쿄제국대학, 1908, JPN 689

도쿠토미 이치로(德富猪一郎). 『37년 전쟁과 외교』 民友社, 1925, JPN 90

1 27년역의 외교와 38년의 외교
2 미국과 태평양
3 삼국 간섭의 원흉
4 37,8년의 역사와 일영 동맹
5 그는 누구
6 전 독일 황제
7 루즈벨트의 친일본 성향
8 전시중에 있어서 외교
9 열강 간섭의 평판
10 미국 협동 간섭을 좋아하지 않고
11 일본의 외교가와 루즈벨트
12 일러 대치는 루즈벨트가 바라는 바
13 프랑스 외상의 중재담
14 일본 강화로 돌진
15 독일 황제와 강화
16 루즈벨트의 무사양 외교
17 양국 회동의 무대 근처
18 일본 당국자의 입장
19 인기 없는 일본
20 신개전의 승패
21 가츠라와 루즈벨트
22 각서 교환의 이익 얼마간
23 회의와 루즈벨트
24 심판보다도 구경꾼
25 루즈벨트와 일러 양국의 원수
26 러시아의 태도 드디어 강경으로 되다

27 형세 점점 험악하다
28 독일 황제에게 의뢰
29 최후의 개막
30 최후의 순간
31 러시아 전권의 개선 {1}
32 러시아 전권의 개선 {2}
33 일본은 짐을 얻다
34 켄난 노인의 평화조약 비판
35 루즈벨트 사실을 폭로
36 성공 호,실패 호
37 하리만의 빈집털이
38 고무라 내교 정책에 성공
39 일본에 대한 실물 교훈
40 만주 철도 중립의 의논 {완}

도쿠토미 이치로(德富猪一郎). 『공작 야마카케 아리토모 전 1』 山縣有朋公記念事業會, 1933, JPN 129 v.1

공작 야마가타 아리토모 전 상권 목차
제1편 청년 시대
제1장 총서
제2장 가계 및 가문
제3장 공의 유년 생활과 문무 수행
제4장 공과 수 아역 생활
제2편 존양 운동 시대 {상}
제1장 공과 존왕 운동 {상}
제2장 공과 존왕 운동 {중}
제3장 공과 존왕 운동 {하}
제3편 존양 운동 시대 {하}
제1장 공과 양이 운동 전기
제2장 공과 금문 사변
제3장 공과 양이 운동 후기
제4장 공과 속론당 소탕 {상}
제5장 공과 속론당 소탕 {중}

제6장 공과 속론당 소탕 {하}
제7장 공과 사강 전쟁 {상}
제8장 공과 사강 전쟁 {중}
제9장 공과 사강 전쟁 {하}
제10장 공과 쵸슈, 사츠마 연합 {상}
제11장 공과 쵸슈, 사츠마 연합 {하}
제12장 공과 황정 복고 운동 {상}
제13장 공과 황정 복고 운동 {하}
제4편 공과 호쿠에쓰 전투
제1장 공과 관동 시찰
제2장 공과 호쿠에쓰 출정
제3장 오지야 담판
제4장 나가오카 방면의 전투 {상}
제5장 나가오카 방면의 전투 {중}
제6장 나가오카 방면의 전투 {하}
제7장 아에즈 방면의 전투 {상}
제8장 아에즈 방면의 전투 {하}
제9장 개선

도쿠토미 이치로(德富猪一郎). 『공작 야마카케 아리토모 전』 山縣有朋公記念事業會, 1933, JPN 129 2

공작 야마가타 아리토모 전 중권 목차
제1편 육군 건설 시대
제1장 공과 구미 순유
제2장 공과 병부성 출근
제3장 친병 조직과 진대 설치
제4장 공과 친병 건설 문제
제5장 징병령 실시 이전에 있어서 육군의 시설
제6장 공과 징병령 실시
제7장 대한 문제와 묘의의 파열
제8장 사가의 역
제9장 정심문제
제10장 오사카 증맹과 내각 분리 문제

제11장 공과 강화만 사변
제12장 공과 내란 진압
제2편 공과 서남 전쟁
제1장 서남 전쟁의 발단
제2장 공과 구마모토 및 우에키 방면의 전투?
제3장 공과 다하라 방면의 전투
제4장 공과 야마가 방면의 전투
제5장 정면군 배면군의 전투와 구마모토성의 연락
제6장 공과 관군 연락후의 전투
제7장 히토요시 및 오오구치 방면의 전투?
제8장 분고 및 미타이 방면의 전투
제9장 도성.미야자끼, 노베오카 방면의 전투
제10장 공과 관군의 추격전
제11장 공과 성산 전투
제3편 공과 국방 충실
제1장 공과 군정 개혁 {상}
제2장 공과 군정 개혁 {하}
제4편 공과 헌정 건설 준비
제1장 공과 14년 정변 {상}
제2장 공과 14년 정변 {하}
제3장 공과 14년 이후에 있어서 내외 정국 {상}
제4장 공과 14년 이후에 있어서 내외 정국 {하}
제5장 내무 행정 장관 시대 {상}
제6장 내무 행정 장관 시대 {중}
제7장 내무 행정 장관 시대 {하}
제8장 공과 헌정 준비 시설
제9장 교육 칙서의 환발

도쿠토미 이치로(德富猪一郎). 『공작 야마카케 아리토모 전 3』 山縣有朋公記念事業會, 1933, JPN 129 v.3

공작 야마가타 아리토모 전 하권 목차

제1편 공과 최초의 헌정 실시 시대
제1장 공과 제1기 제국 의회

제2장 공과 용태 시대의 생활
제3장 공과 사법 장관
제4장 공과 대의회책
제2편 공과 27,8년 전투
제1장 공과 제1 군사령관 {상}
제2장 공과 제1 군사령관 {하}
제3장 공과 육군 장관의 겸임
제4장 공과 전후 경영
제3편 제2차 내각 전후의 정국
제1장 제2차 내각 조직전의 정국
제2장 공과 제2차 내각
제3장 공과 제14기 제국 의회
제4장 공과 의화단의 난
제4편 공과 37,8년 전투
제1장 세이로 전쟁 이전의 정국
제2장 공과 일영 동맹 문제
제3장 공과 가츠라 내각의 개조
제4장 공과 대러교섭 문제
제5장 공과 러시아 정벌 전국 {상}
제6장 공과 러시아 정벌 전국 {하}
제7장 공과 강화 문제
제5편 공과 원로 시대
제1장 공과 전후의 정국 {상}
제2장 공과 전후의 정국 {하}
제3장 공과 대정 정변 {상}
제4장 공과 대정 정변 {하}
제5장 공과 세계 대전 {상}
제6장 공과 세계 대전 {중}
제7장 공과 세계 대전 {하}
제6편 공과 사생활
제1장 공과 그 가정
제2장 공과 일상 생활
제3장 공과 그 저택 및 정원 축조
제4장 공과 그 취미

제5장 공과 사상 문제 및 사회 문제

도쿠토미 이치로(德富猪一郎). 『국민소훈』 民友社, 1925, JPN 442

도쿠토미 이치로(德富猪一郎). 『근세 일본 국민사』 民友社, 1935, JPN 552

제1장 히데요시의 필리핀 교섭
제2장 꽃구경
제3장 히데요시의 최후
제4장 모모야마 시대 개관
제5장 모모야마 시대의 광업
제6장 상업 및 도시의 발달
제7장 측량 및 그 효과
제8장 사회 질서의 회복 및 치안 유지
제9장 통화 대차 및 물가
제10장 공업의 발달
제11장 다도의 유행과 생활의 포만
제12장 히데요시와 그 시대의 건축
제13장 모모야마 시대의 조각과 회화
제14장 모모야마 시대의 무기
제15장 해외 교통의 영향
제16장 모모야마 시대의 학문
제17장 모모야마 시대의 무사도와 무사 기질 {상}
제18장 모모야마 시대의 무사도와 무사 기질 {하}
제19장 모모야마 시대의 향락 기분과 가무 음곡
제20장 모모야마 시대의 일반 풍속

도쿠토미 이치로(德富猪一郎). 『근세 일본 국민사』 民友社, 1935, JPN 552 8

제1장 명의 조선 구원
제2장 강화 담판 시작
제3장 명의 동정 군출

제4장 심유경의 재래
제5장 이여송의 진군
제6장 평양 공수전
제7장 일본군의 퇴각
제8장 벽제관 전쟁
제9장 벽제전후 양군의 형세
제10장 일본군 점차 퇴각하려하다
제11장 강화의 시기가 무르익다
제12장 강화의 장애
제13장 일본군의 철퇴
제14장 진주성 공격
제15장 강화 문제의 진행
제16장 이른바 명 강화사 내조
제17장 강화 조건과 유키나가 고레히로 등의 잔재주
제18장 강화 문제에 대한 키요마사, 유키나가의 알력
제19장 명, 조선의 강화 촉진 운동
제20장 코니시 조안의 북경 강화
제21장 명의 히데요시 책봉과 제 장군 서훈

도쿠토미 이치로(德富猪一郞). 『근세 일본 국민사』 民友社, 1935, JPN 552 9

임진왜란 하권의 간행에 관하여
목차
제1장 일명 강화 개설
제2장 유키나가 키요마사와 강화
제3장 유키나가의 귀국 강화 운동
제4장 강화 문제 점점 실행기에 들가려 함
제5장 이종성의 도망 및 그 선후책
제6장 일본 내지에 있어서 사정의 변화
제7장 관백 히데츠구의 파멸
제8장 히데츠구의 인물 및 죽음의 영향
제9장 도요토미씨의 신 후계자
제10장 강화사 내조와 천변 지이

제11장 명사 알현 및 담판 파열
제12장 강화 파열후의 화평 운동
제13장 일명 양군의 발정
제14장 일본군의 전라 충청 석권
제15장 석성 심유경의 말로와 명군 진출
제16장 울산성의 공수
제17장 울산 전후의 강화 문제와 순천 전쟁
제18장 사천신채의 전첩
제19장 일본군 철퇴 결정
제20장 노량진 해전
제21장 임진왜란 총 계산

도쿠토미 이치로(德富猪一郎). 『근세 일본 국민사』 民友社, 1935, JPN 552 11

세키하라 전쟁에 관하여

목차

제1장 히데요시가 남긴 도요토미가 유지책
제2장 도요토미 부하의 2대 세력
제3장 도요토미씨 여러 장군의 분열 당쟁
제4장 히데요시 사후 정국의 추이
제5장 도시이에의 사망과 미나리의 실각
제6장 정권 이에야스에게 되돌려 보낸다
제7장 우에스기 경승의 자주적 행동
제8장 이에야스의 동정
제9장 이시다 미나리 등 거병의 계략
제10장 가미가타 거병과 후시미성 함락
제11장 우에스기 가게마사 전비 이에야스 방향 전환
제12장 가미가타 도처의 전투
제13장 서군의 운동과 미나리의 출진
제14장 동군 미노로 진격
제15장 이에야스 서쪽으로 진출
제16장 서군 의기 부진과 통일되지 않다
제17장 전쟁 조금씩 본 무대에 들어간다

제18장 세키가하라 전투
제19장 승패 결전
제20장 동군 경기로 들어가다
제21장 모우리씨 처분
제22장 시마즈씨 처분

도쿠토미 이치로(德富猪一郎). 『근세 일본 국민사』 民友社, 1935, JPN 552 12

제1장 서론
제2장 천하 이름과 실리 도쿠가와씨에 돌아가다
제3장 제후 모두 도쿠가와씨에 굴복
제4장 이에야스 히데요리 니죠성 회견
제5장 히데요리의 대불 조영
제6장 이른바 종이름 문제
제7장 순푸 오사카의 교섭
제8장 오사카 거병 가쓰모토 퇴거
제9장 이른바 오사카 동진의 시작
제10장 독립 무원의 오사카
제11장 오사카 농성 병사와 그 수비
제12장 동군 오사카성을 감싼다
제13장 이마후쿠 가모노의 싸움
제14장 강화 성립
제15장 화평 다시 한번 깨다
제16장 이른바 오사카 하진의 시작
제17장 카타야마 도묘지 부근의 싸움
제18장 야오 와카에의 싸움
제19장 오카야마 덴노우지 입구의 싸움
제20장 오사카성 함락 도요토미씨 완전히 망하다
제21장 낙성 보충 설명

도쿠토미 이치로(德富猪一郎). 『근세 일본 국민사』 民友社, 1935, JPN 552 13

도쿠토미 이치로(德富猪一郎). 『근세 일본 국민사』 民友社, 1935, JPN 552 14

목차
제1장 도쿠가와 막부의 대외 정책
제2장 다테 마사무네의 유럽 견사
제3장 견사 일행의 귀국
제4장 금교령
제5장 예수교 순교자
제6장 이른바 무역선
제9장 서포 양국과의 교제 단절
제10장 쇄국령
제11장 예수교도에 대한 박해
제12장 시마바라전투의 원인
제13장 제1차 정벌군의 실패
제14장 제2차 정벌군의 향발
제15장 제2차 총공격의 시작
제16장 농민반란 평정
제17장 시마바라 전투 후의 대외 정책
제18장 재외 일본인
제19장 명걸원의 형편
제12장 쇄국 정책의 결국

도쿠토미 이치로(德富猪一郎). 『근세 일본 국민사』 民友社, 1935, JPN 552 15

도쿠토미 이치로(德富猪一郎). 『근세 일본 국민사』 民友社, 1936, JPN 552 16

도쿠토미 이치로(德富猪一郎). 『근세 일본 국민사』 民友社, 1936, JPN 552 17

겐로쿠 시대 정치편 간행에 관하여
목차

제1장 장군 츠나요시 취직
제2장 츠나요시의 인물과 시정
제3장 홋타 마사토시
제4장 마사토시 사후 츠나요시 주위의 3인
제5장 츠나요시의 호학
제6장 공무 관계
제7장 고코우묘 천황
제8장 츠나요시와 조정과의 관계
제9장 츠나요시의 생류연민령
제10장 화폐 개주
제11장 화폐 개주와 그 영향
제12장 막부의 정치에 미치는 부인의 세력
제13장 류코 승정
제14장 마끼노 나리사다
제15장 야나기사와 요시보와 여성
제16장 야나기사와 요시보의 인물 제17장 요시보의 은퇴
제18장 츠나요시의 최후
제19장 츠나요시의 인물

도쿠토미 이치로(德富猪一郞). 『근세 일본 국민사』 民友社, 1936, JPN 552 18

겐로쿠 시대 의사편 간행에 관하여
목차
제1장 겐로쿠 시대의 태평 기분
제2장 아사노가와 기라가
제3장 복수 사건의 발단
제4장 아코 개성
제5장 오오이시 요시오
제6장 다시 평정
제7장 의도에도에 모이다
제8장 탈맹 퇴피의 무리
제9장 46사의 습격
제10장 사건 및 사건후의 관찰

제11장 의사에 대한 세상의 동정
제12장 의사의 처분
제13장 의사와 모범적 가족
제14장 의사 부인론
제15장 의사 시인론
제16장 겐로쿠 시대의 무사 기질
제17장 겐로쿠 시대의 하타모토
제18장 외국인이 본 겐로쿠 시대

도쿠토미 이치로(德富猪一郎). 『근세 일본 국민사』 民友社, 1936, JPN 552 19

겐로쿠 시대 상편 간행에 관하여
목차
제1장 상업 도시로서의 오오사카의 발달
제2장 오오사카 쌀시장 및 미곡상
제3장 교통의 발달
제4장 벼락 부자 발흥 시대
제5장 사리의 풍조
제6장 색과 돈의 시대
제7장 유곽의 발달
제8장 겐로쿠 사조 한 면의 표본
제10장 죠루리의 발달
제11장 향락 기분 전성의 시대
제12장 학문 및 서적
제13장 이하라 사이카쿠
제14장 사이카쿠를 통하여 보이는 겐로쿠 시대상
제15장 치카마쓰 몬자에몬
제16장 치카마쓰와 사이카쿠
제17장 바쇼의 일생
제18장 바쇼의 인물 및 감화
제19장 그림의 발달

도쿠토미 이치로(德富猪一郎). 『근세 일본 국민사』 民友社, 1936, JPN

552 20

도쿠토미 이치로(德富猪一郎). 『근세 일본 국민사』 民友社, 1936, JPN 552 21

제1장 도쿠가와 요시무네
제2장 요시무네 저술이라는 2책
제3장 요시무네의 장군직 승계
제4장 요시무네의 시정
제5장 조선사 내빙
제6장 요시무네 시대의 밀무역
제7장 요시무네의 재정 정리에 관한 제방책
제8장 목표 설치 및 그 효과
제9장 요시무네시대의 쌀가격 조절 의견
제10장 미가 조절의 실시
제11장 미가 조절의 빈혈
제12장 풍치 및 문교
제13장 문무 양도의 장려
제14장 난학의 발흥
제15장 문교 보급의 큰 역할
제16장 이른바 소라이학
제17장 소라이학의 공적과 과실

도쿠토미 이치로(德富猪一郎). 『근세 일본 국민사』 民友社, 1936, JPN 552 22

호레키 메이와 시대편
목차
제1장 요시무네와 그 상속자
제2장 국학의 창시자
제3장 국학의 시작
제4장 막부의 조정 압박
제5장 은상 사건의 시작
제6장 다케우치 시키부의 학설

제7장 모모조노 덴노의 스이카신도 강학 문제
제8장 천황의 신서 열심
제9장 섭정가 일파의 반대 운동
제10장 천황과 섭정가의 충돌
제11장 다케우치 시키부의 죄안
제12장 시키부 일파 일제 처벌
제13장 막부측에서 교토의 전단에 대한 이견
제14장 다케우치 시키부의 교토 상경
제15장 시키부의 죄안과 처벌
제16장 야마가케 다이지와 그 사상
제17장 메이와 사건의 기단
제10인 일파처벌
제19장 존왕척사의 사조

도쿠토미 이치로(德富猪一郎). 『근세 일본 국민사』 民友社, 1936, JPN 552 23

역사 편수 우언
타누마 시대 간행에 관하여
목차
제1장 타누마 시대 개관
제2장 난학을 일으킨 두 사람
제3장 난학 융성의 현상
제4장 난학의 대성자
제5장 히라가 겐나이
제6장 북방 조금씩 다사
제7장 러시아의 대일본 야심
제8장 중앙과 지방
제9장 히고번의 재정 쇄신
제10장 호소카와 조메톨의 서 정일 신
제11장 도쿠가와 하루사다
제12장 우에스기 하루노리와 그 번정{1}
제13장 우에스기 하루노리와 그 번정{2}
제14장 모우리 시게나리와 그 번정

제15장 막부 재정의 퇴조
제16장 각종 사업의 관개
제17장 퇴폐기분의 횡일
제18장 재난과 천재
제19 행운 타누마 시대의 끝

도쿠토미 이치로(德富猪一郎). 『근세 일본 국민사』 民友社, 1936, JPN 552 24

도쿠토미 이치로(德富猪一郎). 『근세 일본 국민사』 民友社, 1936, JPN 552 25

도쿠토미 이치로(德富猪一郎). 『근세 일본 국민사』 民友社, 1935, JPN 552 29

도쿠토미 이치로(德富猪一郎). 『근세 일본 국민사』 民友社, 1935, JPN 552 34

도쿠토미 이치로(德富猪一郎). 『근세 일본 국민사』 民友社, 1935, JPN 552 35

공무 합체편 간행에 관하여
목차
제1장 공무 합체의 추세
제2장 아베 마사히로의 정치가적 본심
제3장 미선의 일본 연안측 범소 천
제4장 홋타 마사요시 외교관이 되다
제5장 개국론의 변천
제6장 하리스 도래
제7장 화란인의 충고
제8장 하리스의 지구적 결심
제9장 점차 개국의 세 이루어진다
제10장 진보하는 통상 무역론
제11장 하리스의 상경 문제

제12장 화란인의 충고와 하리스 권세
제13장 홋타 유히의 외교 의견
제14장 막부,사츠마 혼인 문제
제15장 마쓰다이라 요시나가의 히토쓰바시 옹립운동{1}
제16장 마쓰다이라 요시나가의 히토쓰바시 옹립운동 {2}
제17장 아베 사인의 임종

도쿠토미 이치로(德富猪一郎). 『근세 일본 국민사』 民友社, 1935, JPN 552 36

도쿠토미 이치로(德富猪一郎). 『근세 일본 국민사』 民友社, 1935, JPN 552 37

안세이 조약 체결편 간행에 관하여

목차

제1장 막부의 외교 자문
제2장 미토파의 움직임
제3장 제가의 답중
제4장 하리스 중립에서 자문
제5장 홋타, 하리스의 요구를 들어주다
제6장 일미 조약 담판의 준비
제7장 제1차 일미 조약 담판
제8장 제2차 일미 조약 담판
제9장 제3차 일미 조약 담판
제10장 제4차 일미 조약 담판
제11장 제5차 일미 조약 담판
제12장 제6차 일미 조약 담판
제13장 제7차 일미 조약 담판
제14장 제8차 일미 조약 담판
제15장 제9차 일미 조약 담판
제16장 제10차 일미 조약 담판
제17장 제11차 일미 조약 담판
제18장 제12차 일미 조약 담판
제19장 일미 조약 담판 종결

도쿠토미 이치로(德富猪一郎). 『근세 일본 국민사』 民友社, 1935, JPN 552 38

제1장 다카아키 천황의 일
제2장 교토 정치상의 중심
제3장 시마즈 나리아키의 진보적 의견
제4장 안세이 조약의 반대자와 막부의 다이묘
제5장 막사 상경
제6장 교토의 형세
제7장 홋타 마사요시의 상경
제8장 홋타 일행의 운동
제9장 홋타에 대한 조정의 태도
제10장 히토쓰바시 옹립파의 운동
제11장 반 히토쓰바시파의 운동
제12장 조정의 논의 일변의 기회
제13장 세자 문제의 진전
제14장 쿠조 관백의 태도 변경
제15장 쿠조 관백 반대 운동
제16장 홋타 마사요시의 칙허 재촉 운동
제17장 교토에 있어서 세자 문제의 형세
제18장 홋타 빈손으로 돌아가다

도쿠토미 이치로(德富猪一郎). 『근세 일본 국민사』 民友社, 1935, JPN 552 39

제1장 이이 나오스케와 당면의 두 문제
제2장에도에 있어서 기슈 히토쓰바시 양파의 활동
제3장 이이 나오스케 다이로가 되다
제4장 일미 조약 조인 연기 문제
제5장 요우쿤 기슈에 결정
제6장 이이 다이로의 반대파 압박 시작
제7장 칙답에 대한 많은 사람들 의견
제8장 히토쓰바시파의 궁책

제9장 양군 결정 발표
제10장 일미 조약 조인
제11장 조약 조인에 대한 반대 운동
제12장 히토쓰바시 요시노부의 이이 힐책
제13장 오하리, 미토 양번주의 불시 등성
제14장 불시 등성의 여파
제15장 봉서 조정에 도달하다
제16장 이이의 오하리, 미토,에치고 처분
제17장 장군가문의 근친인 번 다이로 소환 조정의 명령
제18장 시마즈 나리아키라의 대 시국책

도쿠토미 이치로(德富猪一郎). 『근세 일본 국민사』 民友社, 1935, JPN 552 40

안세이 대옥 전편 간행에 관하여
목차
제1장 몬부 사카이의 상경 결정
제2장 이이의 미토 압박
제3장 교토에 있어서 지사 논객
제4장 칙설 강하 운동
제5장 다시 한번 양위 요청
제6장 칙사 미토에 내려가다
제7장 칙명의 전달
제8장 칙명에 대한 미토의 태도
제9장 나가노 요시코토의 활동
제10장 에도 막부의 강경 정책
제11장 쿠조 관백의 직 문제
제12장 에도측의 쿠조 관백 억류 운동
제13장 이이 몬부의 반배파 타격책
제14장 나가노의 지사 포박책
제15장 야나가와 세이간과 그 최후
제16장 우가이 부자의 포박
제17장 아리마 신시치등의 운동
제18장 미토번 유지의 시론과 운동

도쿠토미 이치로(德富猪一郎). 『근세 일본 국민사』 民友社, 1936, JPN 552 41

안세이 대옥 중편 간행에 부쳐

목차

제1장 이이 파대 반 이이파의 정세

제2장 교토의 근황

제3장 교토에 있어서 사카이 아베의 태도

제4장 이이측의 아베 관

제5장 쿠조 나오타다 복직

제6장 마베의 참내와 상소

제7장 마베의 기만책

제8장 마베의 좌절

제10장 그 후의 마베의 상소

제11장 마베 운동의 일단락

제12장 조정 관리의 석명 운동

제13장 조정의 관리 처분 문제

제14장 주상 주변 일소책

제15장 조정의 관리의 처분

제16장 주상의 관대한 은전

제18장 낙방 문제의 결정

제19장 주상의 조정 관리 연민

도쿠토미 이치로(德富猪一郎). 『근세 일본 국민사』 民友社, 1936, JPN 552 42

도쿠토미 이치로(德富猪一郎). 『근세 일본 국민사』 民友社, 1936, JPN 552 43

사쿠라다 사변 간행에 관하여

목차

제1장 사쿠라다 사변의 기원

제2장 미토, 사츠마 번사의 교섭

제3장 미토, 사츠마 유지의 격앙
제4장 미토 번중의 형세
제5장 유지의 의거 실행안
제6장 의거계획의 정체
제7장 조칙 환취 문제
제8장 미토 번중의 조칙 반납론
제9장 의거의 진행
제10장 미토 진격 양파의 충돌
제11장 격파 영수의 탈출
제12장 실행 준비 완전히 이루어지다
제13장 3월 3일의 활극
제14장 의도의 자수
제15장 가네코 마고지로의 수감
제16장 다카하시와 아리무라와의 최후
제17장 의도의 심문 처형
제18장 거사에 대한 여론
제19장 이이의 인물과 사쿠라다 사변의 결과

도쿠토미 이치로(德富猪一郎). 『근세 일본 국민사』 民友社, 1936, JPN 552 44

목 차

제1장 일러 통상 항해 조약 체결
제2장 일,영 일,불 통상 항해 조약 체결
제3장 일본해군의 창설
제4장 죠린마루 도미
제5장 견미 사절의 파견
제6장 미국에 있어서 견미 사절
제7장 견미 사절 돌아오다
제8장 요코하마 개항의 경위
제9장 요코하마항의 발달
제10장 금은화 유실 문제
제11장 요코하마 개항 당초의 무역
제12장 사할린 문제

제13장 외국인 살상 문제
제14장 외교 당국자의 내면
제15장 단보 각국과의 조약 체결
제16장 러시아함의 츠시마 점거
제17장 츠시마 노함 퇴거
제18장 동선사 사건
제19장 일본 문화의 발달에 공헌한 도래 외국인

도쿠토미 이치로(德富猪一郎). 『근세 일본 국민사』 民友社, 1936, JPN 552 45

쿠세 안도 집정 시대의 간행에 관하여
목차
제1장 이이 횡사후의 정치상
제2장 미토번의 내부 사정
제3장 가즈노미야 강하 문제의 발단
제4장 막부의 천황가 결혼 다시 원하다
제5장 다시 한번 미토 조칙 환취 재원 문제
제6장 막부의 천황가 결혼 강청
제7장 가즈노미야 결혼 이면 운동자
제8장 가즈노미야 결혼의 경위
제9장 막부의 천황가 결혼 재촉 운동
제10장 막부의 천황가 결혼 공식 주청
제11장 천황가 결혼 문제의 대 정체
제12장 천황가 결혼 결정
제13장 천황의 동쪽 진출기 정체
제14장 가즈노미야 동쪽 진출
제15장 가즈노미야에도 도착
제16장 가즈노미야에도 입성
제17장 장군 막각 서약서를 올리다
제18장 성혼후 막부의 가즈노미야 대우 문제
제19장 궁정의 상황

도쿠토미 이치로(德富猪一郎). 『근세 일본 국민사』 民友社, 1936, JPN

552 46

분큐 대세 일변 상편 간행에 관하여

목차
제1장 이노에 다쓰마루 맹약
제2장 맹약후 미토, 쵸슈 양번사의 교섭
제3장 오오하시 도쓰안 등의 운동
제4장 사카시타 문밖의 사변
제5장 기요카와 하치로우의 운동
제6장 교토에 있어서 나가이 가가쿠의 운동
제7장에도에 있어서 나가이 가가쿠의 운동
제8장 사츠마번의 운동 시작
제9장 오쿠보 이치조의 교토 분주
제10장 사츠마 정충조 좌익의 운동
제11장 사츠마, 쵸슈 번사의 교섭
제12장 사츠마번의 사이고 타카모리 기용
제13장 상국에 있어서 사이고 타카모리
제14장 시마즈 히사미쓰 입경
제15장 제번 지사의 경기 의거 책동
제16장 기요카와 일파의 분리
제17장 쵸슈 반나가이파의 운동
제18장 지사의 입경
제19장 데라다옥 사건

도쿠토미 이치로(德富猪一郎). 『근세 일본 국민사』 民友社, 1936, JPN
552 47

분큐 대세 일변 중편 간행에 관하여

목차
제1장 데라다옥 사변의 뒷수습
제2장 이이 정책의 붕괴
제3장 마쓰다이라 요시나가의 재 집권
제4장 모우리씨의 교토 운동
제5장 나가이 가가쿠의 실각

제6장 칙사 동쪽으로 결정
제7장 칙사의 사명
제8장 칙사에도에 향함
제9장 쵸슈번의 정책 변경
제10장에도에 있어서 오오하라 칙사와 시마즈 히사미쓰
제11장 막부의 칙지 봉승
제12장 후견 및 총재직과 칙사 회견
제13장 시마즈 히사미쓰가 관계한 운동의 나쁜 결과
제14장 모우리씨의 전향 수단
제15장 모우리 사다히로에도에 들어간다
제16장 생보리 사건 일어난다
제17장 생보리 사건에 대한 막부의 처치
제18장 오오하라 시마즈의 귀경 복명
제19장 아손의 공적

도쿠토미 이치로(德富猪一郞). 『근세 일본 국민사』 民友社, 1936, JPN 552 48

분큐 대세 일변 하편 간행에 관하여
목차
제1장 요코이 고구스의 활동
제2장 마쓰다이라 가타모리 교토 수호직이 되다
제3장 토사번의 근황론대두
제4장 토사번에 교토 수위 내칙 내리다
제5장 양이 독촉 칙사에도행 결정 전말
제6장에도에 있어서 개국론
제7장 막부의 개국 결정
제8장 칙사 대우 개선과 마쓰다이라 슌고쿠 사직 문제
제9장 정권 반납론 일어나다
제10장 히토쓰바시 요시노부 사직 문제
제11장 산조 아네가코우지 정부 칙사에도행
제12장 막부의 양이 칙서 봉승 결정
제13장 요코하마 재류 외국인 습격
제14장 칙사 입경 직전의 막부

제15장 칙사에도 입경
제16장 시마즈 히사미쓰 상경 재촉 문제
제17장 장군 칙서 봉승
제18장 천황 친정의 시기 다가오다
제19장 양이 지사의 실행 수단

도쿠토미 이치로(德富猪一郎). 『근세 일본 국민사』 民友社, 1936, JPN 552 49

존왕양이편 간행에 관하여
목차
제1장 존양론 점점 우세
제2장 가타모리 요시노부의 입경
제3장 조정에 있어서 양파 세력의 성쇄
제4장 사츠마번 태도의 표명
제5장 오쿠보의 운동
제6장 요우도우 슌고쿠 입경
제7장 양이 기한 결정
제8장 쵸슈번이 치루는 희생
제9장 제 다이묘 소집 자문
제10장 과격파의 시위운동과 그 처분
제11장 장군의 입경 참내
제12장 카모 행차와 기후의 형세
제13장 시마즈 히사미쓰의 내거
제14장 장군 이에모치의 체경
제15장 이와시미즈 행차 순서
제16장 이와시미즈 행차 후의 정세
제17장 양이 문제에 대한 막부의 진의
제18장 히토쓰바시 요시노부의 사표 제출 문제

도쿠토미 이치로(德富猪一郎). 『근세 일본 국민사』 民友社, 1936, JPN 552 50

도쿠토미 이치로(德富猪一郎). 『대전후의 세계와 일본』 民友社, 1920,

JPN 577

목차

미리 독자 제군의 주의를 청함
제1장 세계 대전후에 있어서 일본 제국
제2장 세계 대전의 진상
제3장 독일은 왜 패배자가 되었는가
제4장 영국은 왜 승리자가 되었는가
제5장 세계 대전의 영향
제6장 러시아 혁명의 원인
제7장 러시아 혁명의 폭발
제8장 볼세이즘
제9장 미국과 세계 대전
제10장 파리 회의의 대역할
제11장 파리 회의의 경과
제12장 대러 정책인가 대러 무정책인가
제13장 파리 회의의 소득
제14장 세계 대전의 효과
제15장 영국과 노동자
제16장 구미에 있어서 노동자의 추세
제17장 세계에 있어서 경제적 영향,
제18장 세계 대전이 가져다준 악화
제19장 악화가 겹쳐지는 자
제20장 대전후의 영국
제21장 영국과 미국
제22장 애난 문제
제23장 영미의 각축
제24장 전후의 일본
제25장 일미의 관계
제26장 배일의 형편
제27장 일미 갈등의 결과여하
제28장 죽음 중에 생이 있다

도쿠토미 이치로(德富猪一郎). 『소호 자서전』 中央公論社, 1935, JPN

88

소호 자전 목차

제1장 성장과 유년 시대
제2장 촌숙 면학 시대와 양학교 시대
제3장 상경 및 도시샤 유학 시대
제4장 귀향과 오오에 의숙의 창립
제5장 상경과 이타가키 백작 및 여러분
제6장 <장래의 일본> 출판< 국민 지우> 창간 당시
제7장 국회 개설전의 정계와 나
제8장 <국민 신문> 발간 시대
제9장 의회 정치 초기의 정계와 나
제10장 청일 전쟁 시대와 나
제11장 일러 전쟁전의 정국과 나 {상}
제12장 일러 전쟁전의 정국과 나 {하}
제13장 청일 전쟁 시대와 나
제14장 가츠라 공의 정당 조직 시대와 나
제15장 적어 남길 수 있는 추억을 주우며
제16장 정계 절연과 입언자
제17장 관동 대지진과 재난 시대
제18장 국민 신문사 퇴거 이후
제19장 나의 저작·문장 및 서
제20장 스스로를 해부 {상}
제21장 스스로를 해부 {하}

도쿠토미 이치로(德富猪一郎). 『소화 일신론』 民友社, 1927, JPN 420

도쿠토미 이치로(德富猪一郎). 『신일본과 청년』 民友社, 1896, JPN 608

서

신 일본의 청년 서
신 일본의 청년의 서문
삼판 신 일본의 청년의 일러두기

일러두기
목차
일본지 청년
제19 세기 일본의 청년 및 교육
제1회 사회 및 그 계승자
제2회 유신 전후 학문 및 교육의 변천 상
제3회 유신 전후 학문 및 교육의 변천 하
제4회 지금의 이른바 교육 주의
제1 복고 주의
제2 편지주의
제3 절충주의
제5회 절충 주의를 반박함
제6회 학문 및 교육 세계의 현상을 일변시킬 수는 없다
제7회 그렇다면 어떻게 바꿀 것인가
제8회 제19 세기 일본의 청년
신 일본지 청년 부록
발

도쿠토미 이치로(德富猪一郎). 『정치가로서의 가츠라 공』 民友社, 1913, JPN 694

목차
아아 가츠라 공 세상을 떠나다
가츠라 공의 관을 보내며
병상에 있어서 가츠라 공
걱정의 막
결코 걱정하게 않는다
도와주어야 합니다
데라우찌백에의 전언
처음에는 비관하다
가츠라 공의 눈물
병상 악화
훌륭한 왕생
가츠라 공 죽지 않는다

정치가로서의 가츠라 공
등단
공의 가계와 가정
유신전의 가츠라 공
공의 첫번째 양행
공의 귀국과 다시 한번 양행
공의 육군 시대
가츠라와 가와카미와의 비교
의회 개설 전후의 가츠라 공
일청 전쟁 당시의 가츠라 공
정치적 생활의 제1보
처음으로 육군 장관이 되다
한판 내각에 있어서 가츠라 공
제2 야마가타 내각에 있어서 가츠라 공
북청사변에 있어서 가츠라 공
정우회 내각 성립 당시의 가츠라 공
제1 가츠라 내각의 출현
재정 정리와 일영 동맹
일영 동맹 체결
제1 가츠라 내각과 정우회
의회 해산후의 타협
러일전쟁의 시작
일러 전쟁과 그 결말
제2 가츠라 내각의 출현
제2 가츠라 내각의 성적
정우회와의 정의 투합
공의 외국여행과 선제 붕어
반 가츠라의 공기와 공의 내부 입각
이사단 문제와 제3 가츠라 내각
정우회론
제3 가츠라 내각의 곤혹
야마모토백 정계에 출현
가츠라 내각의 와해를 논평하다
가츠라 공의 정상등기

정당 수령으로서의 가츠라 공-결론
가츠라 공 연보

동경지방재판소. 『흉도취중 피고사건 예심기록, 第1 ~ 3』 [동경지방재판소 편], 1905, JPN 270

동경행정학회. 『제국 외교 조약집 : 신동아건설을 중심으로』 玄文社, 1940, JPN 741

로야마 마사미치(蠟山政道). 『비교정치 기구론 / 118』 岩波書店, 1950, JPN 174

목차

서문
제1장 그리스·로마 및 중세에 있어서 정치 기구론의 개관
1 그리스 정치학에 있어서 국가 분협론
2 로마 제국 및 고로마교회 시대에 있어서 정치 기구론
3 중세에 있어서 제국 이론의 형성과 붕괴
제2장 근대에 있어서 정치 기구의 기본적 발전
1 르네상스 및 종교 개혁 시대에 있어서 정치 기구론의 동향
2 계몽 사조 시대에 있어서 정치 기구론의 중점
제3장 국민적 형태에 있어서 정치 기구론의 성립
제1절 근대 민주 혁명과 정치 기구론
1 영국 혁명후에 있어서 정치 기구론
2 아메리카 혁명의 본질과 정치 기구론
3 대 혁명과 프랑스에 있어서 정치 기구론
제2절 독일 및 일본에 있어서 정치 기구론
1 독일관 민간가의 형성과 정치 기구론
2 일본에 있어서 정치 기구론의 특수성
제4장 현대에 있어서 정치 기구의 비교
제1절 대표제 데모크라시의 정치 기구
제2절 파시즘의 정치 기구
제3절 공산주의의 정치 기구
문헌

색인

마루야마 구니오(丸山国雄). 『현대 일본 외교사 / 7』 三笠書房, 1941, JPN 189

마츠다 고(松田甲). 『조선잡기 만록총화』 朝鮮總督府, 1929, JPN 762

마츠모토 다케히로(松本武裕). 『소위 히비야 반란 사건의 연구/ 제50호』 司法省刑事局, 1939, JPN 670

머리말
제1장 사건의 원인
제1절 정치 정세
제2절 사회주의 운동
제3절 조약 문제
제2장 사건의 개요
제1절 히비야 국민 대회
제2절 시민 소란의 전말
제3절 폭동의 진압 대책
제3장 사건의 영향
제1절 소란의 파급
제2절 소란과 정부의 책임 문제
제4장 사건의 검거
제1절 검거의 개요
제2절 수사의 단서와 결함
제3절 국민 대회 간부의 검거
제4절 폭행 경찰관의 처분 문제
제5장 사건의 심리
제1절 예심
제2절 공공
부록
{1} 일람표
{2} 법규
{3} 검사 서류

{4} 예심 서류
{5} 판결
사상 연구 자료 발행 목록

마츠모토 켄지로(松本健次郎). 『부소 여운』 , 1935, JPN 566

논어 수필
일기초
불구의 객지
때에 따라서
토바타시 청년단
여자 교육에 관하여
자손에게 남긴다
예인선
사업 약력
연보

마츠무라 가이세키(松村介石). 『경세시론』 救濟新報社, 1890, JPN 483e2

마츠무라 가이세키(松村介石). 『속경세시론』 救濟新報社, 1900, JPN 449e2

마키노 노부아키(牧野伸顕). 『회고록』 文藝春秋新社, 1948, JPN 31 v.1

마키노 노부아키(牧野伸顕). 『회고록』 文藝春秋新社, 1948, JPN 31 2

1 이태리 재류
2 「빈」 재근
1 오스트리아의 국정,발칸 반도의 정세
2 의화단 사건,일영 동맹
3 카이젤과 에드워드7세,세르비아 황제 암살 사건
4 일러 교섭 {속}, 마니아와의 조약 체결 문제,발틱 함대,선전전
5 터키와의 조약 체결 문제에 관하여

6 러시아 대사와의 의체 문제 그 밖에
7 러시아의 내부 사정,파란의 형세
8 러일전쟁의 여파
3 교육부 장관 시대
1 내각조직 당시에 관한 감상
2 취임 당시의 감상
3 미술 전람회에 관한 것
4 외국어에 관한 것
4 추밀 고문관 시대
5 농 상무 장관 시대
6 명치 천황의 붕어

부기
후기

마키노 노부아키(牧野伸顕). 『회고록』 文藝春秋新社, 1948, JPN 31 3

무라마츠 쇼후(村松梢風). 『아키야마 데이스케(秋山定輔)는 말한다』 大日本雄辯會講談社, 1938, JPN 580

무라야마 지준(村山智順). 『조선의 귀신 : 민간신앙 第1部 / 第1部』 朝鮮總督府, 1929, JPN 734

무양량. 『朝鮮事情』 有吉三七, 1934, JPN 751

미노베 다츠키치(美濃部達吉). 『(개정)헌법개요』 有斐閣, 1946, JPN 586e2

목 차

제1장 기초 관념
제1절 법의 본질
제2절 국가
제3절 통치권
제4절 국가의 기관

제5절 정체
제6절 헌법
제2장 총론
제1절 일본 헌법의 역사적 유래
제2절 일본 헌법의 기원
제3절 일본의 정제
제4절 일본의 영토
제5절 일본국민
제3장 천황
제1절 황위 계승
제2절 천황의 대권
제3절 황실
제4절 천황의 대표기관
제5절 천황의 보필 기관
제6절 천황의 고문 기관
제4장 제국 의회
제1절 의회의 국법상의 성질
제2절 의회의 구성
제3절 의회의 권한
제4절 의원법
제5장 국가의 작용
제1절 총론
제2절 법률
제3절 명령 및 조약
제4절 사법
제5절 회계

미야자와 도시요시(宮澤俊義). 『일본국헌법 / 1』 東京 : 日本評論新社, 1955, JPN 302

범례
목차
일본국헌법의 생장
상유

전문
제1장 천황
제2장 전쟁의 포기
제3장 국민의 권리 및 의무
제4장 국회
제5장 내각
제6장 사법
제7장 재정
제8장 지방자치
제9장 개정
제10장 최고 법규
제11장 보칙
참고 문헌
사항 색인

미야자키 도텐(宮崎滔天). 『33년의 꿈』 文藝春秋社, 1943, JPN 450

목차

반평생 꿈을 깨고 낙화를 생각하다
고향의 산천
나의 가정
중학교 및 오오에 의숙
예수교도가 되다
사상의 변천과 첫사랑
방침 정해지다
꿈 속의 고향
무위의 4년간
샴 원정
귀국중의 3개월
제2샴 원정
아아 둘째형은 죽고
새로움을 구하고
다시 한번 꿈 속의 고향
흥중회 두령 손일선

초보 외교가
강유를 위해 일본에 들어가다
남양의 풍운과 우리 당의 활동
형세 급전
대거 남정
싱가폴의 입옥
사도마루 선중
경륜 서책 모조리 찢고
손일선에게 주는 글
혜주 사건
낙화의 노래
부친의 사망에 관한 것들-미야자끼 류스케

미야케 세츠레이(三宅雪嶺). 『동시대사』 岩波書店, 1949, JPN 269 1

미야케 세츠레이(三宅雪嶺). 『동시대사』 岩波書店, 1950, JPN 269 2

미야케 세츠레이(三宅雪嶺). 『동시대사』 岩波書店, 1950, JPN 268 3

미우라 데츠타로(三浦鉄太郎). 『세계전환사』 東洋經濟新報社, 1944, JPN 120

제1편 베르사이유 체제의 붕궤
제1장 미국 참전 전후에 있어서 평화 운동
제2장 윌슨의 세계신질서 구상
제3장 휴전 상비 교섭의 경과
제4장 평화없는 베르사이유 조약
제5장 국제 연맹의 난산
제6장 암흑의 배상 문제
제7장 군축 새로운 국가 제조 및 기타 문제
제8장 현재 상태 유지의 비극
제2편 근대 정신과 경제적 세계 체제의 출현
제1장 르네상스의 준비기
제2장 근대 정신의 탄생

제3장 자본주의와 자유주의의 기원
제4장 근대국가의 형성
제5장 불난서 대혁명의 이중성{상}
제6장 불난서 대혁명의 이중성{하}
제7장 산업 혁명과 영국의 우위
제8장 미국의 융성과 몬로주의
제9장 영국의 경제적 세계 제패
제10장 규슈 재건과 자유주의의 발전
제3편 세계 대전의 사적 의의
제1장 적극적 민주의의 등장
제2장 자본주의의 독점 체제화
제3장 제국주의와 지구분할의 완성
제4장 제1차 대전과 러시아 혁명
제5장 미국 독립 주의의 파국
제6장 제2차 대전과 광역권 체제 사상
제7장 신시대의 방향

미시나 쇼에이(三品彰英). 『조선 고대연구 : 제1부 신라화랑의 연구』 三省堂, 1943, JPN 732 v.1

백 남운. 『조선 사회 경제사 / 第61巻』 改造社, 1933, JPN 742

사상의 과학연구회. 『나의 철학』 中央公論社, 1950, JPN 431 v.2

나의 철학 속 목차
발간의 말
편집자의 각서
후루야 노부코 {대중과 함께 즐거워하고 슬퍼하다}
요시카와 에이지 {본질을 구하다}
도쿠가와 무세이 {노력을 피하다}
산유테이 긴바 {도쿄 토박이의 신조}
시미즈 시카{천황 폐하를 아주 좋아하다}
다케히사 지에코 {분수에 마추다}
야마모토 가지로 {합리의 극치}

쇼리키 마츠타로 {선인선과 }
후지쿠라 슈이치 {백화점형}
미후네 구페{마음은 명경과 같다}
콘고 이와이 {후에 오는 자를 위해}
카와이 칸타로{기계는 새로운 육체}
시가 이사오 {마음 깊이 믿음이 있고}
키시베 요시오 {천신님과 지장씨}
하니 세쓰코 {왜 모두 아이가 태어나는게 아닐까}
시데하라 기주로우 {의무}
마쓰타니 덴코코 {정의의 표현}
아베 도모지 {허무.풍숙.역사}
미야지 {노래의 임종}
미요시 타츠지 {감동}
아카이와 사카이 {기숙}
아키타 우자쿠 {항상 죽고 항상 살다}
마쓰다 도키코 {산다고 하는 것}
아사카와 토오루{거짓 민주주의를 배제하다}
다카쿠라 테루{혁명 운동은 즐겁다}
세끼네 히로시{패전의 아픔 속에서}

사상의 과학연구회. 『나의 철학』 中央公論社, 1950, JPN 431 v.2

나의 철학 속 목차
발간의 말
편집자의 각서
후루야 노부코 {대중과 함께 즐거워하고 슬퍼하다}
요시카와 에이지 {본질을 구하다}
도쿠가와 무세이 {노력을 피하다}
산유테이 긴바 {도쿄 토박이의 신조}
시미즈 시카{천황 폐하를 아주 좋아하다}
다케히사 지에코 {분수에 마추다}
야마모토 가지로 {합리의 극치}
쇼리키 마츠타로 {선인선과}
후지쿠라 슈이치 {백화점형}

미후네 구페{마음은 명경과 같다}
콘고 이와이 {후에 오는 자를 위해}
카와이 칸타로{기계는 새로운 육체}
시가 이사오 {마음 깊이 믿음이 있고}
키시베 요시오 {천신님과 지장씨}
하니 세쓰코 {왜 모두 아이가 태어나는게 아닐까}
시데하라 기주로우 {의무}
마쓰타니 덴코코 {정의의 표현}
아베 도모지 {허무.풍속.역사}
미야지 {노래의 임종}
미요시 타츠지 {감동}
아카이와 사카이 {기숙}
아키타 우자쿠 {항상 죽고 항상 살다}
마쓰다 도키코 {산다고 하는 것}
아사카와 토오루{거짓 민주주의를 배제하다}
다카쿠라 테루{혁명 운동은 즐겁다}
세끼네 히로시{패전의 아픔 속에서}

사토 요시스케(佐藤義亮). 『약자의 소리』 新聲社, 1901, JPN 383

상설전시경제간화회. 『조선 경제통제문답』 東洋經濟新報社, 1941, JPN 753

센다 리지조(千田理示造). 『사변사건사 : 명치, 대정, 소화』 森田書房, 1936, JPN 372

세키노 다다시(關野貞). 『조선미술사』 朝鮮史學會, 1932, JPN 778

세키노 다다시(關野貞). 『조선의 건축과 예술』 岩波書店, 1941, JPN 735

소마 모토이(相馬基). 『동경 마이니치신문 70년사』 東京日日新聞社, 1941, JPN 561

서문
편집자의 서문
목차
서문
창업 시대

도쿄 매일 신문이 생겨날 때까지
후쿠치 오치의 등장
태정관 기사 용건 명령들
신사옥 이전과 후쿠치의 종군
헌법논의 고군 분투
후쿠치의 은퇴와 그 후
경영 이토의 손으로 이전된다
이토가 훈령한 집필 요지
의회와의 충돌
청일 전쟁을 중심으로
아사히나의 외국여행과 그 무렵의 내정
9천호 기념과 일러 전쟁
가토 타카아키 시대
마침내 이전된다
조금씩 위력을 발휘
사옥 및 공장의 신축
발전 도상의 삽화
관동 대지진과 부흥
문화 공헌의 노력
오가이,류노스케,히로시와의 관계
석간의 발행과 읽을거리.삽화
황태자 성혼 기념 문화상의 제정
대정으로부터 소화에
대전과 전송 사진의 훌륭한 업적
일본 팔경의 선정
투표 총수 9350만
소호의 입사
류케이,산샤,고이치넹,소호등을 마지하다

만주 사변 당시의 국론 지도
국론의 통일과 지도에 힘쓰다
국제 연맹 탈퇴와 동일의 언론
만주 사변에 있어서 보도진
본산의 죽음과 시사의 합동
중국 사변
황군 위문과 군사 우편기 헌납
국민사절으로서 다카이시 도미
세계 일주 대비행
일본호의 성공과 국제적 의의
동일 회관 이루어진다
기원2천백년 봉축 사업
동일의 사업 보국
국제 변국과 동일
신체제하의 동일
동일의 신조직 일람표
연도별 직원 종업원 총수 표
판매 조직의 변천
시내 출장소의 설치와 발전
발매 부수 100만부를 돌파
광고의 추이와 개혁
사내의 시설
동일70년 발전 연표
사회 봉사 지출표

소호선생고희축하기념간행회. 『(소호선생 고희축하)지우 신고』 民友社, 1931, JPN 97

백작 히가시후시미 구니히데 각하
고야산 아미타불 25 보살 내영고
도산 미후미고 및 그 역대 연수에 관하여
히젠 풍토기 이쿠마본
신황정통기를 토론
오다 도요토미 도쿠가와 삼공의 성격 개론

오다 노부나가의 복고 정치
후지와라 미우의 문집과 고인의 필적
명치 시대의 법제
유신사의 견해 12
조선 서적의 한 고찰
삼조 사화
조선인
일본인의 미술 감상
도쿠가와 초기의 지리서
미토학
작문 취미
일본 주택 잡위
고바야시씨
군자란
어버이 마음
평화 및 군축
대형 순양함의 운명
전쟁과 그 기록자
농업 진흥에 관한 근본 문제
가츠라 내각과 하마구찌 내각
감화 사업
사회 사업가의 정신
마음의 건강을 꾀하라
유물 사관론
별과 이야기한 시대
베네치야의 일본 사자
유럽 신문에 보여지는 첫 일본 기사
신문에 관하여
신문 통신에 관하여
현대 신문의 논단
정치가와 신문
신문 기자로서의 사마천
잡지 기자론
잡지 수업

신문지와 문장도
왜 < 국민> 을 석간 신문으로 했는가
고희를 축하하여 도쿠토미 소호옹에게 보내다
소년시대의 소호 군
도쿠토미 소호와 자식
소호 선생의 존재
소호형과 소생
도쿠토미 소호 선생에 관하여
민우사의 금난구
신문 기자 및 역사가로서의 소호 선생

슈크리 시게카즈(宿利重一). 『고무라 쥬타로 : 북경편』 春秋社, 1943, JPN 481

내 용

기지의< 13년>
  보라 운명의 진기함을
  중국 사변에 유도한다
연보
불우 시대
  그 무렵의 외교진
  천리마와 백두
  생명선의 수립에
  금시계도 주지 않고
  조선에서 만주로
  전쟁과 병참선과
  스파이를 중심으로
  정무 국장으로서
  외무 차관으로서
  만주를 저 밟다
  북경 다시 한번 북경에
  외무 대신
  가츠라 대장은 간망
  러시아 치는 것이 마땅하다

제안도 미온적이게
포츠머스 조약
가츠라-고무라-야마모토
국고 이미 궁핍
만주를 확보하라
인명 색인

스기야마 신조(杉山信三). 『조선의 석탑』 彰國社, 1944, JPN 772

스즈키 다케오(鈴木武雄). 『조선의 경제 13』 日本評論社, 1943, JPN 11085

스즈키 도시로(鈴木俊郎). 『(추상집)우치무라 칸조 선생』 岩波書店, 1934, JPN 87

목차

학창시절의 우찌무라 간조 군
우찌무라 군의 신앙의 대상인 성서의 신과 자연계의 신
우찌무라군과 나와의 정신적 관계
우찌무라 선생과 나

아버지의 성격
선생과 신학
우찌무라 간조 선생님에 관한 것
선생의 박덕
일본 기독교
인격과 손의 우찌무라 간조 선생
우찌무라 선생과 교회
예언자로서의 우찌무라 선생
우찌무라 선생을 아는 열쇠
진리와 지치부
우찌무라 선생
우찌무라 선생이 남기신 감화

우찌무라 선생의 기억
사숙자의 1인으로서
잊기 어려운 한 절
선생의 눈물
우찌무라 선생과 십자가의 은혜
내게 비친 우찌무라 선생의 모습
우찌무라 선생님에 관한 것
선생을 그리워함
십자가의 비난
우찌무라 선생을 그리워하다
우찌무라 선생의 기억
독일에 있어서 우찌무라 선생
우찌무라 선생과 맹인 교육
오해 인물으로서 우찌무라 선생
우찌무라 선생과 영문
의사로서 본 선생
우찌무라 선생의 신앙의 전 생애

근처에서 본 우찌무라 선생
가정인으로서의 아버지
아버지의 편지를 정리하고
우찌무라 선생과 나
백부를 그리워함
노래의 편지 왕래

제일 동우기 강담회의 추억
츠노하즈 시대의 추억
츠노하즈에서 카시와기로
교우회가 성립되고
선생에게 모기의 알이라고 불린 < 카시와회>
백우회에 있어서
카시와기 형제단
오오테마치 시대의 선생

이마이관에 관한 것
연보 약표
집필자 소개

시노부 세이자부로(信夫清三郎). 『근대 일본 외교사』 研進社, 1949, JPN 295

시마무라 호게츠(島村抱月)『신 일본구경 : 대만 사할린 조선 만주 청도』 金尾文淵堂, 1918, JPN 743

시모나카 야사부로(下中弥三郎). 『페루즈의 세계 일주 여행 : 1791년 4월 22일 법령에 의해 발행된, 권 1, 1797.』 平凡社, 1931, JPN 726 v.1

편집자 서문
편집자 머리말
1791년 2월 9일, 페루즈의 탐색을 위해 확정된 선박의 무장과 관련된, 국민의회의 법령
1791년 4월 22일, 보타니 만까지의 여행 중에, 페루즈에 의해 보내진 연락들과 카드들의 인쇄에 관한, 국민의회 법령
1785년 7월 라 페루즈 씨와 랑글 씨들의 명령에 따라 부솔 함과 아스트로라베 호에 승선한 장교들, 학자들, 예술가들, 선원들의 총체적 명부
부솔 함과 아스트로라브 함을 지휘하면서, 배의 선장 라 페르주 씨에게 특별한 지시를 하기 위한 왕의 의견서
첫번째장. 여행 계획, 혹은 항해 계획
두번째장. 정치 혹은 상업과 관련된 목표들
세번째장. 과학과 자연사의 서로 다른 분야와 관련된 활동들
네번째장. 다양한 국가의 원주민들과 접촉하는 행위들에 대하여
다섯번째장. 승무원들의 건강을 유지하기 위해 취해진 예방 조치들에 대하여
발췌문. 라 페루즈 씨에게 주어진 일반적 지시들
라 페루즈 씨에 대한 특별한 지시에 쓰이는 왕의 의견서에 첨부된, 지

리학적이고 역사적 문서들
남부 해양
남부 대서양
적도 대서양
북부 대서양
드 카스트리에 원수가 과학학회 평생 비서인 드 콩도르세 씨에게 보내는 편지
라 페루즈 씨의 명령에 따라 정박한 학자들에게 쓰여질 과학학회에 의해 작성된 연구보고서
기하학, 천문학, 기계공학
물리학
화학
해부학
동물학
광물학
식물학
특별한 관찰들
드 라 페루즈 씨의 세계 일주 여행을 동반한 학자들에게 의학협회에 의해 제시된 문제들
I. 해부학, 생리학
II. 위생학
III. 제 질병들에 대하여
IV. 의학 분야에 대하여
V. 외과학
드 라 페루즈 씨에 의해 전해진, 배에 실은 물 변질을 막기 위하여 행해진 실험 계획; 과학학회와 의학협회의 회원, 테시에 신부에 의해
그의 세계일주 여행의 작업에 원예사를 감독하기 위한 의견서; 식물원의 수석 원예사, 투잉 씨에 의해서
1 부. 프랑스로부터 운송할 식물의 선택과 특성, 그리고 재배
2 부. 유럽에 매우 유용할 수 있는 식물의 수확과 여행 중 그것들의 보존에 관하여
교환을 하기 위한 것뿐 아니라 선물로 주기 위하여, 드 라 페루즈 씨에 명령으로 선박 위에 실은 상품 목록과 의류들 목록
탐사 여행에 고용된 학자들과 예술가들이 쓰기 위한, 천문학, 항해,

물리학, 화학, 그리고 다른 분야의 도구들의 요약목록
드 라 펠루즈 씨의 명령으로 승선한 관리들과 학자들이 사용하기 위하여, 그에게 맡겨진, 여행, 천문학, 항해, 물리학, 자연사, 그리고 다른 분야의 책들 목록
마닐라에서 생 블레즈까지, 프린세스 호의 여행 이야기, 에프. 아. 모렐에 의해서
북 아메리카 동해안에서 에프. 아. 모렐의 여행 이야기 발췌문
이 권에 담긴 서류들의 목록

시모나카 야사부로(下中弥三郎). 『서도전서 제2권 : 낙랑, 전한, 후한 각석본』 平凡社, 1931, JPN 726 v.2

시모나카 야사부로(下中弥三郎). 『서도전서 제3권 : 한진대목간, 그 외 진적, 와당, 전,인새, 봉니』 平凡社, 1931, JPN 726 v.3

시모나카 야사부로(下中弥三郎). 『서도전서 제4권 : 삼국 및 서진』 平凡社, 1931, JPN 726 v.4

시모나카 야사부로(下中弥三郎). 『서도전서 제5권 : 육조(진, 제) 법, 첩』 平凡社, 1930, JPN 726 v.5

시모나카 야사부로(下中弥三郎). 『서도전서 제6권 : 동진, 전진, 북경, 송, 양, 북위(1권)』 平凡社, 1931, JPN 726 v.6

시모나카 야사부로(下中弥三郎). 『서도전서 제7권 : 북위, 서위, 동위, 북제, 후주, 진,수』 平凡社, 1931, JPN 726 v.7

시모나카 야사부로(下中弥三郎). 『서도전서 제8권 : 나라(奈良)시대, 백제, 신라, 초당』 平凡社, 1930, JPN 726 v.8

시모나카 야사부로(下中弥三郎). 『서도전서 제9권 : 나라(奈良)시대(2), 백제, 신라(中), 성당』 平凡社, 1930, JPN 726 v.9

시모나카 야사부로(下中弥三郎). 『서도전서 제10권 : 신라, 중당』 平凡

社, 1930, JPN 726 v.10

시모나카 야사부로(下中弥三郎). 『서도전서 제11권 : 헤이안(平安)朝(1), 新羅, 晩唐』 平凡社, 1931, JPN 726 v.11

시모나카 야사부로(下中弥三郎). 『서도전서 제12권 : 헤이안(平安)朝(2), 高麗, 五代』 平凡社, 1930, JPN 726 v.12

시모나카 야사부로(下中弥三郎). 『서도전서 제13권 : 헤이안(平安)朝 草假名(1)』 平凡社, 1930, JPN 726 v.13

시모나카 야사부로(下中弥三郎). 『서도전서 제14권 : 헤이안(平安)朝 草假名(2)』 平凡社, 1931, JPN 726 v.14

시모나카 야사부로(下中弥三郎). 『서도전서 제15권 : 헤이안(平安)朝 草假名(3)』 平凡社, 1930, JPN 726 v.15

시모나카 야사부로(下中弥三郎). 『서도전서 제16권 : 헤이안(平安)朝 草假名(4)』 平凡社, 1932, JPN 726 v.16

시모나카 야사부로(下中弥三郎). 『서도전서 제17권 : 헤이안(平安)朝 草假名(5), 가마쿠라(鎌倉)시대 草假名(1)』 平凡社, 1931, JPN 726 v.17

시모나카 야사부로(下中弥三郎). 『서도전서 제18권 : 헤이안(平安)朝末, 가마쿠라(鎌倉)시대 초기, 고려(2), 북송, 남송(上)』 平凡社, 1930, JPN 726 v.18

시모나카 야사부로(下中弥三郎). 『서도전서 제19권 : 가마쿠라(鎌倉)시대, 고려(3), 송, 원』 平凡社, 1931, JPN 726 v.19

시모나카 야사부로(下中弥三郎). 『서도전서 제20권 : 오다노부나가, 도요토미히데요시 시대, 조선(1), 명시대』 平凡社, 1931, JPN 726 v.20

시모나카 야사부로(下中弥三郎). 『서도전서 제21권 : 에도(江戸)시대(1),

조선(1), 청조(上)』 平凡社, 1930, JPN 726 v.21

시모나카 야사부로(下中弥三郎). 『서도전서 제22권 : 에도(江戶)시대(2), 조선(3), 청조(中)』 平凡社, 1930, JPN 726 v.22

시모나카 야사부로(下中弥三郎). 『서도전서 제23권 : 에도(江戶)시대(3), 명치, 대정, 소화,조선(4), 청조(下)』 平凡社, 1931, JPN 726 v.23

시모나카 야사부로(下中弥三郎). 『서도전서 제24권 : 총색인, 서도사』 平凡社, 1932, JPN 726 v.24

시모나카 야사부로(下中弥三郎). 『서도전서 제25권 : 가마쿠라(鎌倉)中期以後, 現代に至る草假名』 平凡社, 1932, JPN 726 v.25

시모나카 야사부로(下中弥三郎). 『서도전서 제26권 : 한자보유』 平凡社, 1932, JPN 726 v.26

시모나카 야사부로(下中弥三郎). 『서도전서 제27권 : 인보편』 平凡社, 1932, JPN 726 v.27

신문자료연구회. 『(자료)근대 일본사』 時事新報社, 1934, JPN 594

신천언송. 『국제정치학 개론』 勁草書房, 1950, JPN 115

제1편 국제정치학 방법 서편
제2편 국제정치 과학
제3편 국제정치 정책학
제4편 국제정치의 변증법적 고찰

아마누마 순이치(天沼俊一). 『석굴암과 불국사 1』 飛鳥園, 1927, JPN 777

아베 슈스케(阿部秀助). 『노국지 공황』 隆文館, 1904, JPN 384

안도 데루(安藤照). 『오코이 이야기』 福永書店, 1927, JPN 110 v.1

목차

1 신바시에서의 기생 피로연
2 태생은 무어라 할 말 없는 미인의 훌륭한 자질
3 처음으로 맛본 눈물의 맛
4 처음 꿈은 학교 선생
5 청일전쟁과 신바시의 발흥
6 떨어지는 꽃 한 송이
7 미인 박명
8 건곤일척의 대승부
9 토키와가로부터 며느리의 교섭
10 심야에 문을 두드리다
11 관저의 비상구에서
12 오코이가 가츠라 공에게
13 가츠라 공이 오코이에게

안도 데루(安藤照). 『(속)오코이 이야기』 福永書店, 1927, JPN 110 v.2

1 오코이의 영락
2 잘라도 끊어지지 않는 부모자식의 끈
3 조락의 가을로부터 따뜻한 봄날로
4 사이온지 공과 2대 오코이
5 도쿠다이지 시종장의 식은땀
6 첫사랑은 야채가게 딸
7 술 때문에 일어난 전쟁중의 실책?
8 의외의 신문기사
9 넘겨주는 돈과 받는 어린이
10 오코이가 불문에 입문한 이유
11 벼락부자에게는 드믄 검약가
12 유산문제 분규 낙착

야리타 켄이치(鑓田研一). 『소호와 로카』 潮文閣, 1944, JPN 627

목차
- 신국
- 근왕의 2계통
- 1개의 피
- 헌법 발포의 무렵
- 매화 일지
- 히로시마 대본영
- 와신상담
- 배
- 후지
- 일영 동맹의 견해
- 러일전쟁
- 다이키 장군
- 천황의 죽음
- 대정과 소화

야마다 기노스케(山田喜之助). 『행여집』 政教社, 1899, JPN 482e3

목차
- 봄의 도리
- 시가
- 벚꽃
- 내각
- 인촌 결핍
- 여자 교육
- 절동
- 동부지역
- 불경
- 이슬과 시
- 독서의 저
- 소설
- 마천과 셰익스피어
- 재산
- 절해의 시
- 의협심과 성적 매력

하이쿠 시인
옛 노래
양귀비
문장의 첨삭
교육부 장관
진시황
텐지천황
공자와 문하생
문필가의 작위 수여
공자의 부인관
여름의 경치
관리의 산업 권장

에비나 단조(海老名弾正). 『제국지신생명』 警醒社書店, 1902, JPN 322

엔도 류키치(遠藤隆吉). 『국가론』 文明堂, 1905, JPN 485

역사학연구회. 『일본사회의 사적구명』 岩波書店, 1949, JPN 143

오다 쇼고(小田省吾). 『덕수궁사』 近澤商店, 1938, JPN 755

오다 쇼고(小田省吾). 『신미 홍경래난의 연구』 小田先生頌壽記念會, 1934, JPN 750

오다 쇼고(小田省吾). 『(증정)조선소사』 大阪屋號書店, 1937, JPN 752e2

오마치 게이게츠(大町桂月). 『학생훈』 博文館, 1910, JPN 215

오자키 유키오(尾崎行雄). 『일본 헌정사를 말한다』 日本通信大學法制學會, 1938, JPN 241 v.2

목차

제1장 러일전쟁 전후

제2장 헌정 옹호 운동의 무렵
제3장 시게루 내각 시대
제4장 벌족의 재현과 보선 운동
제5장 대정의 말기부터 소화의 초두
제6장 최근 정계의 정세와 감상

오카자키 도미츠(岡崎遠光). 『경세 평론』 博文館, 1899, JPN 522

목차
제1장 권두의 일언
제2장 런던 시민에게 주는 글
제3장 독일문호 모씨에게 주는 글
제4장 베트남 모씨에 주는 글
제5장 독일인 갑 대신에 일본인 을에 주는 글
제6장 청국인 장모에 주는 글
제7장 생 의 도리-일본 주의, 독일 주의
제8장 재외외교관 모씨에 주는 글
제9장 장안 모씨에 주는 글
제10장 친구 모씨 대신에 철학 선생에게 주는 글
제11장 모여사에 주는 글
제12장 충우에 주는 글
제13장 객의 물음에 답하다
제14장 도시사람 사무라이에게 묻다
제15장 으스대는 사람에 주는 글
제16장 영남 모씨에 주는 글
제17장 중의원 의원 모씨에 주어 민주정체를 토론함
제18장 친구 모씨에 주어 세상을 풍자하다
제19장 인생의 표리
제20장 금을 회손시키는 자에게 주는 글
제21장 살아있는 교육
제22장 사상계의 신비파 및 자연파1

오타 사부로(太田三郎). 『(일로)사할린외교전』 興文社, 1941, JPN 439

와다 기요시(和田清). 『중국사 개설 / 120』 岩波書店, 1950, JPN 647 1

와카츠키 레이지로(若槻礼次郎). 『고풍암 회고록 : 와카츠키 레이지로 자전』 讀賣新聞社, 1950, JPN 692

와타나베 벤조(渡辺弁三). 『조선의 금광과 중요광물』 松山房, 1934, JPN 756

와타나베 이쿠지로(渡辺幾治郎). 『명치 외교사화 / 23』 日本放送出版協會, 1941, JPN 374

와타나베 이쿠지로(渡辺幾治郎). 『외교와 외교가』 千倉書房, 1939, JPN 320

요시다 에이사부로(吉田英三郎). 『조선서화가열전』 民友社, 1916, JPN 718

우부카타 도시로(生方敏郎). 『(명치대정)견문사』 春秋社, 1926, JPN 564

유신 당시 우스꽝스러운 외교
헌법 발포와 청일전쟁
명치 시대의 학생 생활
정부의 공노(러시아)병과 러일전쟁
명치 대제의 붕어
노기 대장의 충혼
명치 대정 의심의 중심이 된 여성
대정8년 여름의 세상
대정십년 연말기
관동대지진
대지진 후기

우에츠카 츠카사(上塚司). 『다카하시 고레키요 자서전』 千倉書房, 1936, JPN 400

다카하시 고레키요 자전 목차
[1] 나의 유년 시대
[2] 해외 유통 시대

[3] 귀국과 청년교사시대
[4] 방탕 시대
[5] 대장생 출근-실직-문부성-교장-재수생
[6] 양목업-번역가 -시세
[7] 다시 한번 벼슬길에-전매 특허 소장
[8] 구미 관찰 여행
[9] 선풍 시대의 국정
[10] 페루 은광의 실패와 그 후의 영락 시대
[11] 실업계로의 전신과 그 수업 시대
[12] 청일전쟁 무렵-일본은행 바칸 지점장 시대
[13] 현금 은행 지배인 시대
[14] 현금부 은행장으로부터 일 부총재
[15] 러일전쟁의 발발
[16] 외채 모집
[17] 제5회 외채 성립 까지의 경로와 대영미독불 재계의 회고
부록 다카하시옹의 생가 및 양가의 간략기

원전웅웅. 『사이온지 공작과 정치적 상황』 岩波書店, 191, JPN 32 4

범례
목 차
제5편 기관설문제를 둘러싼 정국의 분규
제1장 오카다 내각의 성립과 군축 문제의 경과
제2장 재만 기구 개혁과 육군 팜플렛
제3장 경시 총감 경질에서 워싱턴 조약 파기 통고까지
제4장 예산안 통과를 둘러싼 정우회의 동향
제5장 기관설의 정치 문제화와 내각 심의회의 성립
제6장 북중국사건에서 미즈타 소장의 조난까지
제7장 육상 경질과 국체 명증 운동
제8장 북중국자치선언과 일본 추밀원 의장 사직 문제
연표
자료

유신사료편찬회. 『개관유신사』 文部省, 1940, JPN 710

이가야 요시카즈(猪谷善一). 『조선 경제사 / 제3편.』 大鐙閣, 1925, JPN 746

이노우에 테츠지로(井上哲次郎). 『일본 주자학파의 철학』 富山房, 1906, JPN 614

이리에 간이치(入江貫一). 『야마가케 공의 추억 : (부록)추억100화』 偕行社編輯部, 1930, JPN 690

목차
1 선제 붕어의 밤. 공공의 제문. 명치 신궁과 공의 신념
2 년말 연시의 감사의 선물. 배알의 마음가짐
3 나의 첫인상. 모순의 성격. 양심의 작용. 간 . 데라우찌백의 질언과 공공의 성질 . 신경
질과 자제
4 지능의 사람. 사람을 적재적소에 씀 공사의 구별. 공공의 연설과 좌담.
5 조리의 관철. 연구심의 치열. 독특한 연구 방법
6 선제의 조칙. 천황 즉위후 처음 거행하는 제사의 밤. 검소의 장려. 화족 제도.
7 천품. 단련. 섭생. 미쓰코시의 탑. 공공의 머리. 공공의 생김새. 종교관. 가정
8 와카. 정원. 요곡. 다도. 도검 서화. 자연의 경치. 음식. 음곡. 바둑. 시가의 친구.문예적 사조.
9 공공의 1일. 소질. 저택 이야기.. 거실과 객실. 재산. 공공과 주권
10 보리밥. 관람. 탄생일의 연회. 일본 외사와 노래집. 회화. 시계와 시간.
11 나가오카의 역습. 유신 당시의 외국 간섭. 쇼인 선생. 다카스기 도우코우.오오니시 향. 폐번치현의 밀담. 이토 공. 코니시향과 오오야마 공. 러일전쟁 삽화
12 구미 여행. 공사에 대한 열심. 일미 관계. 정치가의 활안. 비스마르크 연설집. 인구 도시 집중의 연구. 사조의 강구. 외교 문제.
13 공의 후계자와 부하. 노기 대장의 자결. 가츠라 공의 내대신. 가츠

라 공의 비책과 공의 반대. 이토공의 일러 협정책과 일영 동맹. 제3차 가츠라 내각의 출생과 공의 결의. 대외 내각. 데라우찌 내각. 하라 내각. 원로 회의.

14 사표 봉정. 죽음의 예지. 아직 죽지 않는다. 병실의 냄새. 절필. 양원로. 양웅의 사별

야마가타 원수 추억 백화

이마니시 류(今西竜). 『신라사연구』 近澤書店, 1933, JPN 738

이시이 기쿠지로(石井菊次郎). 『외교여록』 岩波書店, 1930, JPN 625

이완용. 『일당기사』 一堂紀事, 1927, JPN 719

이타구치 다카시(板口昂). 『개관 세계사조』 岩波書店, 1920, JPN 246

목차

자서
제1강 고금의 관계 고전과 현대
제2강 그리스 국민적 문명
제3강 그리스 세계적 문명
제4강 로마 공화국의 발전
제5강 로마 제국의 문명
제6강 기독교의 흥기 카톨릭교회의 성립
제7강 고대에서 중고로, 원시 게르만 문명
제8강 로마풍 게르만풍 사회의 성립
제9강 로마풍 게르만풍사회의 발전
제10강 비잔틴 문명 회교 문명
제11강 십자군
제12강 십자군 시대 및 전후의 서구 사회
제13강 근대국가의 기원
제14강 학예 부흥
제15강 교관 개혁 및 그 반동
제16강 세계의 확대 5대강의 성립
제17강 17,8 세기에 있어서 사조

제18강 프랑스 대혁명 나폴레옹 전쟁
제19강 자유주의 및 국민주의의 등장
제20강 19 세기의 사조 학예 및 그 응용
제21강 국민적 국가의 건설
제22강 삼국 동맹 열강의 통상 식민
제23강 민주 사회 박애 평화 주의적 운동
제24강 세계 정책의 충돌
제25강 세계 전쟁 세계 개조
색인

이토 마사노리(伊藤正徳). 『가토 다카아키(加藤高明)』 加藤伯傳記編纂委員會, 1929, JPN 589 v.1

이토 마사노리(伊藤正徳). 『가토 다카아키(加藤高明)』 加藤伯傳記編纂委員會, 1929, JPN 589 v.2

이학사산상만차랑. 『(최근)통합 외국 지도』 大日本圖書, 1908, JPN 10086

일본. 문부성. 『국체의 본의』 內閣印刷局, 1937, JPN 671

서문
제1 대일본 국체
1 조국
2 성덕
3 신하
4 화과 「진심」
제2 국사에 있어서 국체의 출현
1 국사를 일관한 정신
2 국토와 국민 생활
3 국민성
4 제사와 도덕
5 국민 문화
6 정치, 경제, 군사

결어

일본어학원편찬위원회. 『일본어독본, 13권』 **青木大成堂**, 1929, JPN 444 v.13

일본역사지리학회. 『역사 지리 : 조선호』 **三省堂書店**, 1909, JPN 740

일본. 외무성. 『대일본외교문서 (명치원년-명치三39년) 총목차』 **外務省**, 1936, JPN 547 0

일본. 외무성. 조사부. 『대일본외교문서』 **日本國際協會**, 1936, JPN 547 1.1

일본. 외무성. 조사부. 『대일본외교문서』 **日本國際協會**, 1936, JPN 547 1.2

일본. 외무성. 조사부. 『대일본 외교문서』 **日本國際協會**, 1938, JPN 547 2.1

대일본 외교 문서 제2권 범례
목차
명치2년 기사
1월 {1월 1일 ~ 1월 29일}
2월 {2월 1일 ~ 2 월일 결}
3월 {3월 2일 ~ 3 월일 결}
4월 {4월 2일 ~ 4월 29일}
5월 {5월 2일 ~ 5 월일 결}

일본. 외무성. 조사부. 『대일본 외교문서』 **日本國際協會**, 1938, JPN 547 2.2

명치2년 기사
6월 {6월 3일 ~ 6 월일 결}
7월 {7월 2일 ~ 7 월일 결}

8월 {8월 1일 ~ 8월 29일}
9월 {9월 1일 ~ 9 월일 결}

일본. 외무성. 조사부. 『대일본 외교문서』 日本國際協會, 1938, JPN 547 2.3

명치2년 기사
10월 {10월1일 ~ 10월 일가}
11월 {11월 1일 가 ~ 11 월일 결}
12월 {12월 1일 ~ 12 월일 결}
부록1 명치2년 제국 외교 관계관 약력
부록2 명치2년 일본 주재 각국 외교관급 영사관 인명록
부록3 대일본 외교 문서 제2권 사항별 색인

일본. 외무성. 조사부. 『대일본외교문서』 日本國際協會, 1938, JPN 547 3

일본. 외무성. 조사부. 『대일본 외교문서』 日本國際協會, 1938, JPN 547 4

1 토요아케 절회 시 외국인 향찬 거행에 관한 건
2 관제 정비 및 외교 관계 관사 임면에 관한 건
3 외국인관 소송계 사무 사법성에 이관에 관한 건
4 외국인 관계 세관 사무 대장성에 이관에 관한 건
5 미국인「부르쿠스」의 재 샌프란시스코 일본 영사 임면에 관한 건
6 조약 개정에 관한 건
7 이와쿠라 특명전권대사 체맹 각국 방문에 관한 건
8 하와이와의 수호 통상 항해 조약 체결에 관한 건
9 청나라와의 수호 조규 통상 규정 조약 체결에 관한 건
10 조선국과의 통교에 관한 건
11 사할린 문제에 관한 건
12 외국인의 총사냥에 관한 건
13 독불 전쟁에 대한 국외 중립에 관한 건
14 하코다테 역도 토벌시 압수한「페이호」호의 손해배상청구에 관

한 건
15 영국 상인으로부터 하코다테 역도에게 매도하는 석탄 대금 청구에 관한 건
16 요코하마 주둔 영불 양국 군대 인양에 관한 건
17 나가사키에 있어서 영국 군함 뱃사람 살해 사건
18 도쿄에 있어서 프랑스인의 일본인 어부 살해 사건
19 청나라인의 일본 소아매매에 관한 건
20 미국인「안도」의 무면허 출항시킨 포르트칼 출가인 소환에 관한 건
21「괌」도출가인 소환에 관한 건
22 구 화폐의 정리 및 신 화폐 발행에 관한 건
23 재류 외국인의 지폐위조에 관한 건
24 구제번의 외적 처분에 관한 건
25 우라가미촌 예수교도에 대한 처치에 관한 건
26 후카보리,시마바라 예수교도 처치에 대한 외국측으로부터의 항의에 관한 건
27 고베 재류 미국인 고용인 소환에 관한 건
28 외국인 고용 및 정부고용 외국인 참내에 관한 건
29 요코하마에서 미국 부인 출원의 초등학교 설립 용지 대여에 관한 건
30 외국 박람회 참가에 관한 건
31 광산 개발에 관한 건
32 영국 공사로부터 신고한 무역 통계에 관한 건
33 태평양 해저 케이블에 관한 건
34 덴마아크와의 해저 케이블에 관한 약정에 관한 건
35 만국 전신 연합 회의에 관한 건
36 국내 전신선 가설에 관한 건
37 영국 측량함「실비아」호의 일본 연해 측량에 관한 건
38 영국 군함에 연습생 승무에 관한 건
부록 대일본 외교 문서 제4권 일부 색인

일본. 외무성. 조사부. 『대일본 외교문서』 일본 日本國際協會, 1939, JPN 547 5

1 특명전권공사등 파견의 건
2 이와쿠라 특명전권대사 체맹 각국 방문에 관한 건
3 조약 개정에 관한 건
4 청국과의 수호 조규 통상 규정 체결에 관한 건
5 조선국과의 통교에 관한 건
6 사할린 문제에 관한 건
7 류큐 사신 내조에 관한 건
8 시모노세키 사건 상금 지불
9 페루 비행선「마리야 루스」호에 관한 건
10 페루와의 수호 통상 항해 조약 체결에 관한 건
11 별수조 폐지에 관한 건
12 외국인 내지 여행에 관한 건
13 하코다테 역도 토벌시 압수한「페이호」호의 손해배상청구에 관한 건
14 화란인 「스넬」로부터 아이즈 요네자와 양번에의 총기 매도 대가 및 신전쟁 시 입은 손해 물품 대가 대상을 요구하는 건
15 청나라인의 일본 소아 매수
16 구 화폐의 정리 및 신 화폐 발행에 관한 건
17 제현에서 맡아둔 예수교도 사면에 관한 건
18 박람회 참가에 관한 건
19 태평양 해저 케이블에 관한 건
20 덴마크와의 해저 케이블에 관한 건
21 국내 전신선에 관한 건
22 다카시마 탄갱 약정 개정에 관한 건
23 도쿄 요코하마간 철도 개업식 거행에 관한 건
24 태양력 채용 통보에 관한 건

부록: 대일본 외교 문서 제5권 날자순 색인

일본. 외무성. 조사부. 『대일본외교문서』 日本國際協會, 1936, JPN 5476

일본. 외무성. 조사부. 『대일본외교문서』 日本國際協會, 1939, JPN 5477

일본. 외무성. 조사부. 『대일본외교문서』 日本國際協會, 1940, JPN 547 8

일본. 외무성. 조사부. 『대일본외교문서』 일본 日本國際協會, 1940, JPN 547 9

1 강화도 사건의 해결 및 일선 수호 조규 체결 일건
2 조선 문제 등에 관한 모리공사 청나라 정부와 교섭 일건
3 조선국수신사 내빙 일건
4 조선, 일본간 통상 규정 체결 위해 미야모토 외무대신 조선방문 건
5 곤도우 관리관 부산항 주재 일건
6 사할린 치시마 교환 조약 실시에 관한 건
7 영국 주재 우에노 공사 서,포 양국 방문에 관한 건
8 조약 개정에 관한 건
9 청일 수호 조약 통상 규정 개정에 관한 건
10 류큐 소속에 관한 청일 양국 분의 건
11 오가사와라도 문제에 관한 건
12 시모노세키 상금 미국으로부터 반환에 관한 건
13 하코다테 전쟁 시 압수된 <페이포> 호의 손해배상청구에 관한 건
14 외국인의 총사냥에 관한 건
15 내외인 혼인 규칙에 관한 건
16 내지에 있어서 외국인의 상업 금지에 관한 건
17 영국인< 블랙> 발행의 만국 신문 금지에 관한 건
18 독일 영사 재판 규칙에 관한 동국 공사와 교섭 건
19 청나라인 내지 여행 허가 한 건
20 나가사키 현내 외국인 산책 규정에 관한 건
21 러시아령 사할린에 본일본인 출가에 관한 건
22 외국 선승 규칙에 대한 영국 공사 항의 건
23 우편 교환 조약 체결에 관한 건
24 상해에 제국 우체국 설치에 관한 건
25 만국우편연합 조약 가맹 건

부록: 대일본 외교 문서 第9권 날자순 색인

일본. 외무성. 조사부. 『대일본외교문서』 日本國際連合協會, 1949, JPN 547 10

일본. 외무성. 조사부. 『대일본외교문서』 日本國際連合協會, 1950, JPN 547 11

1 조약 개정에 관한 건
 1 일미 신조약 체결 한 건
 1 각국 교섭의 건
2 만국 조약 체결에 관한 건
 1 만국우편조약 가맹 한 건
 1 영국 전신 조약 가맹 한 건
3 일영 양국 선박 난파 구조비 상환 조약 체결 한 건
4 전례 관계 잡찬
 1 독일인「호프만」훈장 환납의 건
 1 하세쿠라 로쿠에몬 등 유럽 체재 이력을 조사한 이탈리아인 「벨세」 보상의 건
 1 증우대신 오쿠보 도시유키 사망에 대한 각국 공사 조상 건
 1 외무성 고용 법률 고문 독일국 박사「레스렐」도착 알현의 건
 1 요코스 조선소 성공에 있어 프랑스 정부에 감사의 말 전달 건
5 청일 수호 조약 통상 규정 개정에 관한 건
 부 규정 위반자 취급에 관한 건
 1 특약 체결 교섭의 건
 1 몽고 면양 매입의 건
 1 아편 금연 범법자 처분의 건
6 류큐 소속에 관한 청일 양국 분의 한 건
7 일선 양국 곤란선 표민 구조 예규에 관한 건
8 조선 개항에 관한 건
 부 조선 연해 측량의 건
9 조선국 관계 잡건
 1 부산항에 있어서 조선국정부 전단 과세의 건

10 홍콩 및 싱가폴에 있어서 일본 화폐를 통화 공인에 관한 건
11 만국 박람회에 관한 건
1 만국 징치 위원회의 한 건
1 만국 공법 회의 한 건
12 외국 박물관과 물품 교환에 관한 건
1 서반아국「발스로 누」박물관과 물품 교환 한 건
13 외국인의 거주 기타에 관한 건
1 청나라인 개항장 외에서 물품 매매에 관한 건
1 외국인 산책 규정 외 숙박의 건
14 나가사키 항에 있어서 노르웨이 기선 검역 정선 때문에 생긴 손해 배상을 요구하는 건
15 자바산 기나가비 묘목 반입 한 건
16 러시아령 사할린에 본국인 결혼에 관한 건
17 미국 선「페이호-호」소송 한 건에 있어 독일 공사를 재판자로 선임의 건
18 외국인 대상을 요구하는 것 잡건
1 구 고우찌 번 고용 미국 의사「호지루」반도 방면에 있어 상금 청구의 건
1 페루 거류 독일인「오스칼?헤렌」로부터 일본 정부에 대한 본 일본인 고용 금지에 대한 손해 배상을 요구하는 건
19 다카시마 탄갱 관계 잡건
1 다카시마 탄갱 직수출에 있어 독 공사 신청의 건
1 다카시마 탄갱에 관한 영국사 소송 한 건
20 서양형 선수선 증명서에 관한 건
21 아편 매매 및 제조 규칙제정 한 건
부 영국상인 「할 트리」밀수 제소의 건
22 곤란선 표민 구조 잡건
1 영국선「후와이야쿠인」난파 구조의 건
1 방선 통구환 조난의 건
1 방선 치가사키에서 영국 선인의 구조를 얻은 건
1 미국선「루쿠아우트」난파선의 건
부록 일본 외교 문서 제11권 일부 색인

일본. 외무성. 조사부 『대일본외교문서 日本國際連合協會, 1949, JPN

547 12

일본. 외무성. 조사부. 『대일본외교문서』 日本國際連合協會, 1950, JPN 547 13

1 조약 개정에 관한 건
　1 대영 교섭 기타
　1 대미 교섭
　1 화란 공사 소환 방법 청구에 관한 건
2 신 조약 체결 교섭에 관한 건
　1 「브라질」국 및 나국통상 조약 체결 신청의 건
　1 서반아국 이민 조약 체결 신청의 건
　1 태평양 해저 케이블 가설 보호에 관한 건
3 일미 선박 난파구조비 상환 조약 체결 한 건
　부 난파 미선「루크 아우트」호 처분의 건
4 재 요코하마 프랑스 우체국 폐쇄 약정의 건
5 독일국 황손 전하 오사카부 시모스이타 촌에 사냥시 순사등 불경 건
6 류큐 소속에 관한 청일 양국 분의 한 건
　부 청일 현행 조약 증가 조항 결약 교섭의 건
7 조선국수신사 내항의 건
8 조선 개항에 관한 건
　1 원산 개항 및 일본 우체국 우편선 정기 항로 개설의 건
　1 조선관 주둔 영사관 설치의 건
　1 하나부사 공사 3번 사신으로 조선에 간 건
　1 거류민 보호 관계 잡건
9 미국 정부의 화친 서한 조선국 정부에 전송 알선의 건
10 만국 박람회에 관한 건
　1 호주「멜버른」만국 박람회 참가 건
　1 독일 백림 어업 박람회 참가 건
11 만국 회의에 관한 건
　1 스웨덴「베른」마을에 있어서 만국 공법 회의
　1 벨기에에 있어서 만국 상공 회의
　1 이탈리아에 있어서 만국 지리학회

1 워싱턴부 만국 위생 회의
12 요시다 마사하루파 스와 고이치 건
13 외국인의 거주 기타에 관한 건
1 외국인 내지 잡거의 건
14 요코하마 거류지 외에 있어서 외국인에 젖소 소용지 임대 특허 잡건
15 홍콩 및 싱가폴에 있어서 일본 화폐를 통화로 공인 건
16 러시아령 사할린에 본국인 결혼에 관한 건
17 아리스가와 다케히토 친왕 전하 해군술 수업을 위한 영국 군함에 승무의 건
18 미선「헤이호」호「와레타」호 및 「윌밍톤」호
19 약용 아편 매매 및 제조 규칙제정 한 건
부 영국 상인「할토레」밀수 제소의 건
부록 일본 외교 문서 제13권 일부 색인

일본. 외무성. 조사부. 『대일본외교문서』 日本國際連合協會, 1936, JPN 547 16

1 조약 개정에 관한 건
2 해저 케이블 보호 만국 연합 조약 가맹 한 건
3 선박 적량 도량법 상호 인협정 한 건
4 전례 관계 잡찬
1 이토 히로부미 특명전권대사로서 전국 파견의 건
1 「죠홀」국 군주「마하라지야」전하 도래의 건
1 페루 황제 즉위식 거행의 건 부 페루 경황
1 이와쿠라 전 우의정 사망의 건
5 청일 수호 조약 통상 규정 개정에 관한 건
6 청나라 관계 잡찬
1 청나라에 있어서 조난 류큐인 무휼
1 청나라 시찰 보고의 건
1 청나라 북경에 유학생 파견의 건
1 청나라인의 일본인 인신 매매의 건
7 조선 개항에 관한 건
1 조선국 무역 규칙 및 세목 설립의 건

1 조선국 부산항에 해저 전신선 가설의 건
1 조선국 인천항에 정기 우편선 개항의 건
1 조선국 인천항 거류지 임차인 의례 체결의 건
1 조선국 원산항에 윤월 1회 군함 회항의 건
8 조선 관계 잡찬
1 청국 조선 관계 경황의 건
1 청선 양국주재 일본인 단속 규칙제정의 건
1 조선국내에 있어서 일본인의 행보에 관한 건
1 조선국 해안에 있어서 범죄의 일본 어민 취급 규칙제정의 건
9 제일 국립 은행에 있어서 조선 각항 해관 세금 취급 한 건
10 조선국 울릉도에 일본인 도항 금지의 건
11 외국 박물관과 물품 교환의 건
1 호주 박물관과 동물 교환의 건
1 이탈리아 박물관과 물품 교환에 관한 건
12 일,불 간에 있어서 미술품 선택 교환 약정의 건
13 만국 회의에 관한 건
1 자오선 확정 만국 위원회
1 전력 일청 만국 위원회의
14 중력 시험을 위한 미국 측량관 도래의 건
15 우리 유리상인으로부터 벨기에 상인에 관한 유리 매매 위약 손해 대상 요구 건
16 시모노세키 보상금 미국으로부터 반환에 관한 건
17 러시아령 사할린에 본국인 결혼에 관한 건
1 본일본인의 독주 밀매 단속의 건
1 가항 재근 일본 영사에 민형사 재판권 부여의 건
18 북호에 있어서 진주와 물고기 채취를 위한 일본 뱃사람 고용 도항 건
19 이민 관계 잡건
1 화란령 인도 지방에 본국인 결혼에 관한 건
20 청불 양국 갈등 한 건
21 잡건
1 무역 의견서
부록 일본 외교 문서 제16권 일부 색인

일본. 외무성. 조사부. 『대일본외교문서』 日本國際連合協會, 1950, JPN 547 18

1 조약 개정에 관한 건
2 만국 조약 체결에 관한 건
 1 「미터」법 만국 조약 가맹 한 건
 2 해저 케이블 보호 만국 연합 조약 가맹 한 건
 3 만국우편조약 가맹 한 건
 4 해상 법요 의파리 선언 가맹 한 건
 5 적십자조약 가맹 한 건
3 법규 관계 잡건
 1 외국선 승무가 입구 입영업 단속 규칙창 정일 건
 2 외국 유선 불개항장에 회항 특허 한 건
4 전례 관계 잡찬
 1 재조선국 미국 공사「후토」씨 대우의 건
 2 페루 대통령으로부터 국서 봉정의 건
 3 오스트리아 주재 특명전권공사 사이온지공 망해국 황제에게 알현 국서 봉정 건
 4 북미 합중국 고「그랜트」대장 조문의 건
 5 조선 사절 내항의 건
5 요코하마항에 있어서 영노 양국 군함 갈등의 건
6 일선 해저 케이블 조약 속약 체결 한 건
7 고베 항에 있어서 만리환 탑재 울릉도 목재 압류 한 건
8 조선 경성 갑신정변에 관한 청일 양국 협의의 건 {이토 전권 천진 담판 형편}
9 조선 경성 갑신정변 {이노우에 전권 천진 담판 형편}
10 조선 관계 잡건
 1 우리 거류지 내에서 청국인 거류 허가의 건
 2 경성 개시 구역의 건
 3 조선 근해에 군함 파견의 건
 4 주둔병 철수 경성 공관 호위에 관한 건
 5 청선 재류 일본인 단속 규칙개정의 건
 6 재 인천 일본 거류민 상법 회의소 설치의 건
11 조선 차관 관계 잡찬

12 외국 박물관과 물품 교환의 건
13 일,불 간에 있어서 미술품 선택 교환 약정
14 만국 회의에 관한 건
  1 전력 일청 만국 위원회의
  2 공업소유권 보호 만국 회의
  3 만국 상법 편집 회의
15 저작권 보호 만국 동맹 한 건
16 우리 유리상인으로부터 벨기에 상인에 관한 유리 매매 위약 손해 대상을 요구하는 건
17 일본 생산계 스웨덴 직수출 계획 한 건
18 시모노세키 보상금 미국으로부터 반환에 관한 건 부 요코하마책 항의 건
19 러시아령 사할린에 본국인 결혼에 관한 건 {재가항 우리 영사의 판사 겸임을 해임 건}
20 일본인 하와이에 돈벌이 간 건
21 북호에 있어서 진주 어채을 위한 일본 잠수부 고용 도항 한 건
22 청불 갈등 한 건 {부 영면간 분의의 건}
23 잡건
  1 판도 관계 잡건
  2 일본인 피해 사실 조사를 위한 남양「마샬」군도 시찰의 건
  3 카로린 섬 주권에 관한 독,서 양국 갈등 한 건
  4 영국 군함 조선 거문도 점거 한 건
  5 태정관 시대 고용 외국인 조사 및 명치 12년 3월 각국 영사 성명 조사
부록 일본 외교 문서 제18권 일부 색인

일본. 외무성. 조사부. 『대일본외교문서』 日本國際連合協會, 1947, JPN 547 20

일본. 외무성. 조사부. 『대일본외교문서』 日本國際連合協會, 1949, JPN 547 21

1 조약 개정에 관한 건
2 청일 수호 조약 통상 규정 개정에 관한 건

3 일본 및 멕시코 합중국간 수호 통상 항해 조약 체결
4 일미 양국간 선박 과세 및 등대세 폐지방안 협의 한 건
5 일본의 만국 조약 가입 잡건
만국 측지학 협회 가입 한 건
만국 저작권 보호 동맹 가입 한 건
만국 관세지 간행 조약 한 건
6 동물 보호 조약 체결 한 건
7 일한 해저 케이블 조약 속약 체결 한 건
8 조선국에 있어서 광산 이권 및 일본인 무역에 관한 건
9 조선국에 있어서 미곡 수출 금지한 건
10 조선국 관계 잡건
조선국 내정에 관한 박영효 건의서
청나라 초상국 기선 상해 인천간 항로 시작 한 건
원산 일본인 거류지 내에 외국인 잡거 및 영업 한 건
조선국의 관례에 의거 동국 정부 승소자에 대한 예채 징수 건
일본인이 매입한 관물 조선국 지방관에 있어서 압류 한 건
인천 근해에 있어서 일본 어선 영업 특허방법 조선국 정부에 청구 한 건
부산항에 있어서 본일본인 어영업의 건
조선국 각지방에 있어서 무역품에 과세 한 건
11 하와이 이민에 관한 건
12 미국 상선「후리맨]호 선장 동선 승무 일본인 뱃사람 살해 한 건
13 영국선「네모」호 승무 일본인 뱃사람 살해 한 건
14 미함「오마하」호 발포 때문에 본일본인 사상 한 건
15 호주 이민에 관한 건
16 수입 물건에 관한 세관 평가에 관한 영국인 이의 신청 건
17 고베 야마노테 영대 지지료 결정에 관한 건
18 일본 재류 외국인 및 거류지에 관한 건
외국인 인선 영업 면허에 관한 건
요코하마 거류지에 있어서 프랑스 상사 전화 가설 청원 한 건
국가와 개인 고용 외국인 내지 여행 증명서 청구 절차에 관한 독국 공사 의문 한 건
고베 잡거지내 거주 외국인에 대한 가옥세 부과에 관한 건
거류지외 거주 외국인에 대한 지방세 부과에 관한 건

오사카 거류지 내에 있어서 본일본인에 대한 경찰권에 관한 건
고베 잡거지내 거주 외국인에 대한 경찰권에 관한 건
19 잡건
일본,「모나코」통상 항해 조약 체결 한 건
미국에서 청국 노동자 배척 한 건
미국 관세정률법 개정 한 건
소송 비용 징수에 관한 건
청나라에 있어서 일본 상인 접부목 제조소 설립 청원 한 건
나가사키 외국인 거류지내의 내국인 단속에 관한 건
부록 일본 외교 문서 제21권 일부 색인

일본. 외무성. 조사부. 『대일본외교문서』 日本國際連合協會, 1936, JPN 547 38.1

일본. 외무성. 조사부. 『대일본외교문서』 日本國際連合協會, 1936, JPN 547 46.1

일본학술진흥회. 『(조약개정관계) 대일본 외교문서』 日本外政協會, 1941, JPN 550 1

제1장 명치 정부의 조약 개정 제의 {명치 원년 12월 23일~ 명치 4년 8월 28일}
제2장 이와쿠라 대사의 구미 각국에 있어서 조약 개정 상의
제1절 이와쿠라 대사 구미 파견 {명치4년 9월 15일 ~ 명치5년 3월 8일}
제2절 이와쿠라 대사와 각국과의 조약 개정 상의 {명치5년 2월 3일 ~ 명치6년 12월 28일}
제2장 데라시마 외무경 시대
제1절 조약 개정 교섭 시작{명치6년 11년 15일 ~ 명치 12년 9월 1일}
제2절 대미 교섭{명치9년 6월 12일 ~ 명치 12년 7월 1일}
제3절 대영 교섭 부 대포 교섭{명치 11년 5월 10일 ~ 명치 11년 3월 18일}
제4절 대불 교섭 부 대백 교섭{명치 11년 4월 15일 ~ 명치 12

년 7월 11일}
제5절 대독 교섭 부 대화란 교섭{명치 11년 5월 30일 ~ 명치 12년 5월 29일}
제6절 대오 교섭{명치 11년 6월 18일 ~ 명치 11년 11월 6일}
제7절 대러 교섭{명치 11년 2월 20일 ~ 명치 12년 7월 18일}
제8절 대이 교섭{명치 11년 4월 21일 ~ 명치 12년 7월 25일}
부록 구 조약집

일본학술진흥회. 『(조약개정관계) 대일본 외교문서』 日本外政協會, 1945, JPN 550 3

제5장 오오쿠마 외무 대신 시대
제1절 일반 경과 {명치21년 11월 26일 ~ 명치22년 12월 29일}
제2절 대미 교섭 {명치21년 12월 7일 ~ 명치22년 10월 30일}
제3절 대독 교섭 {명치21년 11월 26일 ~ 명치22년 12월1일}
제4절 대러 교섭 {명치22년 1월 22일 ~ 명치22년 8월 19일}
제5절 대영 교섭 {명치21년 12월 31일 ~ 명치22년 9월 4일}
제6절 대불 교섭 {명치22년 1월 7일 ~ 명치22년 10월 18일}
제7절 대오 교섭 {명치22년 2월 24일 ~ 명치22년 9월 25일}
제8절 대이 교섭 {명치22년 2월 20일 ~ 명치22년 10월 6일}
제6장 아오미 외무 대신 시대
제1절 대영 교섭 기타{명치22년 12월 24일 ~ 명치24년 6월 16일}
제2절 대미 교섭 {명치23년 2월 26일 ~ 명치23년 12월 3일}
제7장 에노모토 외무 대신 시대 {명치24년 10월 일 ~ 명치25년 5월 25일}
부록1 일묵 조약 체결 한 건 {명치15년 10월 13일 ~ 명치22년 8월 12일}
부록2 일포 조약 일부 조항기 한 건 {명치 25년 1월 14일 ~ 명치 26년 10월 11일}

일본학술진흥회. 『(조약개정관계) 일본 외교문서』 日本國際連合協會, 1948, JPN 550 s.1

범례
목차
조약 개정 예비 회의록

제1 명치 15년 1월 25일
제2 상 명치 50년 2월 1일
제2 하 명치 15년 2월 2일
부록 러시아 공사 서한
벨기에 정부 전보
제3 상 명치 15년 2월 8일
제3 하 명치 15년 2월 9일
제4 명치 15년 2월 16일
부록 벨기에정부 전보
벨기에 대리공사 서한
제5 명치 15년 3월 16일
부록 미국 공사 서한
수입 세목안 부 정액세초
제6 명치 15년 3월 23일
부록 세목안 해설 각서
제7 명치 15년 4월 5일
제8 명치 15년 4월 27일
부록 등대 등선 부표 초표에 관한 제표
제9 명치 15년 5월 4일
제10 명치 15년 5월 11일
부록 외국 위원 수입 세목 대안
제11 명치 15년 6월 1일
부록 벨기에공사 서한
일본 정부 제안의 추가
제12 명치 15년 6월 8일
제13 명치 15년 6월 10일
제14 명치 15년 6월 29일
제15 위 명치 15년 7월 6일
제15중1 명치 15년 7월 17일
제15 주지 명치 15년 7월 18일
제15 아래 명치 15년 7월 19일

부록 영국 공사에게 요코하마 콜스 상사 서한 외
제16 명치 15년 7월 27일 조약 개정 회의 회의록
제1 명치 19년 5월 1일
제2 명치 19년 5월 22일
제3 명치 19년 5월 28일
제4 명치 19년 5월 31일
제5 명치 19년 6월 8일
제6 명치 19년 6월 15일
부록 조약 초안
제7 명치 19년 6월 29일
제8 명치 19년 10월 21
부록 세목 조사 위원 제일보고
세목에 관한 문제
무역 규칙
프랑스 위원의 의견서
세목 조사 위원 제2 보고
관립 창고 규칙
사설 창고 규칙
고조 목록
제9 명치 19년 11월 9일
제10 명치 19년 11월 5일
제11 명치 19년 11월 22일
부록 일본 제2 위원의 제출 재촉한 수정안 부록
프랑스 위원의 의안
제12 명치 19년 11월 29일
제13 명치 19년 12월 14일
제14 명치 19년 12월 18일
제15 명치 19년 12월 22일
제16 명치 20년 1월 8일
제17 명치 20년 1월 15일
제18 명치 20년 1월 25일
부록
제7조 {영독합안제5조}에 대한 일본 위원의 수정안
영독합안제5조 {호} 항에 대한 프랑스 위원의 수정안

제7조 {영독합안제5조}{2}{로} 및 {하}의 제항에 대한 벨기에 위원의 수정안
제19 명치 20년 2월 2일
제20 명치 20년 2월 12일
부록 제7조 {영독합안제5조}에 대한 일본 위원의 제2 수정안
제21 명치 20년 2월 23일
부록 제7조 {영독합안제5조}에 대한 프랑스 위원의 수정안
제22 명치 20년 3월 2일
제23 명치 20년 3월 18일
제24 명치 20년 3월 31일
제25 명치 20년 4월 2일
부록 통상급 항해 조약 초안
제26 명치 20년 4월 22일
부록 재판관할 조약안
제27 명치 20년 7월 18일

부록 통상 사항 조사 위원 보고서 통상 사항 조사 위원 수정 통상 및항해 조약 초안
일본항칙 초안
회의록 부록
명치 20년 7월 29일 일본 외무 대신으로부터 외국 전권 위원에게 보내는 서한

일본학술진흥회. 『(조약개정관계) 일본 외교문서』 日本國際連合協會, 1950, JPN 550 s.3

범례
목차
제1장 서론 안세이 제조약 체결의 전말
제1절 개설
제2절 개국 초기에 있어서 제조약 체결 전말

제3절 안세이 제조약의 체결 전말
제4절 에도 개세약서 체결 전말
제5절 안세이 5개국 조약 이외의 조약 체결 전말
제2장 명치 개국에서 이와쿠라 대사 구미 파견에 이르는 시대
제1절 명치 개국후 이와쿠라 대사 구미 파견전에 있어서 조약 개정 교섭
제2절 이와쿠라 대사 구미 파견
제3절 이와쿠라 대사와 각국과의 조약 개정 상의
제4절 이와쿠라 대사 외국 파견중 동경에 있어서 제교섭
제5절 포, 청나라 및 페루와의 조약 체결
제3장 데라시마 외무경 시대
제1절 조약 개정 교섭 시작과 일미 조약의 성립
제2절 구주 여러나라와의 조약 개정 교섭
제3절 일선 수호 조규의 체결
제4장 이노우에 외상 조약 개정 경과
제1절 명치 15년 조약 개정과 의회 개최전의 경과
제2절 이노우에 조약 개정과 의회의 경과
제3절 명치 19년 이노우에 조약 개정 회의에 이른 경과
제4절 명치 19, 20년 조약 개정 회의 경과
제5장 오오쿠마 외무 대신 시대
제1절 개설
제2절 멕시코와의 신 조약 체결 전말
제3절 각국과의 조약 개정 교섭 전말
제4절 오오쿠마 조약 개정의 실패 및 그 뒷수습
제6장 아오키, 에노모토 양 외무 대신 시대
제1절 아오키 조약 개정 교섭 경과
제2절 아오키 조약 개정안의 내용
제3절 그림 소설 외무 대신의 개정 처리
제4절 아오키, 에노모토 양 조약 개정과 제국 회의와의 관계
제1관 조약 개정과 제1 의회
제2관 조약 개정과 제2, 제3 의회
제7장 무쓰 외무 대신 시대
제1절 개 설
제2절 대영 교섭

제3절 대미 교섭
제4절 대이 교섭
제5절 대러 교섭
제6절 대독 교섭
제7절 대불 교섭
제8절 대오스트리아 교섭
제9절 잔여 여러나라와의 조약 개정 교섭
제10절 무쓰 외상 시대에 있어서신 조약 체결
제8장 무쓰 개정 조약의 실시
제9장 조약 개정 경과 개요 후기
에도 막부시대의 말기 명치 외교 연표

일본학술진흥회. 『(조약개정관계) 일본 외교문서』 日本國際連合協會, 1950, JPN 550 4

임전구태랑. 『일본 정당사』 大日本雄辯會, 1927, JPN 33 1

목차
서 말
제1편 정당의 기원
제2편 정당의 싹
제3편 정당의 출원 및 그 좌절
제4편 정당의 부흥
제5편 양대정당의 이합과 민당,사당의 싸움
제6편 정당의 완성

임전구태랑. 『일본 정당사』 大日本雄辯會, 1927, JPN 33 2

목차
제6편 정당의 완성
제2장 본기
제3장 본기
제7편 입헌 정우회
제8편 입헌 국민당

제9편 입헌동지회
제10편 헌정회
제11편 혁신 클럽 제48 의회의 해산
제12편 민중 정당

전국경제조사기관연합회 조선지부. 『조선 경제 연보, 소화15년판』 改造社, 1940, JPN 759 1940

전국경제조사기관연합회 조선지부. 『조선 경제 연보, 소화16·7년판』 改造社, 1943, JPN 759 19412

전기명저간행회. 『내외신문초』 戰記名著刊行會, 1929, JPN 631

전기명저간행회. 『(명치 대정)외교 비화』 戰記名著刊行會, 1930, JPN 682

전대륜. 『진정 일본의 창건과 그 사명』 親和日本社, 1947, JPN 607

서문
제1편 허영 일본의 소감
제1장 항복 칙서
제2장 뜻대로
제3장 포츠담 선언
제4장 생명 만은
제2편 허영 일본의 과정
제1장 철학의 빈곤
제2장 무사도 할복
제3장 역사의 파산
제4장 묘혈을 파다
제3편 혁명의 현재 상태
제1장 자연대혁명
제2장 바보의 난무
제3장 백귀야행
제4장 길잃은 양떼

제4편 진정 일본의 창건

제1장 일본 친화국

제2장 진정한 정치

제3장 선의 산업

제4장 미의 교학

제5편 진정 일본의 사명

제1장 인간 완성

제2장 세계 정화

제3장 인종 악수

제4장 영원의 행복

후기

조선사편수회. 『조선사, 권수 총목록』 朝鮮總督府, 1938, JPN 725

조선사편수회. 『조선사, 제1편 제1권』 朝鮮總督府, 1932, JPN 725 1.1

조선사편수회. 『조선사, 제1편 제2권』 朝鮮總督府, 1932, JPN 725 1.2

조선사편수회. 『조선사, 제1편 제3권』 朝鮮總督府, 1933, JPN 725 1.3

조선사편수회. 『조선사, 제2편』 朝鮮總督府, 1932, JPN 725 2

조선사편수회. 『조선사, 제3편 제2권』 朝鮮總督府, 1932, JPN 725 3.2

조선사편수회. 『조선사, 제3편 제3권』 朝鮮總督府, 1933, JPN 725 3.3

조선사편수회. 『조선사, 제3편 제4권』 朝鮮總督府, 1933, JPN 725 3.4

조선사편수회. 『조선사, 제3편 제5권』 朝鮮總督府, 1934, JPN 725 3.5

조선사편수회. 『조선사, 제3편 제6권』 朝鮮總督府, 1935, JPN 725 3.6

조선사편수회. 『조선사, 제3편 제7권』 朝鮮總督府, 1935, JPN 725 3.7

조선사편수회. 『조선사, 제4편 제1권』 朝鮮總督府, 1932, JPN 725 4.1

조선사편수회. 『조선사, 제4편 제2권』 朝鮮總督府, 1933, JPN 725 4.2

조선사편수회. 『조선사, 제4편 제3권』 朝鮮總督府, 1935, JPN 725 4.3

조선사편수회. 『조선사, 제4편 제4권』 朝鮮總督府, 1936, JPN 725 4.4

조선사편수회. 『조선사, 제4편 제5권』 朝鮮總督府, 1937, JPN 725 4.5

조선사편수회. 『조선사, 제4편 제6권』 朝鮮總督府, 1935, JPN 725 4.6

조선사편수회. 『조선사, 제4편 제7권』 朝鮮總督府, 1936, JPN 725 4.7

조선사편수회. 『조선사, 제4編 제8권』 朝鮮總督府, 1937, JPN 725 4.8

조선사편수회. 『조선사, 제4編 제9권』 朝鮮總督府, 1937, JPN 725 4.9

조선사편수회. 『조선사, 제5편 제1권』 朝鮮總督府, 1933, JPN 725 5.1

조선사편수회. 『조선사, 제5편 제2권』 朝鮮總督府, 1933, JPN 725 5.2

조선사편수회. 『조선사, 제5편 제3권』 朝鮮總督府, 1934, JPN 725 5.3

조선사편수회. 『조선사, 제5편 제4권』 朝鮮總督府, 1934, JPN 725 5.4

조선사편수회. 『조선사, 제5편 제5권』 朝鮮總督府, 1935, JPN 725 5.5

조선사편수회. 『조선사, 제5편 제6권』 朝鮮總督府, 1935, JPN 725 5.6

조선사편수회. 『조선사, 제5편 제7권』 朝鮮總督府, 1936, JPN 725 5.7

조선사편수회. 『조선사, 제5편 제8권』 朝鮮總督府, 1936, JPN 725 5.8

조선사편수회. 『조선사, 제5편 제9권』 朝鮮總督府, 1937, JPN 725 5.9

조선사편수회. 『조선사, 제5편 제10권』 朝鮮總督府, 1937, JPN 725 5.10

조선사편수회. 『조선사, 제6편 제1권 』 朝鮮總督府, 1934, JPN 725 6.1

조선사편수회. 『조선사, 제6편 제2권』 朝鮮總督府, 1935, JPN 725 6.2

조선사편수회. 『조선사, 제6편 제3권』 朝鮮總督府, 1936, JPN 725 6.3

조선사편수회. 『조선사, 제6편 제4권』 朝鮮總督府, 1938, JPN 725 6.4

조선사편수회. 『조선사, 총색인』 朝鮮總督府, 1940, JPN 725 s

조선사학회. 『조선사강좌, 제1호』 朝鮮史學會, 1923, JPN 730 v.1

조선식산은행. 『조선식산은행십년지』 朝鮮殖産銀行, 1928, JPN 773

조선실업학회 편찬부. 『조선서식보감, 천지권』 復興社, 1936, JPN 758 天

조선체육진흥회등행단. 『등행 : 백두산특집』 조선체육진흥회 등행단, 1943, JPN 720

조선총독부. 『인구조사결과보고, 2 : 소화19년5월1일』 조선총독부, 1945, JPN 775 v.2

조선총독부. 『조선 수산 통계, 소화12년』 鮮光印刷, 1939, JPN 769 1937

조선총독부. 『조선의 경제사정』 朝鮮總督府, 1929, JPN 754e6

조선총독부. 『조선의 연중행사』 朝鮮印刷, 1936, JPN 767

조선총독부. 『조선의 현재 및 장래』 [朝鮮總督府學務局], 1933, JPN 768

조선총독부 농림국. 『조선의 농업, 소화12년』 鮮光印刷,, 1937, JPN 766 1937

조선총독부 조선사편수회. 『근대 조선사연구 제1집』 東都書籍, 1944, JPN 736

조선총독부. 철도국. 『압록강 교량공사보고』 조선총독부 철도국, 1912, JPN 774

조일소국민신문. 『총독상철방경작집, 제5집』 朝鮮圖書出版株式會社, 1944, JPN 760 v.5

조일신문사. 『명치 대정사』 朝日新聞社, 1930, JPN 555v.1

조일신문사. 『명치 대정사』 朝日新聞社, 1930, JPN 555 v.2

서문
범례
목차
제1장 문호의 개방
제1절 개국 이전
제2절 국교의 시작
제3절 개항
제4절 재 쇄항 운동
제5절 조약의 이행
제2장 조약 개정 사업
제1절 어둠 속의 모색
제2절 자주권의 주장
제3절 타협 정책

제4절 진용의 일신
제5절 사업 대성
제3장 국세의 진전
제1절 그 전주곡
제2절 극동의 어둠
제3절 조선의 쟁탈
제4절 청일전쟁
제5절 강화 담판
제4장 와신상담 시대
제1절 삼국 간섭
제2절 왜 간섭이 왔는가
제3절 조선 개혁의 실패
제4절 이권 약탈 경쟁
제5장 국제적 약진
제1절 일러 협약이나 일영 동맹이나
제2절 일러 전쟁
제3절 승패 정해지다
제4절 전후의 친서
제6장 세계 대전 참가
제1절 대독 선전
제2절 전시의 외교
제3절 강화 회의
제4절 시베리아 출병
제7장 대전후 정리
제1절 워싱턴 회의
제2절 워싱턴 회의 이후
제3절 해군 축소 회의
부록 국제 생활의 법률화

조일신문사. 『명치 대정사』 朝日新聞社, 1930, JPN 555 v.3

서문
목차
제1장 총론

제2장 화폐제
제1절 유신 당시의 유통 화폐
제2절 구 화폐의 해외 유출 상황
제3절 화폐제 개혁의 준비
제4절 명치4년의 화폐제 개혁
제5절 정부지폐의 발행
제6절 명치 초기의 은행 지폐
제7절 지폐의 남발과 그 정리
제8절 지폐를 본위 화폐와 바꾸는 제도의 확립
제9절 금본위제도의 실시
제10절 식민지의 화폐제
제11절 소액 지폐의 발행
제12절 금수출 금지와 그 해금
제3장 금융
제1절 보통 은행
제2절 중앙은행
제3절 요코하마 현금 은행
제4절 농공업 금융기관
제5절 식민지 은행
제6절 저축 은행
제7절 우편 은행
제8절 대장성 예금 부
제9절 신탁회사 및 보험회사
제10절 신용 조합
제11절 어음교환소
제12절 유가증권시장
제4장 무역
제1절 개관
제2절 무역품의 변천
제3절 무역항의 변천
제4절 수출국으로 보는 무역의 변천
제5장 교통
제1절 철도
제2절 전기 궤도

제3절 자동차
제4절 그 다른 육상 운수 기관
제5절 육상운송업
제6절 해운
제6장 통신
제1절 우편
제2절 전신
제3절 전화
제7장 농업
제1절 명치 유신과 농업 해방
제2절 무사의 집안의 귀농
제3절 명치 첫해의 권농 시설
제4절 명치 중기의 농업 번영과 농업 정책의 전환
제5절 명치 후기부터 대정 시대의 농업계
제6절 소작 쟁의
제8장 광업
제1절 일본 광업의 요람 시대
제2절 청일 일러 전후의 발전
제3절 구주 대전중의 호황과 그 반동
제9장 공업
제1절 개설
제2절 제철업
제3절 조선업
제4절 섬유공업
제5절 화학공업
제6절 노동쟁의
제10장 전기
제1절 개설
제2절 창업 시대
제3절 발전 시대
제4절 난숙 시대
제11장 기업형태
제1절 합본 제도
제2절 거래소의 발달

제3절 기업의 고도화
제12장 재정
제1절 총설
제2절 회계 제도
제3절 세계로부터 보었던 재정
제4절 조세
제5절 공채
제6절 지방재정
부록 색인

조일신문사. 『명치 대정사』 朝日新聞社, 1931, JPN 555 4

조일신문사. 『명치 대정사』 朝日新聞社 1931, JPN 555 5

서설 눈앞에 전개되는 것
1 문학
2 대중이라는 것
3 연극의 동향
4 과거가의 다각성
5 미술과 단체 행동
제1편 과도기로부터 창성으로
제1장 서양화 국재의 성쇄
제2장 연극 개량열
제3장 미술의 진전
제4장 음악의 신생면
제2편 국민 의식과 개성 심화
제1장 청일 전쟁후의 발흥
제2장 혼미한 연극단
제3장 미술의 신파
제4장 양악 일본악의 성운
제3편 자연주의를 중심으로
제1장 진리에의 탐구
제2장 2종의 신극 운동
제3장 미술계의 신구 항쟁

제4장 가극과 엔카
제4편 사회의식의 확충에
제1장 지식 계급의 고민
제2장 연극 이원의 번민
제3장 관민 신구의 대립
제4장 음악의 세계적 교환
결어
1 대술 양식의 한계성
2 경제 생활과의 교섭
3 편저자의 대망

조일신문사. 『명치 대정사』 朝日新聞社, 1931, JPN 555 6

서론
제1장 왕정 유신과 헌정의 창시
제1절 대정의 봉환
제2절 폐번치현
제3절 민선 의회 설치론과 정당 조직의 단서
제4절 명치 14년의 정변과 조칙 환발
제5절 명치 정부의 서정 쇄신
제6절 자유 민권과 그 탄압
제7절 정당의 수난 시대
제2장 헌법의 선포와 내각 제도 실시
제1절 화족령과 내각 제도
제2절 헌법의 선포와 추부 설치
제3절 쿠로다 내각과 조약 개정 문제
제4절 헌법 실시전의 제법 제
제5절 자치 제도의 확립
제3장 의회 개설과 벌족 정당의 항쟁
제1절 야마가타 내각과 초기 의회
제2절 마쓰카타 내각과 제2 의회
제3절 마쓰카타 내각과 제3 의회
제4절 제2차 이토 내각과 제4 의회
제5절 제2차 이토 내각과 제5 의회

제6절 이토 내각과 청일전쟁
제7절 마츠카타 내각
제8절 제3차 이토 내각
제4장 정당의 흥기와 벌족 조락
제1절 최초의 정당 내각
제2절 제2차 야마가타 내각
제3절 청일 전후의 제법제
제4절 정우회 내각
제5절 가츠라 타로 내각
제6절 가츠라 내각과 일러 전쟁
제7절 사이온지 내각
제8절 제2차 가츠라 내각- 정당의 분합
제9절 제2차 사이온지 내각
제10절 제3차 가츠라 내각
제5장 정당 정치의 완성에
제1절 야마모토 권병가 내각
제2절 키요우라 게이고의 유산 내각
제3절 오오쿠마 내각
제4절 데라우찌 내각
제5절 하라타카시 내각
제6절 다카하시 고레키요 내각
제7절 가토 도모자부로우 내각
제8절 제2차 야마모토 내각
제9절 키요우라 게이고 내각
제10절 호헌 삼파 내각의 성립
제11절 헌정회 단독 내각
제12절 와카쓰키체 차남 내각
제13절 다나카 요시이치 내각
제14절 하마구찌 유우코우 내각
제6장 무산당의 발전 과정
제1절 여명기의 무산 정치 운동
제2절 명치 후반의 정치 운동
제3절 무산 정당 출현의 전경
제4절 무산 제정당의 성쇄

제5절 무산 정당의 의회 진출
기성 정당의 이합 집산
무산 정당
중의원의원선거법 개정 연혁
정치편 부록
정치편 색인

최호진. 『근대 조선 경제史 : 이조말기에서의 상업 및 금융』 慶應書房, 1942, JPN 729

춘묘공추송회. 『이토 히로부미 전』 統正社, 1944, JPN 34 1

서문
범례
이토 가 계보
이토 가 계보 총 목록
이토 가 계보 상권 목차
제1편 가계와 수양
제2편 국사 분주
제3편 영국 유학
제4편 개국론의 제창
제5편 막부를 타도하는 운동
제6편 왕정 복고
제7편 신정부로 출근
제8편 판적 봉환
제9편 재정의 확립
제십편 이와쿠라 대사 구미 회람
제11편 정한론의 경위
제12편 정치 제도의 개혁
제13편 사할린 및 대만 사건
제14편 오사카 회의와 정체 개혁
참고 문서

춘묘공추송회. 『이토 히로부미 전』 統正社, 1944, JPN 34 2

목차

제15편 서남 전쟁
제16편 서정 개선
제17편 헌법제정의 준비
제18편 유럽 헌법의 조사
제19편 미야우치경 겸임과 조선 사건 처리
제20편 현대적 내각 제도의 확립
제21편 제1차 이토 내각
제22편 제국 헌법의 제정
제23편 조약 개정 문제
제24편 입헌정치 실시
제25편 제2차 이토 내각
참고 문서

춘묘공추송회. 『이토 히로부미 전』 統正社, 1944, JPN 34 3

이토 히로부미 전 하권 목차

제26편 조약 개정의 완성
제27편 청일 전쟁
제28편 청일 전후의 내외 정세
제29편 제3차 이토 내각
제30편 정당 정치의 주창
제31편 제4차 이토 내각
제32편 일러 전쟁

츠다 소키치(津田左右吉). 『조선 역사 지리, 제2권 제2』 南滿洲鐵道株式會社, 1913, JPN 733

츠카고시 요시타로(塚越芳太郎). 『신 국민의 자격 / 第7編』 民友社, 1902, JPN 210

하나이 다쿠조(花井卓蔵). 『송정논초 : 국민대회사건을 논하다』 春秋社, 1930, JPN 321

하나이 다쿠조(花井卓蔵). 『평화의 검』 日比谷書房, 1918, JPN 252

서문
자서
범례
평화의 검 목차
권두언
서문 친구 및 형법의 변호인
본건의 개념 피고의 의사급 동작
집회 행위와 폭동 행위와의 관계
피고의 인격 성격과 행실 및 사회적 지위 세력
예기설 폭동을 예기한 것은 죄가 되지 않고
파동설 책임은 직접 효과에 그친다
불확정 범의 미 필연 결과의 책임
공동정범의 법리
국민 대회의 파란 예방 경찰권의 남용 인권 조약
대회 금지명령의 법률적 관찰 법률의 오해 명령의 무효
공원 폐쇄의 법률적 관찰 직접강제의 오해
행정명령의 표시법
대회후의 파란 군집의 공도 보행
본건 피고와 다른 피고 노동자와의 관계 국사 모욕
본건과 치안 답찰법
국민 대회는 적법한 집회이다 치안 경찰법과 흉도취중죄와의 관계
흉도포취의 의의 일본형법의 용자례
공동적 폭위의 발휘와 사회 공중의 공포
공중은 오히려 경찰관을 두려워하고
각국 형법 대조 형법개정안의 규정
의사의 변경에 따른 행위의 책임
공소부수리 문제
형의 적용을 목적으로 한 공소 범위의 불법피확장
결론 형사정책 및 형법 도덕
아아 강화조약 형법
형법

치안 경찰행법
행정 집행법
행정 집행법 시행령
판결례
법정 일지
중의원 의원 유지회
판결서
소편
목차
1< 니콜라이> 교회당 건설지의 법률상 성질
2<캬피탈레이션> 을 논함
3 러일 전쟁과 국제법의 발전
4 계엄령 및 신문지 단속의 긴급 칙령에 관하여
5 명치 39년도 임시 사소한 일비 세입 장출 결산에 관하여

하마다 가스미(濱田佳澄). 『러일 외교 10년사』 民友社, 1904, JPN 368

제1장 극동에 있어서 러일
제2장 러시아와 만주
제1 동아시아 침략
제2 만주 점령 준비
제3 만주 점령
제4 선고와 실행
제3장 러시아의 대한 경영
제4장 열국과 만주 문제
제5장 일러 교섭
제6장 일러 개전
제1 여순 인천의 해전
제2 선전의 조칙
제3 제국 생존의 위해 자
제4 평화의 착란자
제5 문명의 공중의 적
제7장 러시아의 선전포고
제8장 곡직은 존재하는가

제9장 불법 횡포한 행동
제1 노함의 상선 격침
제2 노인의 일본 피난민 학대
제3 러시아의 중립 침해
제10장 일러 교전과 열국의 태도
제1 열국의 중립 선고
제2 영국의 태도
제3 미국의 태도
제4 촉일의 태도
제5 프랑스의 태도
제11장 청국의 국외 중립
제1 중립 선고의 순서
제2 교전지 국한
제3 중립지의 범위
제12장 러한 동맹 협약
제1 한국에서의 제국의 지위
제2 특파 대사 조난
극동 정국 일지
부록 일러 교섭에 관한 왕복 문서

하마다 고사쿠(浜田耕作). 『고고학연구』 座右寶刊行會, 1939, JPN 724

하마다 세이료(浜田青陵). 『백제관음』 イデア書院, 1927, JPN 771

하세가와 다카시(長谷川峻). 『(대륙 외교의 선구) 야마자(山座) 공사 』 育生社, 1938, JPN 297

학해지침사. 『만국지리초보 권지상』 集英堂本店, 1894, JPN 747e2 v.1

학해지침사. 『만국지리초보 권지하』 集英堂本店, 1894, JPN 747e2 v.2

한국중앙농회. 『한국중앙농회보, 제4권 제8호』 韓國中央農會, 1910, JPN 776 v.4 n.8

핫토리 시소(服部之総). 『흑선전후』 大畑書店, 1933, JPN 299

혼다 구마타로(本多熊太郎). 『선인을 말한다』 千倉書房, 1939, JPN 300

혼다 구마타로(本多熊太郎). 『혼의 외교 : 러일전쟁에서 코무라 후작』 千倉書房, 1941, JPN 175

목차
고무라 쥬타로후작을 이야기한다
다시 한번 고무라후작을 이야기한다
고무라후작과 만주
일영 동맹과 러일전쟁
러일전쟁의 진의의
강화 외교 비화
강화 검약의 조인
한국 노분문에 만주 문제에 있어 대통령의 양해를 구하다
웅대한 경륜을 유서에 맡긴다
러일전쟁과 고무라 후작
무력의 발동을 동반한 현상 타파
러일전쟁과 세계 정국의 궤환

호시 하지메(星一). 『중국의 역사』 星同窓會, 1938, JPN 335

서문
목차
삼황 오제
하
은{상}
주
춘추 시대
전국 시대
진
전한 {서막}
신

후한
삼국
서위
동위
오호16국
남조
북조 {선비}
수
당{전}
주
당{후}
발해
5대 십국
요{거란}
북송
서하
금{여진}
남송
원{몽고}
명
청{후금}
중화 민국
표
중국이란 어떤 나라인가
중국 역사의 가장 흥미있는 시기
중국의 가족
도교의 개조 {노자}
유교의 개조 {공자}
생사의 절대 숙명설{열자}
위아 향락의 개인주의 {양자}
겸애 주의 {묵자}
유교의 확립자{ 맹자}
장자
성악설{순자}

노자.공자.열자.양자.묵자.맹자.장자.순자 등 팔대가
한비자
중국의 정전법과 공자
중국의 종교
중국의 하늘과 일본의 하늘
중국의 교육
중국의 임관 공봉 과봉
중국의 정치 일반
중국의 궁중 관리 주관
중국의 법률
중국의 군대
진 관우가 무의 신
중국의 봉이
중국의 외교
중국 화폐
중국의 대외 무역
성장이 중요하다
중국의 어머니
중국의 효
중국의 사랑
악비
중국에 예부터 식인 습관 있고
중국의 문자
중국의 문화
중국인은 외국 문화에 둔감
중국인은 외국어에 능통
중국의 복고와 부흥
중국은 무를 쌓는 것을 모르다
중국에 보존없음
만수산을 보고
중국의 체면
중국은 진 것을 이겼다고 한다
남의 물건은 나의 물건
중국의 노예 계급

일본과 미국
협력 아래에 생성한 만주국
중국의 음리
동업자문의 조합
중국인의 근면과 고립과 단념
중국인의 뇌동성
중국의 비밀 결사
중국인과 책임
중국의 선정
지배자는 누구라도 좋다
중국은 미의 나라
중국인의 이중 인격
중국의 우문 주의
중국의 문화는 일본에서 완성
중국의 도로
중국의 관리
중국에 신뢰없다
중국인은 도박꾼
중국의 오해 능력
중국인에 종합력업다
중국의 최대 요구

후나코시 야스주(舟越康寿). 『동남아시아 문화권사』 三省堂, 1943, JPN 731

후루시마 도시오(古島敏雄). 『산업사, 3 / 12』 山川出版社, 196, JPN 29 v.12

후카이 에이고(深井英五). 『회고칠십년』 岩波書店, 1941, JPN 367

후쿠다 요시노스케(福田芳之助). 『신라사』 若林春和堂, 1913, JPN 739

히라노 아키라(平野晨). 『(명치·대정·소화 역사자료대집성)내란 소요편』 歷史資料大集成刊行會, 1934, JPN 290 1

히라츠카 아츠시(平塚篤). 『이토 히로부미 비록』 春秋社, 1929, JPN 587 v.1

일러두기
서문
이토 히로부미 비록 목차
1 일러 개전과 원로 은밀한 의논의 대강
2 정우회 조직의 예비 상담
3 마사토모 총재 당시의 경제 정책 의견
4 제2 의회 당시 정부에 던진 경고
5 자유 민권운동과 공공의 상주
6 오사카 회의와 키도 구보의 악수
7 의화단의 난 지휘관 문제
8 타니 장군의 조약 개정 의견
9 타니 장군의 조약 개정 의견을 반박한다
10 노독불의 간섭과 우리 대책
11 조약 개정에 대한 의견
12 추밀 고문관 증원과 신분령 폐지
13 삼국 간섭 출현의 이유
14 청일 전쟁중 명치 천황의 마음
15 와타나베 구니타케의 심기 일전
16 입법 정체 확립의 칙서
17 귀족원 개조의 상주문
18 총리 대신으로서 처음의 사표
19 쿠로다 세이류백 난취 탁상의 대필
20 명치 첫해 신문 조종의 고심
21 제1차 정우회 내각의 사직
22 황족과 귀족원 출석의 가부
23 삼국 간섭과 러시아의 강요
24 헌법 기초 당시의 의견서
25 각 정당 수령 어소의 상주
26 일본 육군과 메츠겔 장군
27 명치 연간의 암살 유행 시대

28 일본 해항 검역법의 실시
29 군부 장관 문관제의 가부
30 폐번치현 단행의 전후
31 총선거와 정부 당국의 마음가짐
32 요동 환부의 형식
33 일본 처음의 지방관 회의
34 점령후의 대만 통치 문제
35 신기관 재흥의 결정
36 대러 문제와 국민 동맹회
37 조약 개정과 이면의 비극
38 암살된 김옥균의 시체 처리
39 세권 회복의 대외 교섭 복안
40 귀족원령의 제정과 복안의 한 끝
41 독일 황제 동생의 이에가모 사격 사건
42 정우회 내각과 와타나베의 책동
43 제일기 귀족원 의장에게 취임
44 청나라의 대만 할양과 도민의 반항
45 서남 전쟁의 전황 보고 전보
46 가쓰 가이슈옹에 대한 작의 고마우신 분부
47 토족 구조에 관한 독자의 사안
48 일본 거래의 창설 문제
49 입헌 정우회 창립의 단서
50 추밀원 의장 사임의 간청
51 제일 의회 당시의 타협 문제
52 지방 지세 문제의 분규
53 일어나서 정국의 화평을 꾀한다
54 서남 전쟁중의 편지 초안
55 칙명에 의해 정우회를 멀리한다
56 조약 개정에 대한 계속된 고심
57 일본 처음의 훈장 수여
58 화족의 신제도와 교육 진흥
59 오오쿠마 시게노부 밀주 사건
60 이홍장 조난과 일중 교섭
61 제국 헌법과 영국 주의

62 일본 처음의 제국 의회 해산
63 일러 단교 직전의 정부 수뇌 회의
64 일곱 겹의 무릎을 여덟겹으로 한 증세안
65 청일 휴전에 간섭의 마수를 숨기다
66 청일전 후 극동의 위기
67 오오쯔 사변
68 명치 첫해의 우리 화폐 정책
69 일러 전쟁중의 고심
70 분연히 나쓰시마로 떠난다
71 이와쿠라공에 모인 헌법 조사 의견
72 훈위 정2위 후작 봉환의 상주
73 이노우에 한국 특파 대사의 출발
74 조약 개정과 위원의 구미 파견
75 헌법 기초 당시의 이토 공
76 제9 의회의 시정 방침 연설
77 첫 한국 통감에 취임
78 조약 개정의 완성을 볼 때까지
79 충성 없는 한국 통감
80 선거 간섭과 추밀원 장관 사직
81 조선 내정 개혁의 자금
82 명치 초두 시대의 대륙 정책
83 텐진조약 당시의 서순 일기
84 황실 제도 조사국의 설치
85 일러 화의에 대한 사안
86 다케조에 공사 사건의 전말
87 와타나베 재무장관이 완강하다
88 호위 위사의 서약
89 조약 개정 준비위원회
90 증세안과 성칙 강하
91 오다와라 일기의 한 절
92 사츠마번 초슈번 조화의 고심
93 내각 사직의 선례
94 러시아 연구의 편린
95 의회와 정부와의 관계

96 헌법상 국체의 연구
97 청일 휴전 조약의 성립
98 이토 류오의 교분
99 오오쿠마 입각의 전말
100 전후의 만주 문제
101 조약 개정논의 한 절
102 이토공 처음의 임관
103 오오쿠마 조난 당시의 일기
104 극히 어려운 국회 개설
105 한국 개혁의 요체
106 러시아에 대한 결의
107 묘당 사츠마번 초슈번의 확집
108 동양 위국에 처한 상주문
109 명치 대제의 여정
110 청일 강화조약 비준후의 조치
111 대 청선전 통고
112 공식령에 대한 해석
부록
　일영 동맹과 일러 협상
　이토 히로부미 문관력
　이토 히로부미 인보

히라츠카 아츠시(平塚篤). 『(속) 이토 히로부미 비록』 春秋社, 1930, JPN 587 2

목차
1 정한 문제의 비등
2 강화만 포격 사건
3 카와지 대경시의 임종
4 일중 류큐 사건 교섭 {1}
5 동 {2}
6 동 {3}
7 집회 조례와 암살 유행
8 비상의자와의 사이

9 헌법 조사의 곤란
10 일본의 국체 및 헌법론
11 명치 대제에게 상주
12 신조함으로 규슈 시찰
13 일본 처음의 수상
14 거듭 사직 간청
15 데라시마백의 의견서
16 일본 처음의 귀족원 의장
17 단연 하야의 결심
18 제2 의회의 해산
19 제4 의회의 개회
20 대청 대총독 임명
21 일포 조약 폐기 문제
22 대미 조약의 체결
23 청일전쟁중의 감상
24 청일 강화 조약
25 이경방 전권 문제
26 삼국 간섭 여담
27 감정적인 야마가타 공
28 천황 하문에 유예 상주
29 아리스가와 다케히토 친왕 전하
30 청나라 만유 일기
31 이홍장에게의 답전
32 자유당과의 제휴
33 정부, 귀족원의 대 충돌
34 대중국 의견의 일단
35 마사토모 내각과 호시 도오루
36 가츠라 대 정우회의 타협
37 마사토모 내각의 붕괴
38 다시 한번 가츠라 내각과의 타협
39 러일전쟁의 발발 일러 교섭 파열의 전말
40 후시미미야 미국 파견
41 숭경하는 7대 인물
42 비장한 만사의 각오

43 유신 당시의 회고
44 유일한 도검 취미
이토 히로부미 연설집 목차

Aleksandr IAkovlevich Maksimov. 『노국 동방책』 哲學書院, 1896, JPN 443

François-Alfred-Désiré Ligneul. 『일본주의와 세계주의』 文海堂, 1898, JPN 603

Schumpeter, Joseph Alois. 『자본주의·사회주의·민주주의』 東京 東洋 1951, JPN 590 1

번역자 서문
목차
해설
일본판에의 서문
서문
제2판에의 서문
제1부 마르크스 학설
  프롤로그
  제1장 예언자 마르크스
  제2장 사회 학자 마르크스
  제3장 경제학자 마르크스
  제4장 교사 마르크스
제2부 자본주의는 살아남을 수 있는가
  프롤로그
  제5장 총생산량의 증가량
  제6장 훌륭한 자본주의
  제7장 창조적 파괴의 과정
  제8장 독점기업의 행동
  제9장 금렵의 계절
  제10장 투자 기회의 소멸
  제11장 자본주의의 문명

제12장 무너지고 떨어지는 성벽
제13장 증대한 적대
제14장 해

러 시 아 어

『러시아 통보 - 제 128권 4월』 피터스버그, 1877, RUS 457 v.128

군사 교육의 사실주의와 군사 교육의 개혁
개요. 아시아에서의 국제적인 문제들
17세기 이탈리아에서의 러시아 외교관과 관광객들
미국의 회상, 추측, 진상
군사 역사적인 수필
미케나에서 쉴리만의 발굴
안나 까레니나. 소설
파브자니. 스파르타인. 아들이 출판한 불베르의 유저. 영어 번역본. 1장. 1 편. 1 부
모스크바 천문대 논문. 작년판
동방 전쟁 1853-1856
정치적 수기

Andreevsky, I. F. 『백과사전, 제1권』 Semenovskaya Tipo-Litographia, 1890, RUS 208 v.1

Andreevsky, I. F. 『백과사전, 제2권』 Semenovskaya Tipo-Litographia, 1890, RUS 208 v.2

Andreevsky, I. F. 『백과사전, 제3권』 Semenovskaya Tipo-Litographia, 1890, RUS 208 v.3

Andreevsky, I. F. 『백과사전, 제4권』 Semenovskaya Tipo-Litographia, 1891, RUS 208 v.4

Andreevsky, I. F. 『백과사전, 제5권』 Semenovskaya Tipo-Litographia, 1891, RUS 208 v.5

Andreevsky, I. F. 『백과사전, 제6권』 Semenovskaya Tipo-Litographia, 1891, RUS 208 v.6

Andreevsky, I. F. 『백과사전, 제7권』 Semenovskaya

Tipo-Litographia, 1891, RUS 208 v.7

Andreevsky, I. F. 『백과사전, 제8권』 Semenovskaya Tipo-Litographia, 1891, RUS 208 v.8

Andreevsky, I. F. 『백과사전, 제9권』 Semenovskaya Tipo-Litographia, 1891, RUS 208 v.9

Andreevsky, I. F. 『백과사전, 제10권』 Semenovskaya Tipo-Litographia, 1892, RUS 208 v.10

Andreevsky, I. F. 『백과사전, 제11권』 Semenovskaya Tipo-Litographia, 1892, RUS 208 v.11

Andreevsky, I. F. 『백과사전, 제12권』 Semenovskaya Tipo-Litographia, 1892, RUS 208 v.12

Andreevsky, I. F. 『백과사전, 제13권』 Semenovskaya Tipo-Litographia, 1892, RUS 208 v.13

Andreevsky, I. F. 『백과사전, 제14권』 Semenovskaya Tipo-Litographia, 1892, RUS 208 v.14

Andreevsky, I. F. 『백과사전, 제15권』 Semenovskaya Tipo-Litographia, 1892, RUS 208 v.15

Andreevsky, I. F. 『백과사전, 제16권』 Semenovskaya Tipo-Litographia, 1893, RUS 208 v.16

Andreevsky, I. F. 『백과사전, 제17권』 Semenovskaya Tipo-Litographia, 1893, RUS 208 v.17

Andreevsky, I. F. 『백과사전, 제18권』 Semenovskaya

Tipo-Litographia, 1893, RUS 208 v.18

Andreevsky, I. F. 『백과사전, 제19권』 Semenovskaya Tipo-Litographia, 1893, RUS 208 v.19

Andreevsky, I. F. 『백과사전, 제20권』 Semenovskaya Tipo-Litographia, 1893, RUS 208 v.20

Andreevsky, I. F. 『백과사전, 제21권』 Semenovskaya Tipo-Litographia, 1893, RUS 208 v.21

Andreevsky, I. F. 『백과사전, 제22권』 Semenovskaya Tipo-Litographia, 1894, RUS 208 v.22

Andreevsky, I. F. 『백과사전, 제23권』 Semenovskaya Tipo-Litographia, 1894, RUS 208 v.23

Andreevsky, I. F. 『백과사전, 제24권』 Semenovskaya Tipo-Litographia, 1894, RUS 208 v.24

Andreevsky, I. F. 『백과사전, 제25권』 Semenovskaya Tipo-Litographia, 1894, RUS 208 v.25

Andreevsky, I. F. 『백과사전, 제26권』 Semenovskaya Tipo-Litographia, 1894, RUS 208 v.26

Andreevsky, I. F. 『백과사전, 제27권』 Semenovskaya Tipo-Litographia, 1895, RUS 208 v.27

Andreevsky, I. F. 『백과사전, 제28권』 Semenovskaya Tipo-Litographia, 1895, RUS 208 v.28

Andreevsky, I. F. 『백과사전, 제29권』 Semenovskaya Tipo-Litographia, 1895, RUS 208 v.29

Andreevsky, I. F. 『백과사전, 제30권』 Semenovskaya Tipo-Litographia, 1895, RUS 208 v.30

Andreevsky, I. F. 『백과사전, 제31권』 Semenovskaya Tipo-Litographia, 1895, RUS 208 v.31

Andreevsky, I. F. 『백과사전, 제32권』 Semenovskaya Tipo-Litographia, 1895, RUS 208 v.32

Andreevsky, I. F. 『백과사전, 제33권』 Semenovskaya Tipo-Litographia, 1896, RUS 208 v.33

Andreevsky, I. F. 『백과사전, 제34권』 Semenovskaya Tipo-Litographia, 1896, RUS 208 v.34

Andreevsky, I. F. 『백과사전, 제35권』 Semenovskaya Tipo-Litographia, 1896, RUS 208 v.35

Andreevsky, I. F. 『백과사전, 제36권』 Semenovskaya Tipo-Litographia, 1896, RUS 208 v.36

Andreevsky, I. F. 『백과사전, 제37권』 Semenovskaya Tipo-Litographia, 1896, RUS 208 v.37

Andreevsky, I. F. 『백과사전, 제38권』 Semenovskaya Tipo-Litographia, 1896, RUS 208 v.38

Andreevsky, I. F. 『백과사전, 제39권』 Semenovskaya Tipo-Litographia, 1897, RUS 208 v.39

Andreevsky, I. F. 『백과사전, 제40권』 Semenovskaya Tipo-Litographia, 1897, RUS 208 v.40

Andreevsky, I. F. 『백과사전, 제41권』 Semenovskaya Tipo-Litographia, 1897, RUS 208 v.41

Andreevsky, I. F. 『백과사전, 제42권』 Semenovskaya Tipo-Litographia, 1897, RUS 208 v.42

Andreevsky, I. F. 『백과사전, 제43권』 Semenovskaya Tipo-Litographia, 1897, RUS 208 v.43

Andreevsky, I. F. 『백과사전, 제44권』 Semenovskaya Tipo-Litographia, 1897, RUS 208 v.44

Andreevsky, I. F. 『백과사전, 제45권』 Semenovskaya Tipo-Litographia, 1898, RUS 208 v.45

Andreevsky, I. F. 『백과사전, 제46권』 Semenovskaya Tipo-Litographia, 1898, RUS 208 v.46

Andreevsky, I. F. 『백과사전, 제47권』 Semenovskaya Tipo-Litographia, 1898, RUS 208 v.47

Andreevsky, I. F. 『백과사전, 제48권』 Semenovskaya Tipo-Litographia, 1898, RUS 208 v.48

Andreevsky, I. F. 『백과사전, 제49권』 Semenovskaya Tipo-Litographia, 1898, RUS 208 v.49

Andreevsky, I. F. 『백과사전, 제50권』 Semenovskaya Tipo-Litographia, 1898, RUS 208 v.50

Andreevsky, I. F. 『백과사전, 제51권』 Semenovskaya Tipo-Litographia, 1899, RUS 208 v.51

Andreevsky, I. F. 『백과사전, 제52권』 Semenovskaya

Tipo-Litographia, 1899, RUS 208 v.52

Andreevsky, I. F. 『백과사전, 제53권』 Semenovskaya Tipo-Litographia, 1899, RUS 208 v.53

Andreevsky, I. F. 『백과사전, 제54권』 Semenovskaya Tipo-Litographia, 1899, RUS 208 v.54

Andreevsky, I. F. 『백과사전, 제55권』 Semenovskaya Tipo-Litographia, 1899, RUS 208 v.55

Andreevsky, I. F. 『백과사전, 제56권』 Semenovskaya Tipo-Litographia, 1900, RUS 208 v.56

Andreevsky, I. F. 『백과사전, 제57권』 Semenovskaya Tipo-Litographia, 1900, RUS 208 v.57

Andreevsky, I. F. 『백과사전, 제58권』 Semenovskaya Tipo-Litographia, 1900, RUS 208 v.58

Andreevsky, I. F. 『백과사전, 제59권』 Semenovskaya Tipo-Litographia, 1900, RUS 208 v.59

Andreevsky, I. F. 『백과사전, 제60권』 Semenovskaya Tipo-Litographia, 1900, RUS 208 v.60

Andreevsky, I. F. 『백과사전, 제61권』 Semenovskaya Tipo-Litographia, 1900, RUS 208 v.61

Andreevsky, I. F. 『백과사전, 제62권』 Semenovskaya Tipo-Litographia, 1901, RUS 208 v.62

Andreevsky, I. F. 『백과사전, 제63권』 Semenovskaya Tipo-Litographia, 1901, RUS 208 v. 63

Andreevsky, I. F. 『백과사전, 제64권』 Semenovskaya Tipo-Litographia, 1901, RUS 208 v.64

Andreevsky, I. F. 『백과사전, 제65권』 Semenovskaya Tipo-Litographia, 1901, RUS 208 v.65

Andreevsky, I. F. 『백과사전, 제66권』 Semenovskaya Tipo-Litographia, 1901, RUS 208 v.66

Andreevsky, I. F. 『백과사전, 제67권』 Semenovskaya Tipo-Litographia, 1902, RUS 208 v.67

Andreevsky, I. F. 『백과사전, 제68권』 Semenovskaya Tipo-Litographia, 1902, RUS 208 v. 68

Andreevsky, I. F. 『백과사전, 제69권』 Semenovskaya Tipo-Litographia, 1902, RUS 208 v.69

Andreevsky, I. F. 『백과사전, 제70권』 Semenovskaya Tipo-Litographia, 1902, RUS 208 v.70

Andreevsky, I. F. 『백과사전, 제71권』 Semenovskaya Tipo-Litographia, 1902, RUS 208 v. 71

Andreevsky, I. F. 『백과사전, 제72권』 Semenovskaya Tipo-Litographia, 1902, RUS 208 v.72

Andreevsky, I. F. 『백과사전, 제73권』 Semenovskaya Tipo-Litographia, 1903, RUS 208 v.73

Andreevsky, I. F. 『백과사전, 제74권』 Semenovskaya Tipo-Litographia, 1903, RUS 208 v.74

Andreevsky, I. F. 『백과사전, 제75권』 Semenovskaya Tipo-Litographia, 1903, RUS 208 v.75

Andreevsky, I. F. 『백과사전, 제76권』 Semenovskaya Tipo-Litographia, 1903, RUS 208 v.76

Andreevsky, I. F. 『백과사전, 제77권』 Semenovskaya Tipo-Litographia, 1903, RUS 208 v.77

Andreevsky, I. F. 『백과사전, 제78권』 Semenovskaya Tipo-Litographia, 1903, RUS 208 v.78

Andreevsky, I. F. 『백과사전, 제79권』 Semenovskaya Tipo-Litographia, 1904, RUS 208 v.79

Andreevsky, I. F. 『백과사전, 제80권』 Semenovskaya Tipo-Litographia, 1904, RUS 208 v.80

Andreevsky, I. F. 『백과사전, 제81권』 Semenovskaya Tipo-Litographia, 1904, RUS 208 v.81

Andreevsky, I. F. 『백과사전, 제82권』 Semenovskaya Tipo-Litographia, 1904, RUS 208 v.82

Brokgauz, F. A. 『백과사전, 부록 1』 Semenovskaya Tipo-Litographia, 1905, RUS 208 v.s.1

Brokgauz, F. A. 『백과사전, 부록 2』 Semenovskaya Tipo-Litographia, 1905, RUS 208 v.s.2

Brokgauz, F. A. 『백과사전, 부록 3』 Semenovskaya Tipo-Litographia, 1906, RUS 208 v.s.3

Brokgauz, F. A. 『백과사전, 부록 4』 Semenovskaya

Tipo-Litographia, 1906, RUS 208 v.s.4

Baiov, A. 『북한의 군사-지리 및 통계개요』 피터스버그 군사학 출판사, 1903, RUS 148

목차
1. 서문
2. 면적및 경계
3. 강
4. 숲
5. 기후.
6. 여행정보
7. 남부 우수리 지역에서 본 북한지역
8. 북부 만주지역에서 본 북한지역
9. 남부 만주 지역에서본 북한지역
10. 주요도시
11. 행정조직
12. 민족
13. 보급및 운송수단
14. 산업및 교역
15. 결론
16. 참고문헌

Cjen, Te Gi. 『백두산』 모스크바 말라다야 뜨바르지야, 1950, RUS 263

목차
백두산(시)
두만강
일밀리자
맺는말

Chun, Thai Dyan. 『38선 이남』 모스크바 이스쿠스트바, 1950, RUS 453

Contents
목차
3막 5장의 드라마
등장 인물

Garin, N. G. 『세계여행 일지로부터....한국, 만주, 극동』 모스크바 지리학, 1950, RUS 174e2

목차
가린과 그의 여행세계
제1장 시베리아를거쳐 극동으로
제2장 두만강을 따라 위로 백두산으로
제3장 화산지역으로써의 백두산연구
제4장 장백산맥을거쳐 압록강 중간지대로의 기행
제5장 압록강을따라 아래로 마오산으로부터 의추까지
제6장 반도를따라
제7장 태평양과 대서양을 지나 아르투르항으로부터 러시아로
한국의 민속
맺는말

Grazhdantsev, A. 『한국』 모스크바 정치학, 1948, RUS 167

목차
서문
지리적 특징
인구
한국의 각 지역
참고문헌
제1장 서론
제2장 한국의 지리적 상황
　　지표와 그 구조
　　강
　　기후
제3장 역사

제4장 인구
제5장 농촌경제
제6장 산림업과 수산업
제7장 에너지 및 천연자원
제8장 산업
제9장 운송 및 언론
제10장 금융
제11장 재정
제12장 한국의 대외무역
제13장 통치체제
제14장 사법,검찰,경찰
제15장 보건, 교육 및 종교

Khu, Shen. 『중국에서의 제국주의국가의 침입』 모스크바 외국문학, 1949, RUS 266

목차

서론
제1장 중국의 자본주의국가들에 대한 예속화의 시작
제2장 중국 번영기동안의 외국인에 대한 굴종
제3장 외국인들이 다룬 왕조
제4장 강한자
제5장 또하나의 강자
제6장 혁명과 반혁명
결론

Krainov, P. 『한국민중의 독립투쟁』 모스크바 정치학, 1948, RUS 381

목차

서론
개황
역사적 배경
일본제국주의의 억압
한국민들의 독립국가쟁취를 위한 거사문제

북한에서의 민주주의적 개혁
미국점령체제하에서의 남한
결론

Kyuner, N. V. 『한국, 통계 - 지리학 및 경제학적 개관』 블라디보스토크 동부학 연구소, 1912, RUS 458

서문
1876년부터의 중국, 한국과 일본의 통치년도 이름표)
일본의 도량형

제 1 부
제 1장. 일반 주석. 한반도의 대륙에 위치하는 주변 지역과 섬과의 관계. 일본 식민지로써 한국의 의의
제 2 장. 나라의 명칭. 지리학적 위치. 국경. 국토. 연장도
제 3 장. 해안선의 구조
제 4 장. 외국 과의 무역이 허가된 항구와 그 항구의 상업적 의미를 포함한 한반도 해안선의 개관. 동해안. 남해안. 서해안. 섬)
제 5 장. 육지의 구조
제 6 장. 하천 체계
제 7 장. 기후
제 8 장. 식물과 동물 세계
제 9 장. 인구: 1)한국인. 인구수. 인구 밀도. 인구 증가)
제 10 장. 한국인 이민자
제 11 장. 한국내 외국인: 2)중국인 3)백인 외국인
제 12 장. 4) 일본인
제 13 장. 정치적 분열
제 14 장 주요 도시와 기타 지역에 대한 정보를 포함한 한국 지방의 개관

제 2 부.
1 편. 농업
서문
제 1 장. 한국 경제 생활에 있어서 농업의 일반적인 평가. 한국의 주

요 재정적 업종으로써의 농업
제 2 장. 정부의 농업 지원
제 3 장. 한국에서의 일제 농업 식민지화
제 4 장. 한국 농토의 크기와 지역에 따른 농토 분배. 토지가
제 5 장. 소유지의 특성. 토지이용체계
제 6 장. 한국 농산물의 개관. 곡초의 종류. 쌀의 수출
제 7 장. 콩과식물. 유지식물
제 8 장. 야채
제 9 장. 과수
제 10 장. 담배와 기타 마약식물
제 11 장. 섬유질 식물. 목화
제 12 장. 기타 가공식물
제 13 장. 약초
"한국 개요" 제 1 집에 들어간 수정과 보충 정보)

Levitskii, N. A. 『러일전쟁, 1904-1905』 모스크바 군사학, 1935, RUS 168

목차

제1장 전쟁전야의 극동상황
제2장 러시아의 전쟁준비
제3장 임전하의 일본
제4장 20세기초의 제국군대
제5장 일본의 무장력
제6장 전장형태
제7장군전략계획
제8장 얄루로부터 랴오야나까지
제9장 랴오야나 작전
제10장 주요 작전
제11장 랴오야니작전의 최후
제12장 샤헤에서의 대회전
제13장 일본의 역습
제18장 무크덴으로부터 포르트스무트까지
제19장 제2단계 전장에서의 작전

제20장 전쟁의 결말
부록

Matsokin, Nikolai. 『중동부 아시아 지역에서의 모계 관계. 1권』 블라디보스토크 동부지역학, 1910, RUS 169 v.1

목차
서론
중국인들에게서의 모계관계
한국인들에게서의 모계관계
일본인들에게서의 모계관계
참고문헌

Matsokin, Nikolai. 『중동부 아시아 지역에서의 모계관계. 2권』 블라디보스토크 동부지역학 연구소, 1911, RUS 169 v.2

목차
서론
티벤인들에게있어서의 모계관계
몽골인들에게서의 모계관계
먀오쯔,로로, 타이인들에게잇어서의 모계관계
먀오쯔
로로
타이
결론

Perventsev, A. V. 『한국에서』 모스크바 쏘련 작가, 1950, RUS 435

목차
1. 모스크바에서 평양까지
2.행복한 날과 고통의 날
3. 일본해 연안
4.김일성에게

Shabshina, A. I. 『러시아어-한국어 사전』 Izd. 1948, RUS 146

Vasil ev, A. 『전시하의 한국』 모스크바 쏘련작가, 1950, RUS 436

목차
서론
첫인상
평양에서
위대한 우정
나라구석구석으로부터
농촌에서
공격
꼭두각시인형
전쟁초기
38선 이남으로
서울에서
언론본부에서
인천에서
살인자의 얼굴
중국에서온 친구들
복수심에 불타는 민중
한국은 해방될것이다

Zaichikov, V. T. 『조선』 모스크바 지리학, 1948, RUS 157

목차
저자서문
제1부 일반론
러시아학자들의 한국연구사
한국지리명및 독법
지리적위치
자연
민족
경제

제2부 지역적 개론
각 지역의 특징
북동항구도시
북부 고산지대
북서 강변지대
서부평야지대
동부 고산지대
남부 강변지대및 반도
부록
참고문헌
지리적명칭의 지시어

Zhukov, E. M, 『식민지체제의 위기 - 동아시아 민중의 민족해방투쟁』 모스크바 나우카, 1949, RUS 1

목차
쥬코프 - 2차세계대전후 식민지체제위기의 첨예
아수타피예프 - 반 식민지화로부터 민중민주주의로
지야코프 - 인도에서의 영국지배의 위기와 민중해방투쟁의 새로운 단계
뽀크롭스키 - 실론에서의 영국제국주의자들의 책동
구베르 - 인도네시아민중의 독립투쟁
바실리예바 - 베트남민중의 해방및 민주주의 투쟁
다렙스키 - 말레이지아 민중의 민족해방투쟁
자보알라에바 - 필리핀 민중의 독립투쟁
샤프쉬짜 - 제2차 세계대전후의 한국

스 웨 덴 어

Bauer, J. C. A. 『알렉산더 셀키치의 해외 여행중의 멋진 모험』 Zacharias Haeggstrom, 1819, SWE 6 v.1~2

Bauer, J. C. A. 『알렉산더 셀키치의 해외 여행중의 멋진 모험』 Zacharias Haeggstrom, 1819, SWE 6 v.3~4

Bauer, J. C. A. 『알렉산더 셀키치의 해외 여행중의 멋진 모험』 Zacharias Haeggstrom, 1819, SWE 6 v.5~6

22. 셀키치가 피다 해안가로 오다. 두 나라, 피다와 아르다에 대해서. 셀키치가 다호메이의 왕과 전투를 시작해야만 하다. 거절의 대가로 수감되다. 그의 구출. 그가 다호메이 왕의 법정에 서다.
23. 셀키치는 목숨을 보존했을 뿐 아니라 오히려 다호메이 왕의 법정에서 존대받다. 이 왕의 잔인성. 에이요스와 마히스에 관한 정보
24. 셀키치가 다호메이의 왕에게서 도망치다 그리고 퀴타의 단에게로 오다. 오푸나 섬에 대해서. 황금해안에 대해서
25. 황금 해안에 관해 좀 더 자세히. 이 해안의 몇 개의 나라들에 대해. 흑인들의 전쟁들
26. 셀키치가 황금해안에서 아이보리 해안으로 항해하다. 이시니 왕국에 대해 그리고 다른 나라들에 대해
27. 셀키치가 후추해안으로 오다. 말가헤타 식물에 관해. 세스트로 강에서 왕과 함께한 구경꾼들. 캡 메수르도 . 캡 드 몽테. 쿠오제스에 관해 캡 몽테. 어노트 더 쿠오제스와 혼두
28. 셀키치가 시에라 레온 해안으로 오다. 훌라에 관해. 시에라 레온 회사에 관한 기술. 셀키치가 흑인 노예사이에 일어난 폭동중에 상처를 입고 프리 타운에 머물러야 하다.
29. 세네감비아에 관해. 훌리스. 얄로프. 호왈
30. 세네감비아에 관해 더 자세히. 마라부추에 관해. 망고스에 관해
31. 셀키치가 프리타운에서 불람으로 여행하다, 그리고 거기서 니그리티아에서의 여행에서 돌아오돈 영국인을 만나 길리프리로 여행하다. 그것의 기술. 카르타국과 루다마르
32. 니그리타를 경유한 박의 여행에 관한 계속. 니거에 관해. 밤바라에 관해. 그가 소고로 오다. 그리고 돌아가기로 결정하다. 통부오토에 관한 정보와 아프리카 내륙의 몇 나라들

33. 셀키치가 불람에서 출발하다. 캡 베르도 섬의 정보. 강도 무역에 관해. 셀키치가 사구위로 운반해온 배가 조아니스 강에 근접하다. 선원들이 공격당하고 레브데세바스에서 잡히다.
34. 선원들이 무어인들에 의해 나쁘게 대접받다. 셀키치는 해결을 위해서는 조용히 해야한다는 것을 깨닫다. 그는 그의 주인에 의해 팔리다. 그리고 사하라의 일부분을 통해 여행하다. 이 사막에 관한 기술
35. 사하라의 거주/ 셀키치가 그의 새 주인과 함께 모로코로 여행하다.
36. 셀키치가 드라국에 도착하다. 몬젤미네리아에 관해. 타필렛. 세게메사. 빌레든. 게리드. 카나리섬
37. 셀키치가 모가도르에 도착하다. 그리고 그의 자유를 허락받다. 그러나 그는 그의 생필품들을 사지 못하다. 무어인들과 아랍인들에 관해. 셀키치는 모로코에서 그의 몸값을 지불할 수 있는 사람을 찾지 못하다. 그러므로 그는 그의 주인과 페즈로 같이 가야 하다.
38. 페즈에 관한 기술. 메키네즈 시와 왕의 법정. 셀키치가 그의 주인과 함께 페즈로 여행하다. 셀키치가 아픈 무어인에게 팔리다. 모로코 해안에 관한 기술
39. 셀키치가 그의 새 주인을 치료하고 자유를 얻다. 그가 그와 함께 알제리로 여행하다. 카발에 관해. 알제리에 관해
40. 알테리에서 셀키치는 의사로써 베이에게 가게되고 잘 대접받는다. 그는 독일인과 함께 알제리와 튀니지의 고대 기념비를 방문하기로 한다.
41. 셀키치의 여행이 계속되다. 그가 튀니지 에미리트에 도착하다
42. 튀니지에 관해 좀 더 자세히. 트리폴리스에 관해
43. 페젠, 티보스 그리고 투아릭스에 관해. 보르누에 관해
44. 보르누 주위의 나라와 관해 그리고 큰 리뱐 사막에 관해
45. 셀키치가 러시아 함대가 튀니지 밖에 있다는 사실을 알다. 그가 이곳에 항해해 와서 자신의 아버지와 형제에 관한 정보를 얻다. 그가 러시아함대와 함께 이집트로 여행하다. 흙, 나일, 생산품에 관한 정보
46. 이집트에 관해 좀 더 자세히. 셀키치가 러시아 학자와 함께 피라미드를 여행하다.
47. 카히라스에 관한 기술과 피라미드

48. 카타콤으로의 여행
49. 여행에서 돌아오던 중 셀키치가 뜻하지 않게 그에게 무슨 일이 일어났는지 말하는 오랜 친구 로울리를 만나다. 주보에 관해 그리고 파타 그리고 다른 나라들
50. 로울 리가 갈라국에 오다. 그는 왕에게로 가게되고 채찍질 당한다. 그러나 그는 하베쉬로 계속 여행할 수 있게 되다. 이 나라에 관한 정보
51. 하베쉬에 관해. 로울 리가 왕에게로 가게되다.
52. 하베쉬의 거주인들에 관해. 하베쉬의 왕이 로울리에게 그 나라의 지도를 그릴 임무를 주다.
53. 로울 리가 하베쉬로부터 누비아를 통해 이집트로 여행하다.

Bauer, J. C. A. 『알렉산더 셀키치의 해외 여행중의 멋진 모험』 Zacharias Haeggstrom, 1819, SWE 6 v.7~8

세 번째 파트. 폴리네시아

1. 셀키치의 동료가 홍해로 항해하기를 결정하다. 셀키치의 여행히 헛수고가 되다. 해적을 만나고 그들이 셀키치를 배의 의사로써 데려가다.
2. 그 해적이 폴리네시아 대륙을 해방시킬 자신의 의도를 말하다. 이 이름에 관한 이유. 폴리네시아의 경계. 태평양에 관해. 폴리네시아의 기후. 그 흙. 생산품. 동물
3. 폴리네시아의 거주민들. 폴리네시아의 서부, 중부, 동부의 지도만들기
4. 투키의 정신과 행동. 그들이 수마트라로 오다. 이 섬에 관한 기술, 바타스에 관해 혹은 말레이시아의 원주민에 관해
5. 수마트라에 관해 좀 더 자세히. 장소에 관한 기술. 그것의 특별한 기술. 레느카니스. 네덜란드의 식민지들과 영국 리고 다른 정복국들의 식민지
6. 왕이 그의 기사로 투키와 셀키치를 지명하다. 그들이 수마트라를 떠나다. 그들은 앙강코 섬에 머무르다. 그리고 그 섬의 원주민들에게 공격당하다.
7. 자바로 항해하다. 그것에 관한 기술. 원주민에 관해

8. 자바에 관해 더 자세히. 정부. 바타비아의 수도. 네덜란드의 관습과 생활
9. 자바에 관해 더 자세히. 폭풍중에서 그 배가 해안에 근접하려 하다.
10. 그들이 마두라섬으로 항해하다. 투키가 그의 선원들에게 용감해지라고 격려하다. 그들은 쌀을 사기 위해 그 섬에 정박하고 작은 순다 섬으로 계속 가다. 발리. 롬보. 파터 노스터 섬. 섬바바, 사피, 놈보, 샌델보쉬, 사비. 투키가 큰 적대적인 배를 정복하다.
11. 그들은 플로라. 솔라. 롬발라. 펜타르와 옴바로 항해하다. 셀키치가 자신을 불행하게 만들었던 남자를 만나다. 티모르섬에 관한 기술. 셀레이어
12. 그들은 셀레이어 섬으로 항해하고 그들의 원인으로 왕자를 얻기 위해 노력하다. 그러나 수포로 돌아가다. 투키는 어떠한 결과없이 바톤의 술탄을 이기려 하다. 그가 독일 배를 발견한 다음 네덜란드 배의 공격을 받다.
13. 칼레브에 관한 기술. 흙, 거주인들
14. 칼레브에 관해 좀 더 자세히 그가 남부 해안으로 항해하다. 두 개의 수로. 투키가 마카사르 항구에 놓다. 그는 어떠한 지원도 받지 못하고 보르네오로 향하다.

15. 보르네오에 관한 기술. 보르네오의 땅. 타타스의 구경꾼들. 투키가 술탄이 네덜란드의 친구라는 것을 발견함. 보르네오의 거주인들
16. 타타스의 거주인들과 무역을 하다. 한 중국인이 셀키치에게 네가리 왕자의 불명예스러운 행동에 관해 폭로하다. 그들이 남부 해안에서 서부 해안으로 가다. 북부와 동부 해안에 관해 보르네오의 술탄잉 냉대
17. 투키가 그의 배를 고치고 1월말에 보르네오를 떠나다. 그들이 발람방가농에 오다. 여기서, 투키가 큰 파지를 개최하다. 그것에 관한 이유. 발라박으로의 출발. 투키가 자유를 누리는 술라에 도착하다.
18. 술라에서, 그들은 떠나다. 그들은 해적에게 공격당하다. 그들이 마긴다나오에 오다. 이 섬에 관한 기술. 그곳에서의 환대
19. 마긴다나오에서, 투키는 어느 곳에서 보다 더 자신의 계획에 근접

하다. 그러나 역시 헛수고가 되다.
20. 마긴다나오의 스페인령으로의 여행. 그들은 스페인 지사에게 좀 더 환대받다. 그들이 귀족적인 사람 파스터 암므로시오를 알게 되다.
21. 셀키치가 파터 암브로시오를 방문하고 필리핀에 관한 정보를 얻는다.
22. 필리핀 섬과 파라간, 칼라미안, 민도로와 로존 사이의 여행. 이갈로테스에 관해

Bauer, J. C. A. 『Alexander Selkirchs의 외국 여행 중의 멋진 모험들』 Zacharias Haeggstrom, 1819, SWE 6 v.9~10

selkirch는 유럽으로 돌아오기 위해 프랑스 바에 올라탄다.
새로운 네덜란드에 대한 일반적인 묘사
새로운 네덜란드의 동해안을 따라 항해한다
잭슨항에서 떠나다
노포크 섬에 도착하다
헤브리드에 도착하다
밀리콜로에 도착하다
마침내 그들은 음식을 제공한 우호적인 섬들에 다다르다
하파이섬에 도착했는데 이곳에서 그는 스키퍼 섬 출신의 영국인을 만난다
모타 베이에 도착하다
이곳에 머무르는 동안 샌드위치 섬으로부터 온 배를 만나다
전장의 계속
낮은 섬들의 여행
오이스터 섬에 도착하다
여행자들은 급히 떠나다
여행자들의 최악의 상태
마겔레스 섬에 대하여
포크랜드로 가기로 결정하다
스페인 배가 포크랜드로 와서 여행자들을 잡아갔다
칠레와 동물들
칠레의 여러 항구를 다니다

칠레의 수도에 도착하다
셀커크는 풀려나다
셀커크는 그 항구를 떠나다
셀커크가 여행중에 만난 사람들은 거친 야만족이다
부에노스아이레스에서 온 사람들
셀커크는 프란시스코회 수도승과 함께 여행한다
전장 계속
플라타에 도착하다
포토시에 도착하다
페루를 여행하다
페루의 거주민들

Bauer, J. C. A. 『알렉산더 셀키치의 해외 여행중의 멋진 모험』 Zacharias Haeggstrom, 1819, SWE 6 v.11~12

Bergman, Sten. 『조용한 아침의 나라, 한국』 Albert Bonniers Forlag, 1937, SWE 13

Cassel, Hjalmar. 『신동아』 Albert Bonniers Forlag, 1906, SWE 8

내용
태양이 떠오르는 나라로의 여행
- 어떻게 일본을 여행할 것인가"
- 수에즈 운하에서
- 인도의 문제
- 극동의 문, 싱가포르
- 이민자로서의 중국인

일어나려는 중국
- 개론
- 중국인의 몇몇 모습들
- 상업. 사업가로서의 중국인
- 임시 체계
- 새로운 빛

- 중국의 철도

극동에서의 독일
- 독일은 극동에서 무엇을 원하는가
- 키아추슈

1905년 한국 여행
- 한국의 주된 철도
- 한국의 철도에서
- 서울에서의 산책
- 한국의 임시 개혁. 두개의 인터뷰
- 일본의 속국으로의 한국

해가 떠오르는 땅에서부터의 사진, 일본
- 첫인상
- 관광객의 일본
- 외국인의 삶. 호텔과 클럽
- 공업의 위험이 있는가?
- 평화 후
- 일본 여성들에 대한 몇마디

극동에서의 스웨덴
- 극동에서의 스칸디나비아 반도의 선박
- 스웨덴인들이 무얼할 수 있는가?
- 우리의 외교관과 영사관의 재현

Djurberg, Daniel. 『지리사전, 1-2』 Tryokt hos Nils Magnus Lindh, 1811, SWE 9 v.1-2

Grebst, W. A. 『한국에서 : 조용한 아침의 나라의 생각과 연구』 Forlagsakiebolaget Vastra Sverige, 1912, SWE 4

Hesse-Wartegg, Ernst von. 『일본과 한국: 우리 시대의 동아시아』 Fahlcrantz, 1905, SWE 5

일본
나가사키, 크리산데뭄양의 집
고베로 향한 일본식 호수 너머
요코하마
미카도 황제의 수도
천황과 그의 궁정
귀족 사회
일본 여성
일본 여성의 복식
일본의 젊은이들
일본인들 사이의 결혼의 결속
지진
일본의 현대식 극장
단주로, 일본의 살비니
일본의 문학과 신문
일본의 군사 조직
일본의 길거리 모습
중부 일본
쿄토, 일본의 구수도
다이몬찌, 일본의 죽음 축제
일본의 무스미스
일본 기생
일본 레슬링 선수들
그들의 나라에서 일본인들은 어떻게 여행하는가
극동의 버밍햄
후지산 정상에서
이카오, 일본의 칼스버드
니코, 일본의 사원 마을
일본의 꽃 축제
지우지슈

한국
한국의 시골 마을

제물포
한국의 수도
한국의 왕과 그의 궁정
한국 군인
정치, 사회적 상황
서울에서의 산책
여성의 삶
교육과 지리 개념
종교들
한국의 특성들
나라의 산물
1894년 이후의 한국

La Perouse. 『1785년 이래 La Perouse씨의 세계여행』 Johan Pfeiffer, 1799, SWE 12

McLeod, John. 『한국해안과 류큐섬을 따라 황해에 이르는 Maxwell선장의 여행』 Palmblad & Co., 1820, SWE 3

Palmbland, Vilhelm Fredrik. 『자연과 정치적인 신구지도 핸드북』 Palmblad & Co., 1826, SWE 2 v.2.1

Palmbland, Vilhelm Fredrik. 『자연과 정치적인 신구지도 핸드북』 Palmblad & Co., 1826, SWE 2 v.2.2

Palmbland, Vilhelm Fredrik. 『자연과 정치적인 신구지도 핸드북』 Palmblad & Co., 1826, SWE 2 v.4

Zimmermann, E. 『지구와 그 주민: 외국과 외국사람에 대한 18세기 기록의 역사표: 한국, 일본, 통킹(만) 및 코친차이나(베트남 최남부장)편』 Zacharias Haeggstrom, 1822, SWE 7 v.11

네 델 란 드 어

Hamel, Hendrik. 『난파된 스페르버르 호와 난파 선원들에게 일어난 이야기: 하멜이 쓴 1653년부터 1666년까지의 퀠파트[제주도의 별칭]와 한국의 묘사와 그곳에서 난파 선원들에게 일어난 이야기』 Martinus Nijhoff, 1920, DUT 1

법에 의해 발행
규칙들
린스호턴 협회를 통해 발행된 작품들
목록
목차
알림말
사용된 약어
머리말
일지(日誌)
부록
Ⅰ. 달아난 난파 선원들에 관한 정보
Ⅱ. 석방된 난파 선원들에 관한 정보
Ⅲ. 선박들과 관련된 자료
A. 스페르버르 호
B. 아우어르케르크 호
C. 퀠파트 브락크
D. 혼트 호
Ⅳ. 한국의 위치에 관한 기록과 기억
Ⅴ. 신상소개
A. 니콜라스 페르버르흐
B. 코르넬리스 카사르
C. 이콴
D. 마르티너스 마리티니
Ⅵ. 1664년부터 1665년 사이의 혜성에 관한 정보
관계 도서목록
참고문헌
색인

Rutgers, H. C. 『미국, 일본과 한국을 거쳐 중국으로』 J. Ploegsma,

1922, DUT 10

차례
왜 베이징으로?
세계연방의 이유?
세계연방의 발전
"아콰이타니아"
미국 여행
흑인 상급학교
버팔로 빌의 무덤
고요한 남해(南海)에서
호놀룰루
일본에 도착
일본의 종교의식
일본 기독교에 대한 인상
일본에서 보낸 일주일
서울로 가는 여행길
서울에서 보낸 이틀
평양에서 보낸 하루
선양(瀋陽)
베이징
베이징의 상점
세계연방의 일반적인 통치
칭 후아에서의 회의
중국의 선구자들
여름궁전과 만리장성
주석과 전(前) 주석에게
파오팅푸
화물기차에서 보낸 하루 반나절
카이펑
한카우와 우창
상하이를 향해 양쯔강 하류로
중국 기독교 회의
나가사키와 교토

일본의 한 학교에서
일본에서 보낸 마지막 날들
"아시아의 황후" 의 뱃전에서
록키 산맥에서의 회의
미국의 대학교들
미국 기독교 학생 협회
청년 기독교인 협회(YMCA)
미국을 거쳐
집으로

Salmon, Thomas. 『현대 역사 : 여러 민족의 현재 상황』 Isaak Tirion, 1729, DUT 15

제정(帝政) 중국의 현재 상황
제정(帝政) 일본의 현재 상황
라드로네스 제도(諸島)의 현재 상황
필리핀 제도(諸島)의 현재 상황
몰루카, 향료 제도(諸島)의 현재 상황
셀레베스 제도(諸島), 마카사르의 현재 상황

Verkuyl, Johannes. 『아시아에서 기독교 교회의 위치와 활동과 관련된 종교의 자유문제에 관한 몇 가지 고찰』 J. H. Kok N. V., 1948, DUT 23

개괄 설명
문제의 양상
종교의 자유는 무엇인가?
종교의 자유와 다른 자유들 사이의 연결
머리말
Ⅰ. 이슬람교와 종교의 자유
코란
순나
이즈마
키야스

칼리프
지하드
이슬람 신정(神政) 세계관 속의 어두운 면
배교(背敎)에 관한 법
이슬람 신정(神政)을 구성하는 요소와 맞서고 있는 이슬람 개혁주의와 현대주의
결론

II. 힌두교와 종교의 자유
카스트제도에 대한 개괄
카스트제도의 기원
카스트제도의 종교 철학적인 배경
카스트 교리
카스트의무를 위반했을 시 제재
힌두교 개혁주의와 카스트제도
결론

III. 불교와 종교의 자유
초기의 불교
수도승 공동체의 유래(비구승가[比丘僧家])
수도승 공동체의 조직
아코카의 위엄
대승불교와 소승불교의 유래

IV. 유교와 종교의 자유
서론
유교에 관한 몇 가지 개념들
고대 중국에서 종교의 자유를 탄압하게 된 원인과 이유들
박해자와 피박해자의 역사의 몇몇 순간들
유교와 중화민국
중국의 공산주의 지역(북중국과 만주)
조상숭배와 종교의 자유
결론

V. 신도(神道)와 종교의 자유
신도 신화의 핵심
고대 민속신앙에서 국가적 신도까지
현대 국가적 신토의 해석

현대 신도의 근본 사상
신도와 관련되어 일본, 한국과 타이완에서의 기독교 교회의 위치
결론
Ⅵ. 서양 신학 속의 종교의 자유에 대한 갈등 조망
서론
Ⅰ. 서기 4세기
Ⅱ. 로마 카톨릭교와 종교의 자유
Ⅲ. 프로테스탄티즘과 종교의 자유
서론
A. 루터와 루터주의 그리고 종교의 자유
B. 칼뱅과 칼뱅주의 그리고 종교의 자유
C. 재침례론(再浸禮論)과 다른 사조들 그리고 종교의 자유
Ⅶ. 종교의 자유의 신학적 기초 확립까지의 노력
Ⅰ. 성경의 근거
A. 신의 통치권과 인간의 자유
B. 신의 왕국의 길
Ⅱ. 추론과 관점들
A. 종교의 자유 인정에 대한 성경에 있는 토대는 무엇인가?
B. 종교의 자유에 관하여 국가가 할 일은 무엇인가?
C. 비기독교의 자유에 관해 국가가 할 일
D. 국가는 신이라는 법에 관련되어 무엇을 의미 하는가?
E. 교회와 선교단체는 어떤 방법으로 사람들에게 종교의 자유를 보장해줄 수 있는가?
F. 종교의 자유가 허용되지 않는다면 기독교인과 교회는 무엇을 해야 하는가?
G. 종말론 논쟁 고찰
Ⅷ. 인도네시아의 종교의 자유
서론
Ⅰ. 인도네시아의 고대 종교와 종교의 자유
Ⅱ. 발리의 힌두교와 종교의 자유
Ⅲ. 인도네시아에서의 이슬람교의 전래와 전파
Ⅳ. 동인도 회사와 종교의 자유
Ⅴ. 인도네시아 통치와 종교의 자유
A. 기독교에 관하여

B. 이슬람교에 관하여

VI. 인도네시아 공화국의 종교의 자유를 둘러싼 문제들

A. 공화국 구성에서의 종교적인 부분과 그로부터의 유래

B. 인도네시아 공화국에서의 이슬람 조직과 단체들에 대한 개괄

C. 케멘터리안 아가마의 일

VII. 동 인도네시아 국가의 종교의 자유를 둘러싼 문제들

VIII. 팡칼피낭에서의 소수자들의 회의

IX. 인도네시아 연방의 헌법

이슬람교, 힌두교, 불교의 장(章)에 적용된 표기체계

요약

Weitzel, A. W. T. 『1858년 바타비아 : 네덜란드령 인도 수도의 설명과 묘사』 J. Noorduijn & Zoon, 1860, DUT 11

I. 바타비아에 대한 설명

II. 과거 바타비아의 생활 방법, 풍습과 관습

III. 현재의 바타비아의 생활 방법. 풍습과 관습

IV. 바타비아에 있는 학술 기관들

Wijnaendts, H. 『러·일 전쟁 중 야전(野戰)에 관한 연구』 Gebroeders Juten, 1907, DUT 12e2

I. 서문

II. 양 국의 병력

III. 군사 행동을 하게된 전술·전략상의 이유

IV. 한국에서의 군사 행동

A. 압록강으로 이동한 일본인들

B. 압록강에서의 양 국 병력 배치

C. 일본의 조치들

D. 러시아의 조치들

E. 도하(渡河)

F. 하마탄 전투

G. 손실과 군수품 소모

V. 랴오둥 반도에서의 군사 행동

A. 일본 제 2군(軍)의 상륙
B. 러시아의 병력 배치
C. 상륙 후 일본의 조치들
D. 킨차우 지협(地峽)에서의 러시아의 조치
E. 난스찬 요새 공격까지의 준비 조치
F. 5월 26일 러시아 요새 공격
G. 분석
H. 손실과 군수품 소모
Ⅵ. 1904년 5월 말과 6월 초의 양 국 부대 배치와 이동
A. 동쪽 군사지역
B. 일본 군 타쿠스찬 상륙 그리고 쉬얀으로 진격
C. 일본 제 2군(軍) 북향(北向) 진격
Ⅶ. 와팡아우 전투
A. 양 군사력의 진격
B. 전투의 경과
C. 손실
Ⅷ. 6월 말에서 7월까지의 양 국의 상황
Ⅸ. 7월 중순 동쪽 군사지역의 행동
Ⅹ. 서쪽 군사지역의 행동
A. 다쉰차오 전투
B. 랴오이양에서 후퇴
ⅩⅠ. 랴오이양 전투
A. 형세
B. 형세에 따른 병력 배치
C. 8월 30일
D. 8월 31일
E. 9월 1일
F. 9월 2일
G. 9월 3일
H. 후퇴
J. 분석
ⅩⅡ. 쉬아호 전투
A. 9월 동안의 양국 군사력 배치
B. 러시아의 조치

C. 러시아의 진격
D. 일본의 조치
E. 10월 11일과 12일 전투
F. 10월 13일
G. 10월 14일과 15일
H. 전투 후속 경과
J. 분석
XIII. 쉬아호 전투 후 군사 행동 휴지(休止)
XIV. 잉카우 급습
XV. 산더푸와 호쿠타이에서의 교전
A. 러시아의 공격 계획
B. 양 국 배치
C. 1월 25일
D. 1월 26일
E. 1월 27일
F. 1월 28일
G. 분석
XVI. 선양(瀋陽) 전투
A. 양국 군사력 배치
B. 2월 28일까지의 군사 행동
C. 2월 28일부터 3월 4일까지의 군사 행동
D. 3월 4일부터 8일까지의 군사 행동
E. 훈호에서 기울어진 전세, 러시아의 후퇴
VVII. 최종분석
A. 종합
B. 보병
C. 포병
D. 기병
E. 기관총병
F. 야간 전투
후기
정오(正誤)표
목차

스 페 인 어

『모든 나라의 풍습, 관습, 의목. (아시아편)』 Imprenta Hispana, 1864, SPA 1

Charlevoix, L. 『일본의 역사와 그 전도』 Cuesta, 1860, SPA 6

Dupuy de Lome, D. Enriqua 『일본에 관한 연구』 Sucassores de Rivadeneyra, 1895, SPA 2

감사의 글
변칙 발음 표기법
머리말
읽기 전 한마디
지리학 조금
형성. 인종. 발견. 명칭
분할. 섬. 수도. 주요도시
인구. 면적. 둔덕. 항구. 만과 해협. 산, 화산과 평야. 호수. 강
지도
하늘과 지면
역사에 관한 것
첫번째- 일본의 창설부터 호구나도의 설립까지
I 역사의 원천
II 선사시대
III 오세이 (660~1192)
두번째- 하세이 (1192&1868)
호구나도의 설립부터 페리 사령관의 도착까지
I 카나쿠라의 호군
II 노부나가- 히데요시- 이예야스
III 도쿠가와
세번째- 현대의 역사
I 혁명의 원인
II 두 권력의 분쟁
III 내전
IV 메이지
두개의 종교

Ⅰ 힌토이즘
Ⅱ불교
일본의 변화
27년의 메이지 (1867~1894)
국내단위. 사회조직. 중앙정치
헌법제도. 법률
육군. 해군
교육. 종교
철도, 전신, 우편. 상선
무역, 주식시장과 시장. 금융기관. 국가재정
변동과 어려움
국제관계
읽은 분들을 위한 한마디
목차
정오표

Henrion, Baron de. 『전도의 역사: 12세기부터 오늘날까지, 제1권』 Juan Oliveres, 1863, SPA 3 v.1

Henrion, Baron de. 『전도의 역사: 12세기부터 오늘날까지, 제2권』 Juan Oliveres, 1863, SPA 3 v.2

Henrion, Baron de. 『전도의 역사: 12세기부터 오늘날까지, 제3권』 Juan Oliveres, 1863, SPA 3 v.3

Henrion, Baron de. 『전도의 역사: 7세기부터 오늘날까지, 제4권』 Juan Oliveres, 1863, SPA 3 v.4

Pimentel, Mariano Lopez. 『아시아 동방 신자들의 박해』 Zuniga y Ontiveros, 1803, SPA 4

Schoenmeyr, Alfredo. 『러시아-일본(1904~1905)의 전쟁에 대한 보고서, 제1권』 Imprenta y Litografia Universo, 1906, SPA 5 v.1

개인적인 체험
전쟁의 연극으로의 여행과 위원회에 대한 전체적인 개요
러시아군과 일본군에 대한 자료
만주군의 전투명령
바판고우 전투
다음 작전행동
타시차오 전투
아이산찬 주변의 작전행동
리아오한 전투
쇼호전투
만주의 겨울
인코우에 기병들의 파견
만주군의 협정
산데푸전투
칸카소 기병단체와 입회된 작전행동
정찰과 정보
1 포병대
2 보병대
3 기병
4 진지
5 관리, 급식, 등등
6 위생 업무
7 일반 심사

Schoenmeyr, Alfredo. 『러시아-일본 (1904~1905)의 전쟁에 대한 보고서, 제2권』 Imprenta y Litografia Universo, 1906, SPA 5 v.2

덴 마 크 어

『육지와 바다에서의 개괄적 여행의 역사』 Arkstee und Merkus, 1754, DEN 2 v.9

책 1. 중국에 관한 기술(계속)
1장. 과학과 중국에 관한 연구
1부. 중국의 수학과 미술, 천문학
2부. 중국의 수학에서의 과학
3부. 중국인의 특징과 의학
4부. 중국인의 음악과 시 그리고 역사에 관한 애호.
5부. 다른 나라에서 들여오지 않은 중국인들의 과학
2장. 중국의 종교
1부. 자연법에 따른 중국의 토착 종교
2부. 노자에 관한 믿음
3부. 공자
4부. 새로운 학자라 불리는 사람들에 관한 믿음
5부. 다오, 이슬람, 카톨릭이 중국에 퍼지다.
3장.
1부. 중국 왕정의 역사와 위대함
2부. 중국정부의 의회
3부. 중국 황제의 힘과 권력 그리고 왕족에 대해
4부. 관리직에 대해
5부. 모든 것이 결정되는 색다른 법정, 후투이,
6부. 군사 조직에 관하여, 전쟁시 왕의 힘
4장.
1부. 중국의 공기과 토양
2부
3부. 중국의 암석과 금속, 돌과 광물질
4부. 새와 곤충
5부.
6부. 소금속의 물고기, 신선한 물

책 2. 한국에 관한 기술. 서부의 타르타르인 과 티벳
1장. 지리학적 고찰과 한국의 역사,
1부. 지리학적 고찰

2장. 네덜란드인에 의한 한국 여행
1부.
2부. 한국 왕국에 관하 고찰
3장.
1부. 만주 타르타르의 영토
2부. 동 타르타르에서의 여행
3부. 몽골이라 불리는 족속에게 속한 영토
4부. 몽골이라 불리는 족속에게 속한 영토
5부. 자연사와 몽골의 영토
6부. 서 타르타르의 위치에 관한 리스트
리스트

Illustreret Tidsskrift for de Nyeste Reisebeskrive. 『티드스크리프트의 **그림 설명: 최근의 여행 설명, 외국의 자연과 사람들의 생활에 관한 묘** 사』 Philiplens Forlag, 1868, DEN 3

일본 묘사
소개
일본내 유럽인 거주
우리의 이웃들
가정 생활
일본인의 기원
세상의 창조: 신들
자나기와 자마나미 신화
최초의 제단: 미아스; 라미 신전
일본 최초의 왕, 진무
일본의 고전적인 목소리
일본의 고전적인 목소리(끝)
일본 문학; 여성 시인;위대한 문학의 시기
무덤
두 여행자
제도로의 여행; 베이엔 토카이도; 시나가바
제도 도착
아토코스타 구역 유람

요새 주위 방벽
요새
하바나
히말라야
호놀룰루
태평양에서 남아메리카를 거쳐 대서양까지의 여행
마로코이
인도의 수도, 캘커타
스페인 여행
순다와 싱가포르
중앙 아시아의 변방
리바 해안
타타르
이집트 피라미드
방콕
신아프리카
극서의 미국인
전진
록키 산맥
크리스티아니아 방문
제네바 호수에서부터 아드리아해까지
뉴질랜드 서해안에서부터 온 편지
모든 대륙으로 부터
미국
남미 반항 세력
북극해
북미의 초원불
인간은 절대적 세계인이 아니다
북미
리빙스톤 발견 임무에 관한 젊은이의 이야기
북극점 탐험
북미지역의 아이슬란드인의 흔적
나일 계곡 여행
중국에서의 농민 봉기

빅토르 위고의 뉴질랜드 방문
극지역의 자연
오스트레일리아
파라과이
남아프리카: 앤더슨의 죽음
오스트레일리아: 피지 혹은 비티 섬
오스트레일리아의 큰 나무들
마우리티우스의 피터 보트 산 등반
태평양 철도
중국: 마카오
동아프리카
기니의 가봉강의 프랑스 식민지들 유람
벨기에의 성화
나뀌뜨 남작
베네수엘라의 금광
노섬의 프랑스인들 정착
인디안 추장의 티벳 여행
카이로의 종교적 휴일
지리적 변방
아비시아니의 부활절 휴일
아비시아니 사람들
브레타뉴의 교회 마당
시에라 네바다 너머
크로베이
오래된 전설
체르게스 여행
북미대서양-태펴양 철로로 부터
아프리카의 아침 의식
허드슨만

Karlgren, Bernhard. 『19세기의 동아시아/ VII3』 Gyldendalske Boghandel Nordisk Forlag, 1923, DEN 4

1. 19세기 시작무렵의 동아시아

2. 1961년까지의 내국인과 외국인의 분쟁
3. 내정 개혁의 일본, 불안정한 유지의 중국(1894년까지)
4. 일본의 확장 목적, 중국과의 충돌 (1894년부터)

Plug, Henrich Ovesen. 『덴마크의 순례자』 Authoris egen Bekostning, 1707, DEN 10

포 르 투 갈 어

Guerreiro, Pe., 『예수회 신부들의 전도 행적에 관한 연차 보고서: 일본, 중국, 남중국, 티도르, 암보이누 등지에서』 Imprensa da Universidade, 1930, 연암 POR 1 v.1

독자에게 허가
일권 : 일본에서의 일들
이권 : 중국에서의 일들
삼권 : 말루카에서의 일들
사권 : 에티오피아에서의 일들

예수회 신부들의 미션으로 행해진 것들의 연대기적 관계, 등등
(초판 4권)
독자에게 허가
일권 : 일본 지방
이권 : 남아시아 지방
삼권 : 북쪽 지방 (남아시아의 북쪽 지금의 인도)
사권 : 앙골라에서의 일들

Guerreiro, Pe, 『예수회 신부들의 전도 행적에 관한 연차 보고서: 일본, 중국, 남중국, 티도르, 암보이누 등지에서』 Imprensa da Universidade, 1930, POR 1 v.2

서언
일 편 --1600년과 1601년
일권. 인도의 경우

1. 아시아 지방에서의 예수회, 가정수, 그에 속한 사람들 그리고 점유되어진 곳에서의 예베의 증가
2. 북쪽지방과 그곳에서 행해진 결실들
3. 모고르의 미션과 그가 데썽 왕국에서 그리고 고아로 보냈던 대사들과 함께한 여정
4. 라호르 지역과 그곳에서 일어난 일과 무신론자들이 신부들에게 가진 위대한 존경심
5. 한 젠티우인이 신부에게 어떻게 앙심을 품었으며 신부가 가졌었

던 가난한 자들을 위한 집에서 도둑질을 했다.

6. 성탄절에 신부가 마굿간에서 행한것과 모이루 인들과 젠티우인들 자신들에게 일어난 위대한 헌신
7. 몇몇 젠티우인들과의 대화와 교화의 다른 경우들
8. 그리스도교로 귀화하여 그의 아버지와 친척들에게 구타당하는 상황에서 갓 입문한 소년 종이 보여준 위대한 심신
9. 그의 아버지와 친척들에게 더욱 구타당하는 상황에서 이 소년종이 가진 굳건한 마음을 따르다.
10. 남부지방과 꼬칭학교에 관하여
11. 쎄하 두스 크리스떵스(기독교인들의 계곡)에 있는 바이삐꼬따 학교에서 행해진 것들
12. 꼬울렁 학교와 뜨라방꼬르 왕국의 해변
13. 뚜뚜꼬링 학교, 뻬스까리아 해변, 마나르 섬
14. 전 기독교가 가진 성스런 십자가와 여러 기적들 그리고 성모를 통해서 이루어진 위대한 헌신
15. 한 젠티우 독재자의 기독교에 대한 박해와 그의 종말
16. 쁘리아빠떵 교회와 뜨리빨리꼬링 미션에서 일어나 교화의 경우들
17. 비스나가왕국과 썅데그리 지역의 미션
18. 벵갈루 왕국과 샹데썽 지역의 미션
19. 샹띠겅 지역과 일어난 일들
20. 주앙 안드레 신부가 뻬구와 그 왕국에서 생각한 극도의 고독한 미션
21. 말라까 학교와 말루꾸와 암보이누의 거주지
22. 마카우의 학교와 중국 왕국의 거주지

이장

일본왕국

1. 일본의 군주인 타이코사마가 누구였나?
2. 일본의 군주는 어떻게 되는가?
3. 타이코사마는 기독교도들과 예수회 신부들을 보았으며 그가 죽을 때까지 박해를 하였다.
4. 많은 언급을 해야한다면 그이전에 그것들을 군주들에게 말해야한다.
5. 제국의 계승에 관해 타이코사마는 무엇을 했는가?

6. 타이코사마의 죽음 이전에 그들의 신을 세라고 명령했다.
7. 타이코사마의 죽음 후에 기독교도들은 칸 기쁨을 가지게 되었고 곧 기독교는 추기경을 가지는 좋은 상태가 된다.
8. 지도자인 리아이아수가 신부들과 기독교를 보았으며 어떻게 신부들이 일본왕국에 다양하게 퍼져있다는 것을 보여주었다.
9. 모리도누 왕국에서 신부들이 어떠한 대접을 받았는가?
10. 다양한 왕국들에 기독교가 퍼지는 결실을 맺었으며 기독교도들은 큰 기쁨과 헌신으로 99년에 성탄절을 기념하였다.
11. 99년의 박해와 새로운 피란도의 왕이 그의 땅의 기독교도들에 반대하며 출병하였다.
12. 60년대의 일본의 상황과 기독교와 예수회의 정신안에서 일시적으로 있었던 군주에 대하여
13. 이 시기의 나가사키와 그 주변지역에서 있었던 결실들
14. 오무라의 국가
15. 아리마 왕국
16. 시끼와 아마쿠사 섬들의 기독교
17. 우토와 그 주변 지역, 이아츠쿠기루, 논주이, 자베에 있었던 신부들에 의하여 핑구 왕국에서 어떤 결실을 얻었는가?
18. 미리도누 왕국에 있는 아만쿠치와 피로시마 지역에서의 성공
19. 부젱 왕국 지역
20. 시꿍구 왕국 지역의 미션
21. 붕구 왕국 지역의 미션
22. 치치젱, 피젱 그리고 떼우시마와 고뚜 왕국 지역에서 행해진 미션
23. 고키나이 또는 메아꾸 그리고 주로 오사카 지역에서의 기독교의 성공
24. 메아꾸와 이 도시에서의 기독교의 성공.
25. 보아리와 미노 왕국에서의 성공
26. 뗀까 국가 또는 군주제가 다시 한번 바뀌고 뒤집어 졌다. 모든 일본의 군주들은 다이푸사마에 반대하여 연합하였고 그는 동 아우구스팅유와 연합하는체 허였다.
27. 기독교 성모인 도나 그라씨아의 죽음으로 오사카는 이러한 변화를 받아들였다.
28. 다이푸사마에 반대하는 지도자들이 전쟁을 시작하였고 메아꾸의 푸시미 성이 폐허가 되었다,

29. 다이푸사마의 군대가 어떻게 미노 왕국의 구이푸성을 함락했는가 와 기독교도 왕저였던 추누간도누를 붙잡았다.
30. 이시기에 시무 지역을 통과허였다.
31. 다이푸사마의 군대와 영주들간에 일어났던 전재에 대하여
32. 이 시기에 온 신부들이 겪은 고통과 압력에 대해
33. 미노, 비젱, 시캉구 피로시마 그리고 라만구찌 지역에서의 기독교 인들의 감소와 일들
34. 우토성에의 기독교인들의 작업과 신부들 또한 고통받았다.
35. 깐주제도누가 우토 지역의 신부들을 체포할 것을 명령했으며 신부들은 투옥되었고 헤이또르 신부가 그곳에서 죽었다,
36. 자코메 미마사까를 지났으며 신부들은 그와 함께 라쑤사루 성에 있었다.
37. 시만도누가 나가사키에 와서 신부들을 피란드의 기독교 인들의 박해와 같은 위험속에 빠뜨렸다.
38. 동 아우구스팅유는 구금되었으며 많은 고통을 받았지만 위대한 신심을 보여주었다.
39. 동 아우구스팅유의 죽음과 아들의 승계
40. 우리 주님이 모든 악을 제거하고 다이푸사마는 신부들을 보기 시작하였고 그들에게 일본에 있을 수 있는 특권을 주었다.
41. 다이푸사마는 몇몇 군주들에게 무엇보다도 카이노카미를 주며 왕국에 기독교 교구를 주었다.
42. 다이푸사마는 부젱왕국과 붕고의 일부분을 낭가보까 조꾼도누에게 주었으며 많은 기독교 인들이 따르게 되었다.
43. 다른 좋은 결과들이 왕국의 교구분할로 나타났다.
44. 붕고의 왕인 동 콘스탄티노의 믿음이 감소되었다.
45. 우리 주님이 핑구왕국의 기독교로 개종시키는 작업의 성공을 불러오셨다.

두번째 편 - 1601년에서 1603년

일장

601년과 602년 사이의 일본에서의 일들

1. 일본의 일반적인 상황들과 정신적으로의 일시적인 상태
2. 시만도누의 모함으로 인한 박해가 있었으나 결국 신부들과 화해하였다.

3. 나가사키와 그 지역에서 일어났던 일들
4. 이 도시와 지역에서의 더 많은 교화의 사례들과 미션이 더 다양한 지역에서 행해졌다.
5. 사츠쑤마 왕국에서 두번에 걸쳐 미션이 행해졌다.
6. 오무라 와 아리마 지역에서 일어난 일
7. 핑구와 붕고 왕국의 기독교와 깐주게도누가 그들에 반대하며 일으킨 박해
8. 결국 이 박해와 회개와 연약함의 감소로 몇몇 기독교도들의 굳건함을 보여주었다.
9. 치쿠젱 왕국에서 일어난 것들
10. 이아만구치오에서 일어난 일과 기독교인들에 반하며 일어난 박해에 대하여
11. 부쟁 왕국과 지역에서 일어난 일들
12. 미망인인 그라씨아의 도움으로 조꾼도누가 두번에 걸쳐 엄숙한 장례식을 하였다.
13. 오사카에서 이년동안 일어난 일들
14. 메아꾸 도시에서 일어난 일들
15, 피로시마와 후쿠오카에서 행해진 미션들

이장
중국과 말루꾸에서 601년과 602년에 걸쳐서 일어난 일들
1. 중국의 마카오 학교
2. 중국 북경에서 행한 우리의 일상들
3. 시우팅 시의 신부들의 성공
4. 관 마쏭이 신부들에게 반하는 나쁜 행동을 하기 시작하였고 후에 감옥에 구금하는 나쁜 대우를 하였다.
5. 신부들은 구금된 상태에서 자유롭게 되었으며 북경에서 재판소에서 투숙하였고 왕에게 그들의 존재를 알렸으며 왕 자신이 그를 평가하였다.
6. 북경이라는 대도시에서 신부들에게 일어난 일
7. 북경에서 신부들이 어떠한 대접을 받았으며 몇몇 젠티우인들을 세례하기 시작하였다.
8. 난낑이라는 크고 위대한 도시에 대하여.
9. 이도시에서 어떻게 신부들이 신교를 알렸으며 결실들이 맺어지기

시작한것에 대하여
10. 난창지역
11. 샤우첸 지역
12. 기독교인들로의 진행과 어떠한 일로 교화가 되었는지에 대하여 (두번) 봉주인들과 젠티우인들이 기독교를 박해한것과 북경인들은 그들을 보호하였다.
13. 이 도시의 인군 지역에서 얻어진 결실들에 대하여

말루꾸 지역에서의 일들
14. 말루꾸와 이 지역에서 행해진 기독교 인들에게 대한 박해와 신부들의 행로에 대하여
15. 601년과 602년에 말루꾸에서 일어난 일들

암보이누의 일들
16. 비교도들의 개종과 이들의 보호라는 암보이누에서 얻어진 결실들
17. 이 섬에서 우리들이 모이루인 들에 대항한 전쟁의 성공에 대하여
18. 고아와 암보이누 지역에 이르기까지의 우리의 무장화의 성공
19. 암보이누 도착후에 선장이 한 일과 적들과의 전쟁에서의 승리에 대하여

삼장
벵갈라 왕국에서 일어난 일들
1. 포르투갈인들이 어떻게 순지바 섬을 얻었는지 그리고 몽구의 왕과 대항한 전쟁에서의 승리에 대하여
2. 이 시기의 반역으로 인한 신부들과 기독교인들의 고통과 프란시스코 페르난데스 신부의 죽음에 대하여

뻬구 왕국에서의 일들
3. 뻬구 왕구의 현 상황에 대하여
4. 뻬구와 벵갈라 왕국의 정복으로 인도에서 일어난 일시적인 편의들

모고르 왕국의 일들
5. 602년과 603년에 행해진 미션들에 대하여

6. 아그라에서 성모상을 보고 비교도들에게 일어난 위대한 감동에 대하여
7. 이 미션에서 행해진 하나님의 종으로서 행한 일들
8. 왕과 그의 아들인 왕자 사이의 의견충돌과 왕자의 신부들에 대한 사랑

카타이우에서의 일들

9. 카타이우에서의 미션

비스나가 왕국에서의 일들

10. 미션과 샹데그리 지역, 비스나가의 왕립 재판소 그리고 이 왕국에 있던 많은 예수회 성당들
11. 뻬스까리아 해변에서의 일들

세일렁 왕국에서의 일들

12. 우리들이 어떻게 세일렁 섬에 이르게 됬는지와 교황의 명령으로 이섬에 교구를 설립하였다.

뜨라반꼬르 왕국에서의 일들

13. 꼬울렁 학교와 뜨라반꼬르 왕국에서 행해진 일들

말라바르 지역에서의 일들

14. 이 지역에 예수회가 성당과 근거지를 마련하였다.
15. 캘커트에서의 일들
16. 상뚜 또메 계곡의 기독교도들과 소도말라 계곡의 발견에 대하여
17. 고아 섬의 도시와 살세트의 땅과 깜바이아 해변에 대하여
18. 어떻게 디우 성당이 만들어 졌는지과 에티오피아의 프레스트 조엉이 행한 미션들
19. 어떻게 추기경 산드레 드 오비에도가 그의 동료들과 함께 에티오피아에 도착했는지와 그가 죽을 때까지 행했던 일들
20. 어떻게 아브랑 드 조르지스 신부가 에티오피아에 보내졌으며 도중에 구금된 것과 터키인들에 의하여 순교 당했는지에 대하여
21. 고아 교구의 한 목자가 어떻게 에티오피아에 보내졌으며 후에 뻬로 빠이스 신부가 보내졌는지에 대하여

22. 뻬로 빠이스 신부가 에티오피아에서 고아의 신부에게 보낸 편지에서 그의 여행 이야기와 그가 603년 7월 24일에 그 지역에 도착한 것에 대하여
23. 동양에서의 예수회의 모든 봉사가 하나님 뿐만 아니라 교황과 그 왕국의 왕실을 위한 것이었다.

사장
브라질 앙골라 까보뻬르지 그리고 기네에서의 일들
1. 예수회의 성당이 브라질에 많이 지어졌다.
2. 브라질인들은 신부들에게 큰 존경심과 복종을 보였으며 많은 신부들이 그들에게 일시적인 도움을 받았다.
3. 일반적으로 우리들은 이 지역에서 많은 결실을 맺었으며 불모비에서 몇몇의 미션을 행하였다.
4. 브라질의 다영한 지역의 신부들이 만든 몇몇의 다른 출구들에 대하여
5. 도밍구스 그라시아 신부가 불모지에 미썽을 만들었으며 몇몇 지역 그리고 이스삐리뚜 싼뚜의 까삐따니아의 헤이스 마구스 마을을 만들었다.
6. 가이무르와 손실에 대한 개념이 브라질에서 이 사람에 의하여 행해 졌고 바이아의 꼬마르까와 일례우스의 까삐따니아에서 평화가 나타났다.
7. 앙골라 왕국에서의 일들
8. 까보 뻬르지와 기네에서의 미션들
9. 대략적으로 기네와 쎄하 레오아 그리고 그 사람들의 의식과 관습들을 적었다.
10. 발뚜자르 바헤이라 신부가 기네에서 행했던 일상

Schwalbach, Luiz 『극동의 제련소에서』 Empresa Nacional de Publicidade, 1932, 연암 POR 5

목차
정치 경제 문제들의 해석에 대한 지리학의 역할
극동의 지리학의 몇가지 양식들
19세기 중반부터 러일 전쟁의 서막까지의 극동

러시아인들의 움직임에 관하여
일본인들의 움직임에 관하여
극동에서의 큰 전재에 관한 회상
베르사이유 조약이후의 태평양에서의 전쟁의 고리

이 탈 리 아 어

Amiens, Jacques D. 『예수회 백년사 개요』 Adrian Quinque, 1641, ITA 14

Carletti, Francesco 『착한 노예상인의 세계일주: 1594-1606』 Valetino Bompiani, 1941, ITA 7

세계와 토스카나인
I
추론 1. 스페인으로의 출발을 포함하며 또한 스페인에서 카포베르데 제도로의 출발도 포함
추론 2. 노예매매, 그리고 노예들과 함께 카포베르데 제도에서 출발하여 카르타제나에 도착
추론 3. 하느님의 이름으로 카르타제나에 정박하고 파나마에 도착하여 체재함
추론 4. 파나마에서 출발, 페루로 여행하여 리마(Lima)에 도착하기까지
추론 5. 페루에서 뉴스페인으로 출발하여 멕시코 시티에 도착하기까지
추론 6. 멕시코로부터 아카풀코를 경유하여 필리핀 제도로 여행

II
추론 1. 필리핀 제도로부터 일본제도로의 출발을 포함, 그리고 일본의 주목할 만한 여러 것들에 대해
추론 2. 일본으로부터 중국으로의 여행, 그리고 중국의 여러 것들에 대해
추론 3. 중국의 마카오 섬으로부터 동인도 제도의 고아에 이르는 여행, 그리고 그 나라의 여러 것들에 대해
추론 4. 고아에 정박한 뒤 고아에서의 주거와 동인도 제도의 여러 특이한 것들에 대해
추론 5. 고아에서 출발하여 리스본까지, 계속하여 젤란드(네덜란드 남서부의 주)에 이르는 여행에 대해
추론 6. 마지막으로, 젤란드에서의 기나긴 소송에 대해,
그리고 그 나라의 여러 특이한 것들에 대해,
그리고 젤란드인들이 행한, 동인도 제도에 이르는 항해에 대해

주목할 만한 것들에 대한 색인

Carletti, Francesco. 『항해지: 프란체스코 칼레티의 이국으로서 동•서 인도 탐방』 Firenze, 1701, ITA 6

Frois, Luigi. 『1591년의 일본의 국제조약』 Luigi Zannetti, 1599, ITA 13

Frois, Luigi. 『1595년 10월 일본의 칸바쿠도노(토요토미 히데요시의 조카 토요토미 히데츠구)의 죽음』 Zannetti, 1598, ITA 8

Frois, Luigi. 『1595년 일본에서 예수회 총장에게 보낸 편지 사본』 Luigi Zannetti, 1598, ITA 20

Gubernatis, A. De. 『세계민족들의 풍속과 관습 : 아시아』 Dottor Francesco Vallardi, 19, ITA 11

Matania, Fortunio. 『극동지역전쟁 (1904-5 러일전쟁)』 [n.p.], 1905, ITA 10

Mendozza, Giovanni Gonzalez de, 『중국사, 제1권』 Andrea Muschio, 1588, ITA 9 v.1

Mendozza, Giovanni Gonzalez de, 『중국사, 제2권』 Andrea Muschio, 1588, ITA 9 v.2

Rossetti, Carlo. 『대한제국』 L'Italia Coloniale, 1902, ITA 3

Tomaselli, Cesco 『여기 일본이 있다.』 Mondadori, 1935, ITA 4

XXV. 신경(新京), 귀천상혼(貴賤相婚)의 수도(首都)
XXVI. '관대한 지배자의 법률'
XXVII. 세 개의 관을 쓴 황제
XXVIII. The career of bandit
XXIX. <porta aperta>의 희극
XXX. 가을에 발발할 전쟁..
XXXI. <Dai Nippon>의 꿈

라 틴 어

『중국서술 : 다양한 작가들의 서술』 Elzevir, 1639, LAT 2

저명인사, 아드리아노 파우
온정어린 독자들에게 인쇄업자가
이 책의 내용. 1권 P. 니콜라이 트리가우티프, 머리 책들.
1장. 글쓰는 형식에 대한 이유
2장. 대중국의 지명과 지형
3장. 어떤 것이 비옥한 중국땅인가?
4장. 중국 기계의 기술
5장. 중국의 자유로운 예술과 문학적 태도
6장. 중국의 공공행정
7장. 중국의 몇몇 제식들
8장. 몸의 윤곽, 문화와 존재양식 그리고 중국의 관습
9장. 중국의 미신적 제의와 다른 과오
10장. 중국에서 거짓 종교이단의 다양성
11장. 아랍인, 유대인, 특히 중국의 그리스도교도의 신앙의 흔적
푸르카스 지방의 증가품목
산시성 수도
누른 양자강
몇몇 시장
광동의 수도 페퀸에서의 여정
수케우 시장
상하이 도시 묘사
베네딕투스 쾨시우스의 인도로부터 중국으로의 여정.
베네치아인 마르쿠스 파울루스의 여정
색인 : 거대한 중국의 산물과 지역

Gonzalez de Mendoza, Juan. 『중국에서 가장 고귀한 것과 관습의 역사(중화대제국사)』 Vid. & Haeredes Fracisci Fickaert, 1655, LAT 1

1단원.
1권. 중국의 고귀한 것의 보존과 자연스러운 조치의 고려
1장. 중국 서술과 중국의 종말 징후
2장. 중국의 기후

3장. 중국의 비옥함과 생산
4장. 과거에 생산된 것들
5장. 중국의 고대
6장. 중국의 방대함과 그에 따른 여행의 유용성
7장. 중국의 15개 성(省)
8장. 고립된 지방의 도시들과 성시(城市)
9장. 중국의 훌륭한 건물과 길이 500리그의 성벽
10장. 중국인의 성향, 생김새, 의복 그리고 (군대) 훈련

2권. 토착민의 종교
1장. 중국인이 숭배하는 다신(多神) : 그리스도교의 유적에서처럼 그곳에서도 찾을 수 있는 신들의 그림
2장. 종교와 귀신
3장. 귀신들에 대한 중국인들의 평가
4장. 중국에서 매우 자주 사용된 요술과 귀신부르는 법
5장. 중국인들의 세상의 시작과 인간 창조에 대한 견해
6장. 중국인들이 갖는 확실한 영혼불멸설과 미래의 삶 속에서 받게 될 벌 혹은 보상. 죽음을 위한 기도 방법
7장. 사원과 남성 그리고 여성의 어떤 종교습관
8장. 매장의식과 애도
9장. 결혼의식
10장. 어슬렁거리는 거지들이 없는 중국 전역의 넓은 길 혹은 사원 : 일할 수 없는 자들에게 황제가 제공했던 방법

3권. 중국인의 정치상
1장. 중국 황제들의 인명록
2장. 중국 황제의 궁전 : 황제가 정기적으로 거주했던 도시 : 자신의 유산을 불법적으로 가진 적 없는 군주
3장. 15개 성(省)에서 바친 공물 수량

4장. 모든 성(省)으로부터 받아들인 공물
5장. 15개 성에 항상 배치된 전사들 : 근위대로서의 그들의 경계
6장. 15개 성의 군인수
7장. 중국 밖에서의 전쟁을 제한하는 금지법과 그것으로부터 벗어나 밖에 머물기
8장. 황실 평의회 : 황제는 매달 중국에서 무엇을 해야할지 알아야 함
9장. 성(省)의 지사들과 황제의 대신들 : 통치방식
10장. 수행되었던 전례 방법 : 지시 형태
11장. 판사의 생활을 시찰하기 위해 황제가 보냈던 시찰자들 : 판사의 유죄성 처벌
12장. 그들이 사용하는 감옥과 죄에 대한 극단적인 형벌
13장. 중국인들의 글공부와 다른 호기심
14장. 키라두스 로이티아스의 실험적인 시험 : 학위 형태 : 도시적인 행사로 거행됨
15장. 유럽보다 훨씬 이전 시기에 중국에서 사용된 (전쟁무기) 대포
16장. 유럽보다 먼저 사용된 인쇄기
17장. 존귀하신 헤라다의 마르티누스와 그의 예수회가 중국으로부터 가져온 책들
18장. 중국인들의 회식과 축제의 기쁨
19장. 중국인의 인사
20장. 바람기 많은 여인들에게 허용된 조건하에서 중국 여인들의 고독
21장. 강보다 바다에 많은 큰 배들이 매년 생선을 제공하다.
22장. 크게 활동적이지는 않지만 수많은 오리를 키우고 물고기를 잡으면서 즐거워하는 중국인들
23장. 왕, 왕자 그리고 평민으로부터 파견된 특사가 중국 황제에게 박애를 보이다.
24장. 중국 황제에게 파견딘 스페인 왕의 특사

2단원.

1권. 논지

1장. 필리핀으로 간 멕시코 스페인인들이 그곳에서 대중국의 지식을 받아들이다.

2장. 세력과 숫자가 증가한 중국인 해적 림아혼이 같은 중국 해적들을 빈토퀴아해에서 싸워 이기다.

3장. 중국에서 림아혼에 대항한 함대를 양성하다 : 림아혼은 스스로 투주아카오티칸으로 물러나서 그곳에서 필리핀 섬에 대해 관심을 가지다.

4장. 림아혼이 필리핀을 공격하여 마닐라에 이르다.

5장. 림아혼 휘하 400명 군인들이 스페인인들에 의해 잿더미가 된 마닐라로 가서 먼저 거주하게 되다.

6장. 마닐라 총독이 이웃 중국인들의 공격에 대항하여 내쫓자 림아혼은 파간시난 강 주변 땅으로 물러나서 농사를 짓다.

7장. 요아네스 드 살제도 장군이 림아혼에 대항하다 : 림아혼의 배들을 불태우고, 세 달 동안 성채에 있는 그의 종족을 포위하자, 림아혼은 놀라 도망치다.

8장. 중국 황제의 총독인 오몬콘이 해적 림아혼을 추적하다가 스페인인들을 만나다.

9장. 필리핀 마닐라 총독인 그 지역 장군에 의해 오모콘이 최상의 접대를 받다 : 아우구스토 수도회 신부들의 중국 진출이 결정되다.

10장. 오모콘이 스페인의 방해로 임아혼을 남기고 아우구스토 수도회 신부들을 데리고 간다는 메시지를 가지고 출발하다.

11장. 아우구스토 수도회 신부들이 오모콘과 함께 불리아노 항구로부터 출발하여 중국에 다다르다.

12장. 오모콘이 친체오성(省)에 오다 ; 육지에 내리기 전 다른 지휘관과 다투다.

13장. 오모콘과 스페인인들이 탄수소 항구에 상륙하여 그 지방 총독의 명에 의해 매우 온정스러운 접대를 받다.
14장. 스페인인들이 탄수소 항구를 떠나 그들을 기다리고 있던 친체오의 총독을 방문하면서 위엄있는 것들을 보다.
15장. 스페인인들이 친체오를 구경하면서 희귀한 것들을 보다.
16장. 아우구스토 수도회 신부들이 친체오에 도착하여 호의적인 접대를 받다 : 이 도시의 호기심가는 것들에 대해 알게 되다.
17장. 스페인인들이 친체오 총독에게 불려가다 : 총독에 의해 축제가 선포되고 스페인인들은 청중들에게 소개되다.
18장. (스페인인들이) 친체오 총독에 의해 불려나가 필리핀으로부터 가져온 칙서를 바치다.
19장. 스페인인들이 친체오 주요인물들의 방문을 받다 : 친체오 총독이 사르미엔토의 페트로와 코아르카의 미구엘을 불러 림아혼에 대한 정보를 얻다.
20장. 친체오 총독이 스페인인들에게 축연을 베풀고 다음 날에 그들을 기다리는 아우체오의 태수에게 가도록 준비시키다.
21장. 스페인인들이 친체오를 떠나 태수가 그들을 기다리는 아우체오로 가다.
22장. 스페인인들의 아우체오 입성과 (태수의) 초대 및 환대
23장. 태수가 스페인인들의 말을 경청하다 : 스페인인들이 몇몇 중요 관청을 방문하다.
24장. 태수가 스페인인들을 2일 동안 접대하면서 연회를 열다.
25장. 스페인인들이 마닐라와 마리세알로미사의 (스페인) 총독이 보내는 선물을 태수에게 바치자 오모콘으로부터 받은 그 선물을 봉인하여 황

제에게 보내다 : 스페인인들이 집으로부터 나가서 도시를 돌아다니는 것을 태수가 금하다.

26장. 스페인인들이 태수와 대화하다 : 태수가 말과 다른 부수적인 어떤 것을 통해 대답한 것에 대해 스페인인들이 편지를 쓰는 것은 허용되지 않았다.

27장. 친체오의 해안이 한 해적에 의해 해를 입고 도시가 파괴되었다는 큰 소식이 아우체오에 전해지다. 태수는 그 해적이 림마혼이라 의심하였고 스페인인들, 오모콘 그리고 신사이의 진실은 받아들여지지 아니하다.

28장. 지방 총독의 협약에 결정을 내리고 스페인인들이 되돌아가다.

29장. 스페인인들이 아우체오를 떠나 친체오로 가서 지체함 없이 탄수소 항구로 떠날 것을 제국 총독에 의해 명을 받다 : 총독 스스로 와서 스페인인들을 명예롭게 호송하다.

30장. 탄수소 항구로부터 스페인인들이 출발하여 새로운 섬의 항구로 매일 가다 : 그것으로부터 저것에 이르기까지 보았던 것들

31장. 림아혼이 도주하여 이웃 섬에 있다는 소식이 알려지다 : 림아혼을 공격하자는 의견보다는 공격하지 않는 것으로 결정나다 ; 부정적인 의견이 더 강하다 : 그들이(림아혼 해적 무리들이) 여정을 따라 마닐라에 이르다.

32장. 중국인들이 스페인인들과 함께 마닐라에 도착하자 마닐라의 총독은 그들을 몇 일 동안 성대하게 환대하다 : 그 후 그들은 중국으로 돌아가서 가톨릭 신자들에게 많은 것들을 가르치고 받아들이게 하다.

2권.

1장. 필리핀 섬에 도착한 프란치스코 신부들은 중국에 복음을 전파하러 가기를 원하다.

2장. 프란치스코회 신부들은 일로코스 섬을 떠난 후

큰 불행을 겪었으며, 신에 대한 신뢰 속에서 무사히 기적적으로 중국에 도달하다.

3장. 프란치스코회 신부들이 광동에 도착한 후 하느님을 찬미하다 : 재판관이 그들을 방문하여 폭넓은 대화를 하다.

4장. 도시로 들어간 신부들은 중국 그리스도교 교회에서 대화하다 : 또 다른 많은 사람들과 만나다.

5장. 재판관은 신부들을 불러 조사한 후 큰 친절을 베풀고 아이타오라 불린 태수에게 그 이유를 진지하게 조사한 내용을 글로 써서 알리다. 마카오 총독이 다른 이상한 문제를 언급하면서 이들을 스파이로 몰다.

6장. 궁핍해진 프란치스코회 신부들은 넓은 거리로 나가 동냥을 하다 : 총독으로부터 보시를 받다 : 이것은 국고에서 그들에게 지불되다 : 통역자가 습관적인 탐욕을 드러내며 사기를 치다 : 재판관에게 불려가서 태수에게 편지를 쓰자 태수는 그들을 아우체오로 부르다.

7장. 아우체오로 가게된 신부들이 길에서 보고 마주쳤던 것들에 대해 이야기하다.

8장. 신부들이 태수에게 다가가자 태수는 그들에게 몇 가지 질문을 한 후 그의 부관에게 보내다 (그의 부관 이름은 팀핀타오) : 부관이 그들을 친절하게 응접하다.

9장. 며칠 동안 아우체오에 머물다 : 특별히 해군 총독의 집을 방문하다 : 해군 총독이 신부들이 가져온 벽옥(碧玉)에 큰 관심을 가져 다양한 노력을 기울이다.

10장. 팀핀타오가 신부들을 부르다 : 그는 편지를 보내 신부들이 광동으로 가도록 만들었으며, 광동에서 신부들은 중국으로부터 떠날 것을 명받다.

11장. 쿠스토스 신부가 마카오로 배달인을 보내다 :

떠날 수 있도록 해달라고 주교와 다른 신부에게 글을 보내자 지역 장(長)은 그들에게 명을 내려 프란치스코회 신부들에게 온정과 도움을 주지 못하도록 하다 : 그들에게 다른 문제가 발생하다.

12장. 포르투갈인이 앞에 놓여진 그의 불행을 인지하다 ; 프란치스코회 신부에게 편지로 이 사실을 알리다 ; 아주 가까이 있는 이 위험을 제거하다 ; 그 도시의 아이타오에게 불려가서 발생했던 일에 대해 이야기한 후 일부는 마카오로 다른 일부의 사람들은 루존으로 갈 수 있는 허가를 받다.

13장. 프란치스코회 신부들이 며칠 동안 광동에 머물 때 포르투갈인들이 와서 혼란을 일으키자 중국인들이 이들을 두려워하였는데, 회담을 통해 그들은 친구가 되다 : 아우체오의 태수가 광동에 와서 프란치스코회 신부들에게 좋은 물품을 주면서 돌려보내다.

14장. 프란치스코회 신부들이 친체오를 향해 가면서 강들과 사람들이 많이 사는 도시를 보다.

15장. 위험과 폭풍우 속에서 항해하다 : 중국 선원들이 그들의 신들을 강하게 부르다 : 종교인들이 꾸짖자 바다가 잔잔해지고, 정확히 원했던 항구에 도착하자 모두가 기뻐하는 가운데 열렬한 환영을 받다.

Jarric, Pierre du. 『인도 사전』 Peter Henning, 1615, LAT 6

Kircheri, Athanasii. 『성스러운 건축물과 세속적인 건축물의 중국』 Amstelodami, Apud Jacobum Meurs, 1667, LAT 11

예수회 총회장 요아네스 파울루스 올리바

예수회의 최고 지도자이자 존경스럽고 가장 종교적인 요아네스 파울루스 올리바 신부님에게

독자에 대한 서문
이 책에 포함된 내용의 색인
1부
시리아-중국 건축물에 대한 해설
2부
중국으로의 다양한 기획 여행
3부
포교를 해야 하는 지역인 서방으로부터 페르시아, 인도 그리고 극동지역인 달단(타타르), 중국, 일본에 이르기까지 그들 종교의 우상숭배
4부
알고 싶은 중국의 신비스럽고 유명한 자연과 예술
5부
중국의 나머지 건축물과 기계학
6부
중국 문자

Maffejus, J. Petrus. 『그레고리우스 13세, 3권』 Excudebat Petrus Lancellottus, 1747, LAT

그레고리우스 13세 교황. 권1
그레고리우스 13세 교황. 권2
그레고리우스 13세 교황. 권3

Maffejus, Jo. Petrus. 『예수회 라틴어 전집 : 총서 1권, v.1』 Excudebat Petrus Lancellottus, 1744, LAT 12 v.1

카톨릭 왕 필립에게
요하네스 페트루스 마페유스의 전집 : 머리말, 독자에게 보내는 그의 편지
페트루스 안토니우스 세라씨우스 작가의 삶
야누스 니키우스 데루트레우스의 화랑(畵廊)에 대한 글 2. 14번
증언들
인도사 : 권1
인도사 : 권2

인도사 : 권3
인도사 : 권4
인도사 : 권5
인도사 : 권6
인도사 : 권7
인도사 : 권8
인도사 : 권9
인도사 : 권10
인도사 : 권11
인도사 : 권12
인도사 : 권13
인도사 : 권14
인도사 : 권15
인도사 : 권16

Maffejus, Jo. Petrus. 『예수회 라틴어 전집 : 1권, v.2』 Excudebat Petrus Lancellottus, 1744, LAT 12 v.2

첫 번째로 가장 명확한 것
1568년까지의 목록
이 목록은 2권에서 계속됨
목록에 대한 주석
편지들의 목록
일본에 대한 편지, 총 6권
일본에 대한 편지, 권1
일본에 대한 편지, 권2
일본에 대한 편지, 권3
일본에 대한 편지, 권4
일본에 대한 편지, 권5
일본에 대한 편지, 권6
몇가지 증거 : 일본 문학과 말 ; 분기 왕에 의해지지 받지 못한 외교.
50 가지에 대해 : 브라질로 가서 가톨릭 신앙 때문에 죽은 예수회 출신 신부에 대하여. 두 가지 편지.
페트루스 디아지우스 레오누스 헨리쿠스 : 포르투갈 지방의 구원과 평

화

이루어진 결의서 : 모습을 드러낸 일본 공식 특사
이그나티우스 로욜라의 생애 3권
총회장이 된 클라우디우스 아쿠아비바
이그나티우스 로욜라의 생애, 1권
이그나티우스 로욜라의 생애, 2권
이그나티우스 로욜라의 생애, 3권
친구들에게 보낸 요하네스 페트루스 마페유스의 몇몇 편지들
요하네스 페트루스 마페유스에게 보내진 유명한 글
색인

Maffejus, Jo. Petrus. 『인도 책 4권에서 발췌한 편지들』 Apud Damianum Zenarium, 1588, LAT 7

인도 책 1권에서 발췌한 편지들
인도 책 2권에서 발췌한 편지들
인도 책 3권에서 발췌한 편지들
인도 책 4권에서 발췌한 편지들
사라진 카톨릭의 신앙을 위하여 예수회의 52명과 동시에 브라질 선원들에 대해 루지타노 지방의 레오 헨리코에게 보내는 페트루스 다아지우스의 편지들
마지막에 승인된 이그나티우스 로욜라의 생애. 예수회 총회장에 임명된 클라우디우스 아쿠아비바에. 요아네스 페트루스 마페이우스
이그나티우스의 생애 1권
이그나티우스의 생애 2권
이그나티우스의 생애 3권

Maffejus, Jo. Petrus. 『인도사(印度史) 16권』 Apud Damianum Zenarium, 1589, LAT 8

목차
베네치아 원로원의 특권
색인
인도사에서 기억해야할 사건. 색인

색인에서 기억해야할 사건
이그나티우스 생애에 관한 색인장, 1권
그의 생애 중에서 기억해야할 사건 색인
요하네스 페트루스 마페이우스의 인도사 1권
인도사 2권
인도사 3권
인도사 4권
인도사 5권
인도사 6권
인도사 7권
인도사 8권
인도사 9권
인도사 10권
인도사 11권
인도사 12권
인도사 13권
인도사 14권
인도사 15권
인도사 16권

Martini, Martin. 『달단(타타르) 전쟁사』 Kalckhoven, 1654, LAT 3

목차
달단(타타르) 전쟁사
폴란드와 스웨키아(스웨덴) 왕국의 요한네스 카시미루스에게
독자에 대한 인사
달단(타타르) 전쟁사
부록

약사(짧은 이야기)
안토니우스
중국에서 그리스도교인들의 숫자와 품성에 관한 보고

Martini, Martin. 『10대 중국사 : 극동에 있어 종족의 기원부터 예수의

탄생까지, 혹은 대중국 제국의 복잡한 업적들』 L. Sstraub fuer J. Wagner, 1658, LAT 9

목차
가장 존엄한 황제 레오폴드 1세
지역 신부의 허가
독자에게

예수회 출신 마르티누스 마르티니우스, 중국사 1권.
1대 황제 복희(伏羲) 115년 통치
2대 황제 신농(神農) 140년 통치
3대 황제 황제(黃帝) 100년 통치
4대 황제 소호(少昊) 84년 통치
5대 황제 전욱(顓頊) 78년 통치
6대 황제 제곡(帝嚳) 70년 통치
7대 황제 요(堯) 90년 통치
8대 황제 순(舜) 33년 통치

예수회 출신 마르티누스 마르티니우스, 중국사 2권, 첫 번째 왕조 하(夏).
1대 황제 우(禹) 10년 통치
2대 황제 계(啓) 9년 통치
3대 황제 태강(太康) 29년 통치
4대 황제 중강(中康) 13년 통치
5대 황제 상(相) 27년 통치
6대 황제 소강(小康) 22년 통치
7대 황제 저(杼) 17년 통치
8대 황제 괴(槐) 26년 통치
9대 황제 망(芒) 18년 통치
10대 황제 설(泄) 16년 통치
11대 황제 불강(不降) 59년 통치
12대 황제 경(扃) 21년 통치
13대 황제 근(廑) 21년 통치
14대 황제 공갑(孔甲) 31년 통치

15대 황제 고(皐) 11년 통치
16대 황제 발(發) 19년 통치
17대 황제 걸(桀) 52년 통치

예수회 출신 마르티누스 마르티니우스, 중국사 3권. 두 번째 왕조 상(商)
1대 탕(湯) 13년 통치
2대 외병(外丙) 33년 통치
3대 중임(仲壬) 29년 통치
4대 태갑(太甲) 25년 통치
5대 소갑(小甲) 17년 통치
6대 옹기(雍己) 12년 통치
7대 태무(太戊) 75년 통치
8대 중정(中丁) 13년 통치
9대 외임(外壬) 15년 통치
10대 하단갑(河亶甲) 9년 통치
11대 조을(祖乙) 19년 통치
12대 조신(祖辛) 16년 통치
13대 옥갑(沃甲) 25년 통치
14대 조정(祖丁) 32년 통치
15대 남경(南庚) 25년 통치
16대 양갑(陽甲) 7년 통치
17대 반경(盤庚) 28년 통치
18대 소신(小辛) 21년 통치
19대 소을(小乙) 18년 통치
20대 무정(武丁) 59년 통치
21대 조경(祖庚) 7년 통치
22대 조갑(祖甲) 33년 통치
23대 늠신(廩辛) 6년 통치
24대 경정(庚丁) 21년 통치
25대 무을(武乙) 4년 통치
26대 태정(太丁) 3년 통치
27대 제을(帝乙) 37년 통치
28대 황제 주왕(紂王) 33년 통치

예수회 출신 마르티누스 마르티니우스, 중국사 4권, 세 번째 왕조 주(周)
1대 황제 무왕(武王) 혹은 희(姬) 7년 통치
2대 황제 성왕(成王) 37년 통치
3대 황제 강왕(康王) 26년 통치
4대 황제 소왕(昭王) 51년 통치
5대 황제 목왕(穆王) 55년 통치
6대 황제 공왕(穆王) 12년 통치
7대 황제 의왕(懿王) 25년 통치
8대 황제 효왕(孝王) 15년 통치
9대 황제 이왕(夷王) 16년 통치
10대 황제 여왕(厲王) 38년 통치
11대 황제 선왕(宣王) 46년 통치
12대 황제 유왕(幽王) 11년 통치
13대 황제 평왕(平王) 51년 통치
14대 황제 환왕(桓王) 23년 통치
15대 황제 장왕(莊王) 15년 통치
16대 황제 희왕(釐王) 5년 통치
17대 황제 혜왕(惠王) 25년 통치
18대 황제 양왕(襄王) 33년 통치
19대 황제 경왕(頃王) 6년 통치
20대 황제 광왕(匡王) 6년 통치
21대 황제 정왕(定王) 21년 통치
22대 황제 간왕(簡王) 14년 통치
23대 황제 영왕(靈王) 27년 통치
24대 황제 경왕(景王) 25년 통치
25대 황제 경왕(敬王) 44년 통치
26대 황제 원왕(元王) 7년 통치
27대 황제 정정왕(貞定王) 27년 통치
30대 황제 고왕(考王) 15년 통치

예수회 출신 마르티누스 마르티니우스, 중국사 5권
31대 황제 위열왕(威烈王) 24년 통치

32대 황제 안왕(安王) 26년 통치
33대 황제 열왕(烈王) 7년 통치
34대 황제 현왕(顯王) 48년 통치
35대 황제 신정왕(愼靚王) 6년 통치
36대 황제 난왕(赧王) 65년 통치
37대 황제 주공(周公) 11년 통치

예수회 출신 마르티누스 마르티니우스, 중국사 6권 진(秦)왕조
1대 황제 진 혹은 시황제 37년 통치
2대 황제 이세황제 3년 통치
3대 황제 삼세황제 46일 통치

예수회 출신 마르티누스 마르티니우스, 중국사 7권 한(漢) 왕조
1대 황제 유방(劉邦) 혹은 고조(高祖) 12년 통치

예수회 출신 마르티니 마르티니우스, 중국사 8권
2대 황제 효혜(孝惠) 7년 통치
3대 황제 유홍(劉弘) 8년 통치
4대 황제 유항(劉恆) 23년 통치
5대 황제 유계(劉啓) 16년 통치
6대 황제 유철(劉徹) 65년 통치

예수회 출신 마르티니 마르티니우스, 중국사 9권
7대 황제 효소(孝昭) 12년 통치
8대 황제 유하(劉賀) 7년 통치
9대 황제 유순(劉詢) 25년 통치

예수회 출신 마르티니 마르티니우스, 중국사 10권
10대 황제 유석(劉奭) 16년 통치
11대 황제 유오(劉驁) 26년 통치
12대 황제 유흔(劉欣) 6년 통치
색인

Mosheim, Io Lavrentii Von. 『달단(타타르) 교회사』 Apud Fridericum

Christianum Weyand, 1741, LAT 13

독자에게
1장 징기스칸 이전 타타리아에 있어 그리스도교의 운명
2장 징기스칸으로부터 타메를란까지의 타타리아에서의 그리스도교 역사
3장 타메를란으로부터 우리 시대까지 타타리아에서의 그리스도교 역사
타타르 교회사 부록 : 유물과 편지들

Orlandini, Nicolo. 『예수회 역사』 Apud Filios Martini Nutij, 1620, LAT 10

목차
예수회 신부들과 형제들에게
교구장 클라우디오스 아쿠아비바
예수회 역사, 1단원
1권
2권
브리토리엔스에서 엄격한 총독으로 존경받는 부(副)재무관이 된 베네딕투스 콘베르시누스
3권
4권
5권
6권
7권
8권
파울루스 3세 교황, 영속적인 회상
9권
하느님의 종 파울루스 주교, 영속적인 회상
10권
하느님의 종 울리우스 주교, 영속적인 회상
11권
12권

13권
14권
15권
우리 주 예수 그리스도의 은총과 평화가 우리들의 가슴에 가득차기를, 아멘
우리 주 예수 그리스도 내 주여
당신의 은총과 구원 그리고 우리 주 예수 그리스도에게 속한 충만한 영적선물 첼시투디누스에게 있기를
16권
색인

Rougemont, P. Francisco de. 『신(新)타타르-중국사』 Martini Hullegaerde, 1673, LAT 5

목차
예수회 총회장 요하네스 파울루스 올리바에게 보내는 헌정편지
헌신적인 독자에게
R.P.V. 관구 승인. 중국대리관구
예수회의 임명
1부. 타타르 중국사
2부. 타타르 중국사
3부. 타타르 중국사
정오표

Schall, R. P. Joannis Adami. 『중국 특히 북경 왕궁에서 예수회의 선교 시작과 성장에 관한 역사서술』 Mattaeus Cosmerovius, 1665, LAT 4

내용
가장 존엄하시고 활동적이시며 게르마니아, 헝가리, 보헤미아 그리고 오스트리아 대공이시자 군주이시면서 관대하신 각하인 레오폴드 로마 황제에게
승인
1장. 중국인들에 대한 예수회 활동의 시작과 발전

2장. 중국 책력과 천체력의 개혁을 위한 신부들의 노력
3장. 천문관들이 신부들의 연구에 역행한 반대. 학자 바오로의 죽음
4장. 새로운 천문학적 계산에 대한 다른 활동들
5장. 그리스도 교리가 황궁에서 성공적으로 환심을 얻음
6장. 왕이 신부들이 전한 천문학적 체계를 공인함
7장. 왕이 아담샬 신부를 국가의 발전을 위하여 다른 사람들보다도 중용함
8장. 왕이 치욕적인 반역으로 죽고 제국이 몰락함
9장. 제국의 침략 역적이 달단 구원군에 의해 제압당함. 북경이 약탈되고 방화됨
10장. 달단인들의 제국 재건과 천문학 복원
11장. 아담샬 신부에게 수학 연구 관리 직책이 추인됨
12장. 중국의 지배계층이 된 달단인들의 혈통, 그들의 천문학에 대한 열성, 조선 왕의 천문학과 그리스도교에 대한 관심
13장. 아담샬 신부가 천문학 연구에 있어서 고관들과 조정에 영향력이 지대하여 짐에 따라 그리스도교 신앙을 증진시키는 기회가 됨
14장. 천문학 연구를 기회 삼아 왕에게 중요한 자료들을 줌
15장. 왕은 특별한 호의로 아담샬 신부를 예우함
16장. 황제가 교회의 든든한 후원자가 됨
17장. 왕은 많은 특혜를 주어 그리스도교를 찬양하고 발전시킴
18장. 천주교당을 공공건물로 건립함. 중국 새 신자들의 열성과 신심
19장. 건축에 있어서 어떤 소년의 특별한 모법
20장. 다른 그리스도교 덕행에 대한 모범
21장. 재건된 천문학에 있어서의 마지막 논쟁과 유럽 수학의 승리
22장. 왕의 죽음과 후계자 임명
23장. 중국인들의 일반적인 망자 처리
24장. 죽은 왕의 장례와 후임 왕에 대한 충성 서약
25장. 중국 황제가 자기 호의의 표징으로 요한 아담샬 신부와 그 부모, 조부모에게 내린 애도사와 특전들

명지대 – LG연암문고
제2외국어(불어제외)본 한글목차

발행일 _ 2014년 3월 30일 초판
저　자 _ 김윤구, 김차규, 최경국
발행인 _ 유병진

명지대학교 출판부

서울특별시 서대문구 거북골로 34
전　화　(02) 300-1740
팩　스　(02) 300-1742
등　록　제 9-25호 1969. 10. 15
제　작　네오프린텍(주)

ISBN 978-89-7335-382-8 (93010)
35,000원